バーゼルⅢ
流動性規制が変えるリスク管理

浜田 陽二 ［著］
Yoji Hamada

一般社団法人 **金融財政事情研究会**

はしがき

　いつの世の中も、どの世界にも、法を潜り抜けてうまくやろうとする人がいるもので、法整備や規制導入とはいたちごっこです。金融の世界においてもまったく同様で、その時の環境等をふまえて収益至上主義に向かっていくと、思わぬしっぺ返しを受けるだけでなく、その後厳しい規制や法律の施行が行われることが多々ありました。国内において最も際立った例としては、バブル経済崩壊後の不良債権処理でしょう。当時は不動産神話と呼ばれた土地価格の上昇カーブは永遠に続くという、いまではありえない神話を信じた金融機関による融資攻勢は、時には法的にグレーゾーンではないかと思われるような取引への融資や、高齢者が債務者や保証人となっている案件での長期貸出といった常識を逸脱した内容にも向かいました。しかし規制3業種（不動産、建設、ノンバンク）と呼ばれた業種への融資に関する規制導入等によって神話は崩れ、不良債権問題は最終的には金融機関が破綻する事態にまで陥りました。

　新しい規制導入や法改正、会計制度変更等によって金融機関の運営は右往左往し、いち早く体制整備をしたいと思ってもなかなか実現しないうちに、また次の規制等が導入されるという時代になってきているなか、欧米を中心として、やはり国内不動産バブルと同様、金融機関の収益至上主義が一因となって、サブプライム問題およびリーマン・ショックという、世界経済に激震が走る事態が発生しました。金融機関はその公共性から守るべきであるという考え方が、徐々に自助努力によって破綻回避させるべきであるという考え方に変化し、同時に生まれてきたのがバーゼルⅢという新しい規制です。

　これまでのバーゼルⅡと呼ばれる銀行規制は自己資本比率に着目した内容であり、最低自己資本比率達成のための高度なリスク管理とディスクローズの実施を同時に求めましたが、今回のバーゼルⅢは、従前の自己資本比率に関する算出方法の質的変化だけでなく、新たに流動性規制やレバレッジ規制も導入するという、算出作業だけでもとても負荷がかかる内容になっています。しかも新しい規制ということで、だれに聞いても導入による影響度が読

み切れない話であり、規制値算出の詳細なルールもまだ完全確定していない状況です。監督当局としても金融機関としてもQIS（Quantitative Impact Study：包括的な定量的影響度調査）を通じて肌触り感を確かめていきながら、まだ未確定となっている規制内容を確定させていく見込みです。

　バーゼルⅢ導入発表までの金融機関への風当たりも相当なものでした。国内でも1990年代の公的資金投入時によくいわれた話ですが、「公的資金が投入されるようなことが起こっている業界なのに、従業員は給与をもらいすぎだ」ということで、給与面を含めたリストラを余儀なくされ、その後も経営健全化計画に沿った経営改善を目指してきました。その意味では国内金融機関にとって、サブプライム問題は対岸の火事であったとしても、リーマン・ショックであれ欧州財政問題であれ、それまで通ってきた道でもあり、今後もきっと経験していく道でもあります。

　しかし筆者としては、バーゼルⅡからバーゼルⅢへと変化していく金融規制のなかでも、おそらく変わらないものがあると考えています。筆者なりに「バーゼルⅢとはどういうものか？」を解釈すると、「『自らによって由と思えることをする、つまりだれが聞いてもそれがきっと正しい選択である』ということを判断し行動することを促す規制」です。自らを守るために経営上のリスクをきちんと分析して管理手法を高度化させながら、リスク・リターンをきちんと理解・統制して収益を確保することを、監督当局と調整しながら対外説明も行っていきつつ、業務運営を行っていくということです。

　規制対応を行うということは、ある意味では共通ルールを遵守するという意味です。ですから、同じ土俵で同じ経営指標をみることを監督当局が目指すのはごく自然です。しかし一方では、金融機関にもそれぞれの国にも独自性があり、その独自性を意識したリスク評価ということもバーゼルⅢでは目指しています。その点が「自らを由とする」という考え方であり、英語に訳すと「free」ということです。重要なことは、社内外での言い訳を考えるのではなく、自らを厳しく統制することができれば、逆に公的資金投入時の経営健全化計画を提出するような事態には陥らない自由な立場でいられるということです。そう考えると、バーゼルⅢは自らを厳しく統制する競争を誘発するものであり、そのなかで規制そのものをマイナスでとらえるかプラスで

とらえるかで、金融機関の生き残りが決定されるのかもしれません。

　一方筆者としては、バーゼルⅢに関してこのようにもとらえています。「初めて監督当局と金融機関が対等に協力してつくりあげる規制」。現段階ではだれも、この規制に関する経営への影響度を完全に把握できていません。規制内容に関する問題点等を指摘する人はいるかもしれませんが、その具体的な解決策までを適切に示すことができる人は現時点ではいないでしょう。それは金融機関にも監督当局にも同じ話であり、それが新しい規制であるということですから、世界中を探したとしても、どこに落とし穴があるかということや、このように対応すればすべての規制に対して完璧だなどといえないはずです。いまはまだ情報共有しながら規制内容を完全に把握する段階であり、どの金融機関もこれから数年かけて完全に対応できるようにしていくことを目指すことになります。ですから、金融機関側が規制内容をふまえてどのようなリスクがあるのかを監督当局に隠しているようでは、逆に致命的な欠陥がある規制になりかねません。流動性に関してストレスがあるのに「まったく問題ありません」と言い続けて、監督当局が国内で緩和するべきところを強化する結果を引き起こすかもしれないのです。規制値算出作業だけが規制対応ではありません。適格な情報を監督当局と共有することも、また重要な規制対応なのです。

　この本を執筆しようと思ったのは、執筆完了時点（2013年10月）ではまだ完全には内容が確定していない流動性規制に関して、1つの解釈論があってもよいのではないかということが発端となっています。「監督当局と金融機関が協力してつくりあげる規制」と思いつつも、何のたたき台もないようではむずかしいだろうと考え、筆者なりの規制解釈論をたたき台とすることで、監督当局と金融機関の距離が縮まってほしいという気持ちがあります。どこにもプロフェッショナルはいなくても、何とか落とし穴に陥らなくてすむような方法はあるはずです。そこで、まずはこれまで実施されたQISの内容、各種商品知識、その他規制動向等をふまえて、筆者としても流動性規制への対策に関する本の執筆に挑戦した結果がこの本なのです。

　実はこのような話をしてもよいのかどうかはわかりませんが、筆者自身、流動性規制導入そのものは決して賛成派ではありません。というのは金融機

関に必要以上に規制を与えると、コスト負担ばかりが先行して不必要に体力を低下させるおそれがあると考えているからです。しかし一方で、このような規制が導入される原因を生み出した金融機関の業務運営の姿勢にも疑問はあります。サブプライム問題やリーマン・ショックは直接的には国内金融機関が引き金になったわけではありませんが、「自分の担当業務と関係がないことには興味なし」と考える金融機関職員が多くいることもまた事実であり、会社をよくしようとして積極的に前向きな議論をする空気に満ち溢れているかといえば、かなり疑問があるでしょう。

　しかも米国の債務上限引上げ問題のような事象は、さらに規制そのものに疑問を投げかけるものでしょう。適格流動資産としてカウントされる保有すべき資産が「デフォルト可能性あり」となってしまうことは、金融市場全体へのインパクトが計り知れないという点はもちろんですが、その根底にあるのが「ねじれ国会」という政治面でのゆがみであることです。金融行政を政治主導によって規制を導入しても、その政治によって振り回されるという皮肉は、やはり本質的な面をきちんとみたうえで対処していく、つまり「自らが問題としている点を自らが統制していく」ということを目指さないといけないということを示していると思います。

　もちろん理想論ばかりいっても仕方ありませんが、何となくの「右へならえ」の雰囲気を一掃することを目指し、「流動性規制を通じて、国内金融機関が進むべき1つの道筋を示そう」と考えてみました。はたして、この本が流動性規制や流動性リスク管理という点で十分満足できる内容かといわれれば違うかもしれません。しかし、筆者として感じてきた数々の問題意識をところどころで触れておりますので、みなさんがこの本を通じて何か問題意識を共有できたり、解決策を導き出すヒントになるものがあれば、それでも書いた意味があると考えています。

　この本をお読みいただくにあたって、いくつか注意事項を説明しておかないといけません。まずテンプレートの内容に関しては、バーゼル銀行監督委員会のバージョン2.6.1を使用しており、それ以前までに実際に行われたQISでの前提等もふまえた結果としての解釈を基本概念としておりますが、定義が明確に記述されていない項目や、自社ルール等との兼合いを勘案する

ような項目に関して、筆者として独自解釈を記載しておりますので、実際に監督当局確認をとって完成されているものではありません。また、流動性規制対応および流動性リスク管理を中核とした内容であるため、資本規制やレバレッジ規制等、他の側面からみた解釈に関しては最大限注意を払ったつもりではありますが、筆者としての意見と異なる場合もありうると考えています。

　しかしながら、この本を読み進んでいただけるとおわかりになるとは思いますが、バーゼルⅢという規制は、前述のとおり、自社としての意見が反映されるべき規制であって、監督当局がすべてにおいて定義を決めてくれるものではありません。自分たちで何が正しいのかを考えながら対応する規制です。この「自分たちで考える」ということに重点を置き、気づきにくい問題点等に触れながら考えた、金融機関にとってのたたき台となってくれることを願いつつ執筆いたしました。どこまで対処できているかはわかりませんが、みなさんの今後の業務運営のなんらかの手助けになってくれれば嬉しいです。

　最後になりますが、この本の執筆にあたり、出版社という立場で伊藤雄介様にはさまざまなご意見やご協力をいただきました。また、現状の流動性規制の状況把握等で株式会社リンクレアの青野俊一様、会計関連では鬼澤宏史様にもご意見をいただきました。また、IT要件定義等では株式会社NTTデータの流動性チームのみなさんとの意見交換を通じてご協力いただきました。そのほかにも添削等で阪本彦太様、また流動性規制関連セミナーを通じて吉岡健介様、山田豊様にもご尽力いただいただけでなく、受講いただいたみなさんからの各種ご意見やご質問等をいただき、内容に厚みを加えることができました。このほかにも本当にたくさんの方々にご協力いただいて、この本を完成させることができました。この場をお借りして厚く御礼申し上げます。

2014年3月

浜田　陽二

【著者紹介】

浜田　陽二（はまだ　ようじ）

　1989年4月株式会社日本債券信用銀行（現あおぞら銀行）入行、融資部門、市場部門、金融法人部門等を歴任し、銀行勘定と特定取引勘定での運用や、資本調達交渉を含めた資産・負債・資本すべてに関する業務を経験。その後銀行設立プロジェクトに参画後、2006年11月にみずほ証券株式会社に入社、財務企画部門にて調達業務や規制対策等を経験。2013年7月よりフリーの金融コンサルタントとして流動性規制セミナー講師や規制対策プロジェクト等に従事した後、2014年2月アビームコンサルティング株式会社入社、現在に至る。

　1989年3月　慶應義塾大学商学部卒業、計量経済学専攻。

目　次

第1章　流動性リスク管理が必要になった背景

1　バーゼルⅡ時代における銀行規制 …………………………………… 2
　(1)　第1の柱関連 ……………………………………………………… 3
　(2)　第2の柱関連 ……………………………………………………… 7
　(3)　第3の柱関連 ……………………………………………………… 8
　(4)　バーゼル2.5 …………………………………………………………11
　(5)　バーゼルⅡをふまえた金融機関の対応 …………………………12
2　サブプライム問題とリーマン・ショックでの問題 …………………14
3　流動性リスクに影響を与える環境変化 ………………………………19

第2章　国内金融機関における流動性リスク管理の変遷

1　調達サイド重視によるリスク管理 ……………………………………22
2　ストレステスト導入とストレス時の対策 ……………………………25
3　CFPの策定 ………………………………………………………………32
4　流動性リスクモニタリング体制の構築 ………………………………34
5　外貨流動性リスク管理への問題意識 …………………………………39

第3章　バーゼルⅢ流動性規制

1　バーゼルⅢ流動性規制の基本概念 ……………………………………44
2　バーゼルⅢ流動性規制スケジュール …………………………………47
3　LCR（Liquidity coverage ratio：流動性カバレッジ比率）………48
　(1)　Stock of HQLA（HQLA：High quality liquid assets）………50
　(2)　Outflow（30日以内の資金流出）……………………………………59

（3）	Inflow（30日以内の資金流入）·· 75
（4）	モニタリング指標 ··· 80

4　LCR開示関連 ··· 83
5　NSFR（Net Stable Funding Ratio：安定調達比率）······················ 87
　（1）　利用可能な安定調達額（ASF）·· 88
　（2）　要求安定調達額（RSF）·· 91
6　規制値算出に係る連結対応 ··· 95

第4章　流動性規制で求められるIT要件

1　IT開発が必要となる理由 ·· 100
2　IT要件定義における留意点 ··· 102
3　具体的な要件定義 ··· 111
　（1）　LCR（共通事項）·· 112
　（2）　LCR（HQLA関連）··· 118
　（3）　LCR（Outflow/Inflow関連）··· 124
4　IT対応におけるその他留意点等 ··· 137

第5章　流動性規制とコーポレートガバナンス

1　連結規制として求められる社内統制 ··· 142
2　子会社等における自国規制対応 ··· 151
3　CFPの見直し ··· 153
4　規制対応のためのKPI導入 ·· 160
　（1）　LCRに関するKPI検討 ·· 160
　（2）　NSFRに関するKPI検討 ·· 166
　（3）　各国独自規制対応を含む連結対応 ·· 168

第6章　流動性規制と業務監査

1　金融検査マニュアル …………………………………………………… 172
　(1)　金融検査マニュアルでの留意点（経営および流動性リスク管理部門）…… 173
　(2)　金融検査マニュアルでの留意点（主に資金繰り管理部門）………… 179
2　LCR本格適用前の段階 ………………………………………………… 182
3　流動性規制段階適用の段階 …………………………………………… 187
4　流動性規制完全適用後 ………………………………………………… 192

第7章　バーゼルⅢその他規制との関連性

1　資本規制 ………………………………………………………………… 200
2　レバレッジ規制 ………………………………………………………… 203
　(1)　レバレッジ規制の概要 …………………………………………… 203
　(2)　流動性規制への影響 ……………………………………………… 207
3　会計基準に関する影響 ………………………………………………… 209
4　決済短縮化等の変更に関する影響 …………………………………… 218
　(1)　日本国債決済短縮化 ……………………………………………… 218
　(2)　OTCデリバティブ取引改革 ……………………………………… 221

第8章　ALM戦略への対応

1　コア預金モデルと流動性規制 ………………………………………… 226
2　預金関連 ………………………………………………………………… 232
3　国債運用とALM運営 …………………………………………………… 235
4　貸出関連 ………………………………………………………………… 241
5　外貨戦略 ………………………………………………………………… 244

巻末資料
　1　LCR……………………………………………………………249
　2　NSFR……………………………………………………………291

事項索引……………………………………………………………311

第 1 章

流動性リスク管理が必要になった背景

バーゼルⅢではじめて本格的に流動性規制が導入されることになりましたが、金融機関はバーゼル規制にかかわらず、これまでも独自で流動性リスク管理は行ってきました。いったい何が変化して国際的な規制導入となったのでしょうか？　まずは流動性リスク管理の概念変化を与えた背景をみていきましょう。

1　バーゼルⅡ時代における銀行規制

　バーゼルⅡは、ご承知の方も多いとは思いますが、自己資本比率を維持させるための規制となっており、バーゼルⅢのように流動性規制やレバレッジ規制はありませんでした。分子項目を資本部分、分母項目をリスクアセットとして、自己資本比率8％以上を維持するということがバーゼルⅡにおける主たる規制内容です。厳密には第1の柱、第2の柱、第3の柱というかたちになっており、第1の柱は「最低所要自己資本比率」、第2の柱は「金融機関の自己管理と監督上の検証」、第3の柱は「市場規律」です。バーゼルⅡの具体的内容は以下のとおりとなっています。バーゼルⅡの段階で金融監督の強化を意識していたはずだったのが、リーマン・ショックという事件が起こったことで、結果的に見直しせざるをえなくなったということではありますが、バーゼルⅢへの見直しは後述しますので、ここではまずバーゼルⅡをきちんと理解しましょう。

【バーゼルⅡの3つの柱】
第1の柱：最低所要自己資本比率
・国際基準行は最低自己資本比率8％以上
・計算式は「自己資本／リスクアセット」
・自己資本は
　「TierⅠ（基礎的項目）＋TierⅡ（補完的項目）－控除項目」
・TierⅡに関してはUpper/Lowerの概念や算入制限あり
・リスクアセットに関しては、

「信用リスク＋市場リスク＋オペレーショナルリスク」
・リスクアセット計算手法においては、標準的なものと先進的なものが存在
・市場リスク規制対象行には、別途TierⅢ（準補完項目）の概念あり

第２の柱：金融機関の自己管理と監督上の検証
・第１の柱でカバーされていないリスクを把握し、経営上必要な自己資本を算出
・カバーされていないリスクとしては、銀行勘定における金利リスク、信用集中リスク等
・金融機関による統合的リスク管理と、監督当局による早期警戒制度に基づくモニタリングの実施

第３の柱：市場規律
・自己資本比率、各リスク等の開示
・自己資本比率に関しては、比率とその内訳を開示
・各リスクに関しては、リスク量とその算出方法を開示
・原則として四半期ごとでの開示（協同組織金融機関は半期）

（金融庁ホームページ「バーゼル２について」を参照）

こうしたバーゼルⅡの内容をふまえてリスク管理が向上してきた背景があるので、今後の理解を深めるためにもう少し掘り下げてみましょう。

(1) 第１の柱関連

まず分子項目は「TierⅠ（基礎的項目）＋TierⅡ（補完的項目）－控除項目」となっています。TierⅠには普通株式や非累積型優先株式、内部留保等があげられます。最も返済順位が低い項目であり、資本性が強い項目といえます。TierⅡにはUpper/Lowerの概念があり、Upper TierⅡには永久劣後負債、その他有価証券の評価益45％相当額、土地再評価に係る差額金45％相当額、一般貸倒引当金が該当し、Lower TierⅡには期限付劣後債務が該当します。Lower TierⅡに関してはTierⅠの50％が算入上限です。TierⅡ合

計額の算入上限はTierⅠと同額です。一般貸倒引当金の算入上限はリスクアセットの1.25％となっています。控除項目は銀行間での株式持合い等が該当します。

　これに対して分母項目には算出方法に関する選択肢があります。まず信用リスクですが、「標準的手法」と「内部格付手法」の選択肢があり、「標準的手法」はあらかじめ決められた掛け目（リスクウェイト）を勘案して算出する方法で、与信額に対してこの掛け目を乗じることで算出される簡易的なかたちになっています。「内部格付手法」は借り手のリスクをより精緻に反映する方式で、「内部格付手法」はさらに「基礎的内部格付手法」と「先進的内部格付手法」に分けられます。どちらの手法も行内格付を付与し、債務者

図表１−１　TierⅠおよびTierⅡの主な項目

項　　目		備　　考
TierⅠ（基礎的項目）	資本金	非累積型優先株を含む
	資本剰余金、利益剰余金	
	自己株式	マイナス項目
	その他有価証券の評価差損	マイナス項目
	為替換算調整勘定	
	新株予約権	
	繰延税金資産の控除金額	マイナス項目
TierⅡ（補完的項目）	その他有価証券の連結貸借対照表計上額の合計額から帳簿価額の合計額を控除した額の45％相当額	Upper TierⅡ
	土地の再評価額と再評価の直前の帳簿価額の差額の45％相当額	
	一般貸倒引当金	
	負債性資本手段等	
	うち永久劣後債務	
	うち期限付劣後債務および期限付優先株	Lower TierⅡ

ごとのデフォルト率を銀行が独自に推計しますが、デフォルト時損失率に関しては、前者は各行共通の設定、後者はこの点も独自推計となっています。この推計値等を各国関数式に入れてリスクウェイトを計算し、信用リスク量が算出されます。保有株式に関しては、リスクウェイトに下限を設定し、政策保有株式には100％、それ以外の上場株式には200％、非上場株式には300％を適用しています（一部2014年6月末までの特例あり）。

　市場リスクに関してはバーゼルⅠからバーゼルⅡへの移行時には特に変化はありませんでしたが、バーゼル2.5の段階で見直しがなされています（バーゼル2.5に関しては本節(4)参照）。もともとは市場リスクに関しては「銀行勘定」と「特定取引勘定」、「標準的方式」と「内部モデル方式」、「一般市場リスク」と「個別リスク」のマトリックスがあります。「一般市場リスク」は、一般的な市場の動きに関するリスクであり、「個別リスク」は、一般市場リスクでは説明できないリスクです。株式を例にすると、日経平均やTOPIX等のインデックスの変動が「一般市場リスク」、インデックス対比で大幅に乖離する動きが「個別リスク」という考え方です。「標準的方式」は基本的に商品ごとにおける掛け目を適用する方法ですが、銀行勘定の金利リスクに関しては第1の柱ではなく第2の柱というかたちでの取扱いとなっています。「内部モデル方式」は特定取引勘定に関するものでの適用となっており、VaR（Value-at-Risk）を算出することとなっていますが、直近VaRと過去60日平均を3倍したものを比較し、大きいほうを採用するという考え方になっています。ただしバックテストの結果に応じて過去60日平均の4倍となることもあります。

　オペレーショナルリスクはバーゼルⅡ導入時に新規追加となったもので、事務的な事故発生やシステム障害、不正行為等によって損失が生じるリスクを計測するもので、「基礎的手法」「粗利益配分手法」「先進的計測手法」の選択肢があります。「基礎的手法」と「粗利益配分手法」は粗利益を基準に算出するもの、「先進的計測手法」は過去の損失実績等をもとに計量化しているものです。「基礎的手法」は粗利益の15％をオペレーショナルリスク量とみなす方法で、「粗利益配分手法」は粗利益を8つの業務区分に分けたりよう

図表1-2 市場リスク計測手法

	銀行勘定	特定取引勘定		内部モデル方式
		標準的方式		
	標準的手法	一般市場リスク	個別リスク	一般市場リスク／個別リスク
金利リスク	第2の柱	残存期間、クーポン水準に応じたリスクウェイト	業種、格付、残存期間に応じたリスクウェイト	・信頼水準99％、保有期間10日のVaR ・直近VaRと過去60日平均を3倍したものの大きいほうがリスク量 ・乗数の値はバックテストの結果に応じて最大4まで上昇 ・個別リスクについては、価格がジャンプするリスク、デフォルトリスク、格付遷移リスクを捕捉する必要あり（代替的に乗数を4にする方法あり）
株式リスク	100％リスクウェイト	100％リスクウェイト	原則100％リスクウェイト（例外規定あり）	
為替リスク	100％リスクウェイト			
コモディティリスク	ネットポジション（187.5％リスクウェイト）＋グロスポジション（37.5％リスクウェイト）			

（出所）「トレーディング勘定の抜本的見直し 市中協議文書の概要」（2012年6月金融庁／日本銀行）をもとに筆者作成

えで、業務区分ごとに12％、15％、18％の掛け目を乗じた年間合計値をオペレーショナルリスク量とみなす方法です。「先進的計測手法」は独自計測モデルによって、信頼区間99.9％、保有期間1年での損失額をオペレーショナ

ルリスク量として計測するものです。

(2) 第2の柱関連

バーゼルⅡ「自己資本の測定と基準に関する国際的統一化〜改訂された枠組」(2004年6月バーゼル銀行監督委員会)では、第2の柱に関し4つの原則を定めています。

【第2の柱に関する4つの原則】
原則1　銀行は、自行のリスク・プロファイルに照らした自己資本充実度を評価するプロセスと、自己資本水準の維持のための戦略を有するべきである
原則2　監督当局は、銀行が規制上の自己資本比率を満たしているかどうかを自らモニター・検証する能力があるかどうかを検証し評価することに加え、銀行の自己資本充実度についての内部的な評価や戦略を検証し評価すべきである。監督当局はこのプロセスの結果に満足できない場合、適切な監督上の措置を講ずるべきである
原則3　監督当局は、銀行が最低所要自己資本比率以上の水準で活動することを期待すべきであり、最低水準を超える自己資本を保有することを要求する能力を有しているべきである
原則4　監督当局は、銀行の自己資本がそのリスク・プロファイルに見合って必要とされる最低水準以下に低下することを防止するために早期に介入することを目指すべきであり、自己資本が維持されない、あるいは回復されない場合には早急な改善措置を求めるべきである

この第2の柱である「金融機関の自己管理と監督上の検証」に関し、金融庁は金融行政の指針として2005年3月29日に「金融改革プログラム「工程表」の公表について」の発表を行い、その後これに続いて同年11月22日に「バーゼルⅡ第2の柱（金融機関の自己管理と監督上の検証）の実施方針につ

いて」を公表しました。まず「統合的なリスク管理態勢の評価」として、金融機関の自己管理型リスク管理に関して金融庁による評価・検証を実施することを盛り込みました。これによって主要行向け監督指針の策定あるいは中小・地域金融機関向けの監督指針の改正が行われています。さらに「早期警戒制度の活用」として、前述の監督指針の策定や改正に加え、大口与信リスクや銀行勘定の金利リスクに関しても盛り込まれています。このなかで注意すべき点として、統合的リスク管理に関する金融行政としての最終目標を「各金融機関がその規模やリスク・プロファイル等を考慮に入れつつ、自発的にリスク管理の高度化を図ることにより健全性を維持・向上すること」としており、「各金融機関の自発的な取り組みを最大限尊重する」ということであり、監督当局と各金融機関における立ち位置としては、各金融機関からのお伺いというよりも相談的色彩が強まるかたちへと明らかに変化しています。

　第2の柱のなかでは、第1の柱の対象となっていない銀行勘定の金利リスクや信用集中リスクに関しては、個別に管理する必要性が高いと考えられることで、早期警戒制度の枠組みのなかに盛り込まれています。銀行勘定の金利リスクとしては、金利リスク量がTierⅠとTierⅡの合計値の20％を超過する場合（アウトライヤー銀行）の自己資本の適切性に注意を払うことが主たる内容です。信用集中リスクに関しては、特定業種への集中や大口与信先に対するリスクが顕在化した影響額を考慮した自己資本比率を基準として採用し、モニタリングを行っていくことが示されました。

(3)　第3の柱関連

　バーゼルⅡ「自己資本の測定と基準に関する国際的統一化～改訂された枠組」（2004年6月バーゼル銀行監督委員会）において、第3の柱は第1の柱と第2の柱を補完するものと位置づけており、バーゼル銀行監督委員会としては、一連の情報開示基準を作成することで、市場規律を推進することを目指しています。基準を満たした開示がなされることで、市場参加者がリスク内容やリスク評価プロセス等を評価できると期待されているものです。

開示内容に関しては、会計制度上の開示要件（当時のIFRS 7）と重なる部分があり、市場リスクや信用リスクに関しては整合性が意識されたかたちになっていましたが、IFRS 7においては流動性リスクに関して金融負債の期限とそのリスク管理に関する開示が必要である一方、第3の柱では求められていない等の差異が存在しています（PWC「Basel Ⅱ Pillar 3: Challenges for banks」参照）。

金融庁の対応としては、「銀行法施行規則（昭和57年大蔵省令第10号）第19条の2第1項第5号ニ等の規定に基づき、自己資本の充実の状況等について金融庁長官が別に定める事項」（平成19年（2007年）3月23日付、金融庁告示第15号）の公表により、以下のような開示の実施を求めることとなりました。

【第3の柱に基づく開示内容（「銀行法施行規則第19条の2第1項第5号ニ等の規定に基づき、自己資本の充実の状況等について金融庁長官が別に定める事項」の2条の抜粋）(注)】
① 定性的な開示事項
・銀行の自己資本の充実度に関する評価方法の概要
・信用リスクに関する事項
・信用リスク削減手法に関するリスク管理の方針及び手続の概要
・派生商品取引及び長期決済期間取引の取引相手のリスクに関するリスク管理の方針及び手続の概要
・証券化エクスポージャーに関する事項
・市場リスクに関する事項
・オペレーショナルリスクに関する事項
・銀行勘定における銀行法施行令（昭和57年政令第40号）第4条第4項第3号に規定する出資その他これに類するエクスポージャー（以下「出資等」という。）又は株式等エクスポージャーに関するリスク管理の方針及び手続の概要
・銀行勘定における金利リスクに関する次に掲げる事項
・貸借対照表の科目が前項に定める自己資本の構成に関する開示事項で

ある別紙様式第一号に記載する項目のいずれに相当するかについての説明

② 定量的な開示事項
・自己資本の充実度に関する事項
・信用リスク（信用リスクアセットのみなし計算が適用されるエクスポージャー及び証券化エクスポージャーを除く）に関する事項
・信用リスク削減手法に関する事項
・派生商品取引及び長期決済期間取引の取引相手のリスクに関する事項
・証券化エクスポージャーに関する事項
・市場リスクに関する事項（内部モデル方式を使用する銀行に限る）
・銀行勘定における出資等又は株式等エクスポージャーに関する事項
・信用リスクアセットのみなし計算が適用されるエクスポージャーの額
・銀行勘定における金利リスクに関して銀行が内部管理上使用した金利ショックに対する損益又は経済的価値の増減額

（注）同文書2条は単体に関する事項であり、連結に関しては同4条、銀行持株会社に関しては同7条で開示内容に関して記載されている。

　第3の柱における定性面に関しては、連結対象範囲に始まり、自己資本調達手段の概要、自己資本の充実度を開示しますが、その自己資本の充実度に関する項目が上記のとおり多岐にわたる内容となっています。各リスクに関しては、リスク管理の方針と手続の概要、リスク額算出において採用する算出手法（標準的手法／内部格付手法、等）が含まれています。定量面に関しては、第1の柱に関する算出における各計数がわかるよう、いわば内訳を開示するものとなっています。こうした第3の柱における開示に関し、（協同組織金融機関を除き）四半期ごとでの頻度で開示することがルール化されています。

　第3の柱に関する開示項目が多かったことに関しては、1990年代に不良債権問題で苦しんでいた国内金融機関からすれば、「金融再生法に基づく開示（金融再生法開示債権）」と「銀行法上に基づく開示（リスク管理債権）」に加

わったかたちとなり、当然事務負担の増加等の問題が発生しましたが、不良債権問題からの脱却を目指して不良債権に係る開示を行っていたという点で、IRの重要性等に気づいていた段階であったということは救いであったかもしれません。

(4) バーゼル2.5

　話は若干前後しますが、リーマン・ショックが発生して間もない2009年7月に、金融危機への当面の対応としてバーゼル2.5が発表され、2011年末より適用となりました。バーゼル2.5のポイントとしては「トレーディング勘定のマーケット・リスクに対する資本賦課額を大幅に引き上げる」というもので、「証券化商品の取扱強化」と「トレーディング勘定の取扱強化」、そして「これらの項目に関する開示強化」が示されました。

　「証券化商品の取扱強化」に関しては、再証券化商品のリスクウェイトを引き上げ、外部格付使用に係るモニタリング強化の要件を加えています。再証券化商品のエクスポージャーに関しては、証券化商品のエクスポージャーに比べておおむね2倍（標準的手法の場合）となっています。外部格付使用に係るモニタリング強化の要件に関し、整備すべきモニタリング体制の目線としては、日本証券業協会が策定した「標準情報レポーティングパッケージ（SIRP：Standardized Information Reporting Package）」に盛り込まれている内容がカバーされている水準ということであり、証券化商品に関する基本情報だけでなく、裏付資産に関する各種情報等についてもきちんとモニタリングできることが求められます。

　一方「トレーディング勘定の取扱強化」に関しては、図表1－3のとおりです。内部モデルを使っている銀行はストレスVaRの導入が求められるだけでなく、個別リスク算出において追加的なリスクを計測したうえで自己資本を賦課することが求められることになりました。

図表1-3　トレーディング勘定におけるバーゼル2.5の概要（内部モデル方式）

			バーゼル2	バーゼル2.5
全ポジション	一般市場リスク	金利	VaR（信頼水準99%、保有期間10日）	VaR ＋ Stress VaR（信頼水準99%、保有期間10日。ストレス時のデータを用いて計算）
		株式		
		為替		
		コモディティー		
	個別リスク	金利		
		株式		
		信用		IRC（デフォルト・リスクと格付遷移リスク）を捕捉（信頼水準99.9%、保有期間1年）
証券化（コリレーション・トレーディングを除く）		証券化	債券と同様、金利リスクのみを捕捉	銀行勘定と同様の取扱いをロング・ショート双方のポジションに適用
コリレーション・トレーディング	包括的リスク			CRM（包括的リスク）を捕捉（信頼水準99.9%、保有期間1年）

（出所）「トレーディング勘定の抜本的見直し　市中協議文書の概要」（2012年6月金融庁／日本銀行）

(5) バーゼルⅡをふまえた金融機関の対応

　バーゼルⅡの開始によって金融機関のリスク管理が飛躍的に進化した背景には、適切なリスクコントロールによる業務運営と収益確保を目指したのはもちろんのこと、信用リスクでの内部格付手法等、より高度なものを国内金融機関が取り入れることで、当時海外と比べて相対的に自己資本比率が低かったり、資本の質が低かったという資本不足に対して、リスクアセットがこれまでよりも減少することを期待した部分がありました。

バーゼルⅡの自己資本比率を遵守するために、国際的な業務展開を行ってきた金融機関はどのように統制してきたのでしょうか？　国内銀行で一般的に行われてきたことを洗い出してみましょう。

【国内銀行における一般的な社内統制】
・半年ごとでの業務計画や資金計画の策定
・業務計画に付随し、各運用部門への資本配賦額の決定
・各種リスクに対するリミット等の策定（VaRリミットやロスカットルール等）

　自己資本比率8％を達成させるためには、分母項目に対して分子項目を8％以上とするか、分子項目に対して分母項目を12.5分の1にするかのどちらかしかありません。しかし一般的に分子項目の中核となる資本部分を、不足しているからという理由で頻繁に調達することは困難です。つまり半期や通年で業務計画を策定した際に、資本調達が盛り込まれるのはせいぜい年1回か2回程度です。また業務計画において収益見通しが策定されているので、分子項目の変動要因は基本的に業務計画に盛り込まれていることになり、分子項目は固定値に近いかたちになります。

　そこで各金融機関は分母項目の統制を強化することになります。実際に金融監督ということでもリスク管理（というかコーポレートガバナンス）強化を目指していく内容だったことで、分母項目をきちんと統制することで適切な業務運営や収益確保を模索することになったのです。

　バーゼルⅠにおけるリスクアセット算出においては、市場リスクと信用リスクに限られていましたが、バーゼルⅡにおいてはさらにオペレーショナルリスクも加えられました。盛り込まれるリスクがよりふえたことは、当然市場リスクや信用リスクに対する運営方針にも影響を与えます。このためバーゼルⅡ時代には各金融機関のリスク管理は飛躍的に進化しました。これは各金融機関のディスクロージャー資料でのリスク管理に関する記載内容をみれば、年々ボリュームがふえていることですぐに理解できることでしょう。

一方、バーゼルⅡ時代ではさまざまな新商品開発も行われました。複雑なデリバティブ商品や、証券化商品等も広く出回ることになりました。当然こうした商品に関してもリスク管理が関係してきます。貸付債権の流動化であれば、1990年代頃は「第三者対抗要件を具備した債権譲渡のかたちになっているのか、あるいはサイレント方式で第三者対抗要件は具備しないのか」といったところからスタートし、最近では証券化商品として投資家に切売りするようなかたちにもなってきています。ですから「原資産がいったいどのようなものなのか、格付はどうなっているのか」等をきちんとふまえたうえで売買を行うようになってきました。こうして各種リスク管理はどうあるべきかを日々検討し、進化してきたのです。ただ悪い癖というべきなのか、規制がかかってこない点に関しては、理想論こそあるものの、なかなか対処しないというかたちで残されてしまったのが流動性リスクといえるのかもしれません。

2　サブプライム問題とリーマン・ショックでの問題

　1999年に国内金融機関に公的資金が投入され、不良債権問題に出口がみえ始めた2000年代に入り、米国ではサブプライムといわれる返済能力が低い所得者層向け住宅ローンが流行しました。米国の不動産価格が上昇傾向を示すなか、以前日本でもみられたような一種の土地神話を信じた「不動産価格上昇を背景としたローン返済方式」に資金が向かったのです。

　サブプライム問題やリーマン・ショックに関してはさまざまな識者の方々が意見を述べられているので、いまさら詳細に関してどうこう意見をいうつもりはありませんが、リスク管理という観点でそもそも何が問題だったのかを整理してみましょう。

　時代背景としては先述のとおり、デリバティブの新商品も次々と進化し、ISDA（国際スワップ・デリバティブ協会）がCDS（Credit Default Swap）の取引拡大を受けてCDS関連のDefinition（定義集）の整備を実施したのも2000年代です。いまとなってはこうした時代の流れもサブプライム問題やリーマ

ン・ショックの序章だったのかもしれません。デリバティブ取引は過去にいろいろなところで悪者扱いされてきましたが、このCDSも結果的には世界に激震を走らせたかたちになってしまいました。

　そもそも証券化商品に関しては、その原資産がどのようなものであり、どのようなキャッシュフローを構成するのかということが重要です。そこでここでは証券化商品の問題を洗い出し、サブプライム問題やリーマン・ショックへと続いた事件をひもといてみたいと思います。

　原資産がたとえば住宅ローンとしましょう。一般的にローンを束ねる場合には、より少額のものをたくさんの件数にしたほうがリスクは小さいといわれます。しかしローンを束ねて証券化する過程において、どのようなかたちで投資家へ販売されるのかを考える必要があります。

　証券化商品において優先劣後構造をもつ場合、数学的な確率論を展開することがあります。理解のしやすさを追求するうえで厳密な定義はさておき、考え方を例示してみましょう。一般的には債務者が年収500万円の人、1千〜2千万円、2千万円超と分けた場合、（もちろん負債額にもよりますが）より年収が多い人のほうが返済能力は高いと考えるでしょう。このように、具体的になんらかの根拠をもって分類する過程で、より返済能力が高いと判断された層を集めた証券化商品、次に返済順位が高いと判断された層を集めた証券化商品、そして最も返済能力が低いと判断された層を集めた証券化商品を、それぞれ格付機関に格付を依頼し、投資家へ販売していく方式であれば、より返済能力が高い層の証券化商品は高い格付になりやすいといえます。

　図表1－4では、ローンポートフォリオを証券化するにあたって、単純に格付別のかたちで証券化商品を組成することを想定したものです。この場合、各債務者格付向け貸出の1件1件が分離されずに各トランシェに分けられる証券化商品となっていれば、各トランシェに関しても各債務者格付に近似した格付が得られるはずであり、証券化商品の投資家としても証券化商品の格付に従って投資判断することになるので問題ありません。

　一方、そうではなく、確率論を展開して1件の債務が複数の証券化商品に

図表1-4　証券化商品の考え方①

ローンポートフォリオ		証券化商品
AAA	→	トランシェA
AA+		
AA	→	トランシェB
AA−		
A+		
A	→	トランシェC
A−		
BBB+		
BBB		
BBB−		
BB+以下		
不良債権等		

組み込まれるケースを考えましょう。ある債務者向けローンがたとえば1億円あって、デフォルト確率が10％であったとします。この場合90％はデフォルトの心配がいらないローン、残り10％はデフォルトする確率が高いローンというかたちで分離されたと考えるのです。図表1-5をご覧ください。例としてAAA格であれば99％は回収でき、1％は回収できないと考えます。同様にAA+格であれば97％回収可能、3％はデフォルトリスクありと考えるということです。

① ローンポートフォリオを回収率別に分ける
② 回収率が同レベルのものを集めていく
③ パッケージにして格付を取得し、投資家に販売する

トランシェAに関して、理屈のうえではたしかに93％相当分以上は無事問題なく償還されると考えられますが、本当にそうでしょうか？　ローンである限りは延滞というものが付きものです。延滞するときに93％相当分の利払いをきちんと行うとは考えにくく、100％相当額に対する利払いを延滞することでしょう。デフォルト確率をどれだけ算出しても、それは過去の実績であり未来を予測するものではないので、デフォルト発生は回避できるもので

図表1-5 証券化商品の考え方②

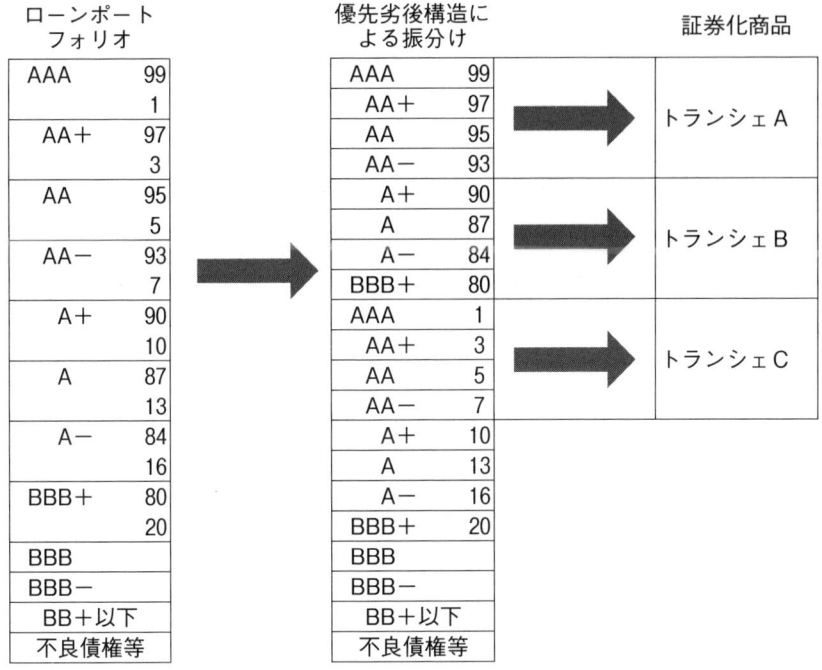

はありません。そしてこのデフォルト発生時は基本的に元本100％相当額に対して発生することが、上記のような優先劣後構造をもつ証券化商品の泣きどころになります。

　この落とし穴から学べることは、「証券化商品の原資産がいったいどのようなものであるのかをきちんと理解するべきである」ということです。格付が高いから問題ないということは断定できません。実際にサブプライム問題が発生した後、格付機関に対する問題についてもいろいろクローズアップされました。一気に数ノッチ下がるというのはいかがなものか、証券化商品のアレンジャーが格付取得依頼をするから実際よりも高い格付になるのではないか、等々です。

　サブプライム問題とは、もともと返済能力が低いローンが原債権でしたから、数学的根拠によって証券化商品の格付を高くすることは可能だったかも

しれません。しかし、結果的にデフォルトが発生する場合は損失額が大きくなるという問題が現実化しました。

　では、リーマン・ショックとは何が原因でしょうか？　先ほどサブプライム問題はもともとの原債権が何であるかが問題だと説明しました。原債権がローンであるときに、市場はなんらかのヘッジ機能をもたせる、あるいは原債権の代替効果をもたせることができるものは何か、を探し始めました。ここでCDS（Credit Default Swap）が登場するのです。

　CDS自体は、もともと債権債務関係において、債権者側が抱えるリスクを転嫁したいということを意図して行う分にはとてもよい商品であると思われます。CDSではプロテクションの買いというかたちですが、ここでプロテクションの売り手になるのは、たとえば貸出資産が伸びていない状況を打開して運用益を向上させたいというニーズをもつ人ということになります。CDSは一種の保証行為ですから、プロテクションの買い手から売り手に対してプレミアムを支払うことで、万一の際には売り手が買い手のもつ債権を譲り受けることになります。

　ここでリーマン・ショックを理解しやすくするため、簡単にイメージしましょう。大手インベストメントバンクが証券化商品を組成する場合、先述の優先劣後構造があると、劣後部分に関してはデフォルト確率が高いので、劣後部分を投資家が買わない場合についてはCDSを使ってヘッジ機能をもたせようとします。デリバティブ市場ではプロテクションの買いを、大手インベストメントバンクが行うことになります。

　証券化商品のヘッジというかたちであれ、あるいはディーリング的に行ったかたちであれ、インベストメントバンクが行ったプロテクションの買いは、原債権（もしくはCDSの参照銘柄）がデフォルトすれば、プロテクションの売り手に原債権額を支払ってもらう必要が出てきます。あまりに多くのプロテクション売りを行っていた大手保険会社は支払不能に陥り、プロテクションを買っていたインベストメントバンクに対する支払義務の履行に支障が出てしまいました。このためリスクヘッジとしてCDSを買っていた金融機関にまで損失発生や資金繰り問題が急浮上してしまったかたちがリーマン・

ショックなのです。

　このリーマン・ショックの発生は、経済効果としてはヘッジできているとしても、実際の資金繰りにはほとんど無力であったということであり、資金繰り問題に関しても結局は取引内容や取引相手をよく判断して、さまざまなリスクに対処しろというのが各国金融機関の監督当局としての方針として打ち出され、バーゼルⅡを見直し、流動性規制も導入するということが浮上してきたのです。

3　流動性リスクに影響を与える環境変化

　各国金融機関の監督当局が金融規制見直しを図るうえで、やはり各国事情というものは考慮せざるをえません。実際にバーゼルⅢでは各国裁量部分を考慮できる仕組みになっており、国内においてもどのような独自規制が今後出てくるかはわかりません。

　幸か不幸か日本は、長い間不良債権処理に苦しむ金融業界と、リストラが当たり前の環境に伴う消費低迷等があり、サブプライム問題やリーマン・ショックの影響は結果的には軽微であったといえるかもしれません。しかしその後、株価が最高値をつけた米国に比べれば国内株価は依然としてピーク時の半分にも届いていません。米国にしても、サブプライム問題以降住宅市場が急速に低下し、最近になってようやく持ち直し始めたところです。欧州も南欧等で財政問題がクローズアップされ、ECBも緩和スタンスを続けている状況ですから、世界的に考えればまだまだ懸念材料があちこちにある印象です。

　国内ではこうした景気低迷からの脱却を目指して、2013年4月の日銀金融政策決定会合で異次元の緩和策を発表しました。発表当時、物価上昇に関するターゲットは2年後である2015年とのことでしたが、2015年は流動性規制LCR（流動性カバレッジ比率）の本格導入となるタイミングです。もし物価上昇率2％が実現すれば、現在の無担コールO/Nの誘導目標0.1％も引上げとなる可能性もあります。国内金融機関におけるLCRの分子項目の中核とな

るであろう日本国債を安心して保有できる状況かどうかは定かではありません（国債運用に関する内容に関しては第8章参照）。

　さらに国内だけでもさまざまな環境変化があります。国債に関する決済短縮化が今後も進み、デリバティブ取引は清算機関を通じて行う方向性を示しています。決済短縮化が進むということは、業務フロー効率を向上させる必要が出てくることになり、もしコール市場のように約定1時間以内に決済しなければならないRTGS（Real-Time Gross Settlement）化となると、最終的には日中流動性の重要度も高まってくることになります。デリバティブ取引のように清算機関での決済化が進むということは、カウンターパーティーリスクを軽減する一方で、場合によっては無担保取引が有担保化し、担保移動がよりふえてくる可能性もあります。つまり一定の適格担保を常に保有する必要性を高めながら、無事決済できるオペレーショナル能力を備える必要が出てくることになります。

　加えて、国内企業の海外進出が進んでいくことは、国内銀行にとって「顧客離れか、自らの海外進出か」の選択を迫られるのとほぼ同じであり、自らの海外進出を選択するということは国内規制よりもさらに厳しいバーゼル規制に縛られることを意味します。海外進出とまではいわなくても、昨今の資産運用ニーズの高まりは、すでにUSDやEURといった主要通貨に飽き足らず、世界中の通貨での投信設定等が行われています。こうした背景を考えると、外貨流動性に対する統制はいままでよりも高い水準が求められることになるでしょう。

　現時点ではこれまで流動性規制というものが導入されていなかったので、残念ながら国内金融機関における流動性リスク管理という点については、市場リスクや信用リスク等と比べてスタート段階にあり、しかも各行の流動性リスクの統制水準においては、国際基準行と国内基準行との間では差がある状況です。バーゼルⅡでは、自己資本比率維持を目的としリスクアセット統制を行う必要があったため、市場リスクや信用リスク等の統制は年々進化してきました。流動性リスク管理が、今回の規制導入をきっかけに進化していくのかどうかについては、金融機関側の発想の転換が必要となることでしょう。

第 2 章

国内金融機関における流動性リスク管理の変遷

バーゼルⅢ流動性規制内容を把握する前に、まずはこれまでの流動性に関するリスク管理手法をきちんと把握する必要があります。この章では国内金融機関におけるこれまで行ってきた流動性リスク管理について理解しましょう。

1 調達サイド重視によるリスク管理

年々飛躍的に厚みを増している金融機関のディスクロージャー資料をみると、リスク管理に関する項目があり、流動性リスクをどのようにとらえているのかがわかります。たとえばあるメガバンクグループの2013年3月期ディスクロージャー誌では、

「資金流動性リスク：財務内容の悪化等により必要な資金が確保できなくなり、資金繰りがつかなくなる場合や、資金の確保に通常より著しく高い金利での資金調達を余儀なくされることにより損失を被るリスク」

（出所）三菱UFJフィナンシャル・グループ　2013年3月期ディスクロージャー誌より抜粋

と書かれており、業務運営を行ううえで、資金面において資金調達が困難になることで調達コスト悪化に伴う損失を被ることや、あるいは資金不足によって業務継続そのものが困難になることをイメージした内容となっています。上記のように「資金流動性リスク」と書いてあると資金調達に関する事項にかかわるリスクという印象をもつかもしれませんが、実際のカバー範囲としては、資金の動きだけを意識しているわけではなく、資金調達に関連する担保の動きや、資産の現金化というかたちでの資金調達もカバーしていると考えるのが最近では一般的です。

銀行員を長くしてこられた方はよくご存じかもしれませんが、銀行全体の最終資金調整を行う部署（≒コール市場で取引を実施する部署）の機能をどこにするのかでも、長い歴史のなかで財務企画的な部署であったり、資金証券的な部署であったりと、会社全体の資金繰りの責任がどこにあるのかは難問でした。こうして流動性規制というものが導入されることになり、だれが統制や報告を行うのかについてなかなかはっきりしなかった銀行も多いかもし

れません。流動性リスク管理というものを漠然と考えたときに、ミドル部門であるリスク管理の部署が行うべきという考え方と、実際の執行オペレーションの迅速化対応を考えるとフロント部門でもいいのではないか、といった意見が交錯しがちです。どちらが正しいかは会社として何を最も重視するのか次第だとは思いますが、事実上こうした組織論も含めて、流動性リスク管理はまだスタート段階にあるということです。

いずれにしろ、資金面での不安材料がない状態を保つということはコストとの裏返しです。不必要なくらい多くの資金を保有していれば資金繰りの不安はなくなりますが、その分だけ調達コストとしてP/Lが悪化します。「万一何か資金不足が起こったらどうする？」の問題提起に対して明確な回答を持ち合わせないので、結果的にはイーブンから若干の資金余剰で毎日を終えていくというのが世の常となっています。この「万一何か資金不足が起こったらどうする？」の問題提起に関しては、資金調達担当者による経験と予測という感覚的なもので対応するのが初期段階であったと思われます。しかし、当然感覚的なものだけでは何の説明にもならないということで、対処方法を考え始めて最初にたどり着いたのが期日分散という要素です。

例を示しましょう。ある銀行は無担コールO/Nを通常1,000億円程度調達していたとします。きちんとデータ蓄積している銀行もあれば、データを蓄積していない銀行もあるでしょうが、その違いは「資金調達実績に基づいて」なのか「資金調達担当者の経験則に基づいて」なのかであって、それ自体は重要な問題ではありません。重要なのは、翌日も1,000億円以上調達できると確信して、翌日の資金不足を1,000億円としたときに、本当に大丈夫なのかということです。仮に大丈夫であると判断した資金調達担当者がいた場合、会社としてなんら統制を図っていなければ、万一その夜に海外で恐慌でも発生しようものなら冷や汗ものです。会社の翌日の資金繰りがつくのかで四苦八苦し、クリアできたとしても責任問題が浮上してきます。

こうした事態に陥らないために、日々余裕をもたせることが重要になります。1,000億円を通常調達できる実績があれば、O/Nに関する資金不足を700億円や800億円といったような、1,000億円よりも小さい金額にとどめること

を考えます。これによって通常の市場環境を想定する前提で、O/Nの期落ち限度を700億円といったかたちで設定すれば会社として統制を図っているということになります。

次のステップです。はたしてO/Nの統制だけで問題はないのかという点です。極端な話ですが、たとえば社債発行をしていて、その発行金額が1,200億円かもしれません。償還日前々日までは問題なくても、償還日前日になってはじめて「O/Nの調達能力を超えている」と理解しているようでは話になりません。O/N限度が発行当時から導入されているルールであれば、そもそもの発行額ないしは償還日に問題がありますし、発行当時のルールの有無にかかわらず、償還直前まで何の手当もしていないのは問題です。これを統制しようとするなら、まずはO/Nだけでなく、一定期間先まで見据えることが重要です。このため1週間や2週間、1カ月というように、将来の所要調達額を計測し、すべてをO/N調達ではなくスポットスタートでの取引や翌日スタートでの取引を含めることにより、日々の調達負担を軽減していくことを目指していくのです。

こうした手続をきちんと行っていくためにさまざまな工夫が必要です。O/Nのリミットを設定するだけでなく、1週間や2週間等の異なったグリッドでのリミット設定を行ったり、あらかじめ調達する際の期落ちを分散したりします。もともと資金繰りを組むには「どのような入金があり、どのような出金があるのか」を調査しておくことは重要で、日々の所要調達額は原則資金の流出入をネットした金額なので、未入金があれば当然その分だけ不足することになります。

資金不足が発生する場合、当然その分だけバッファーを取り崩すか、新たに調達することになりますので、未入金が発生する場合には調達部門に連絡をすることが必須です。未入金による調達は通常業務として調達部門が行っていることを考えると、未入金連絡フローにおいてミドルオフィスが介在しても連絡ミスの可能性を大きくするだけでなく、スピード感としても遅れるだけなので、調達部門へ直接的に連絡することが一般的だと考えられます。こうして「資金繰りは大丈夫なのか？」という問いに対して調達部門が直接

的に回答することが多くなるのです。

　流動性リスクを資金繰り管理と定義してしまうと、こうした社内構図を考えればおのずと調達部門に負荷がかかるかたちになり、「調達は大丈夫なのか？」と皆がいっている限り調達部門へのプレッシャーはかかり続けることになります。調達部門も実際には「毎日問題なく調達を行っていくことができる無理のない範囲」を心得ており、しかもコール市場を直接みているということから、肌触りを含めて調達部門への依存度は大きくなります。

　期日分散を促進するべく、一定期間先までの資金ギャップを管理する発想が出てくれば、まずはその一定期間内における資金流出額と資金流入額を算出する作業を日々実施することになり、また長期債務に関しても償還テーブルを作成していくことで、負債全体の償還もみていくことに変化していきます。しかし金融機関を監督するための金融検査マニュアルでは、緊急時対応をきちんと定めたうえで、定期的にテストを実施してその実効性を確認していくことを求めています。これがコンティンジェンシー・ファンディング・プラン（CFP：Contingency Funding Plan）と呼ばれるものであり、流動性リスク管理に関連する規程類と関連した正式な社内文書として作成されるようになりました。CFPに関しては本章3で後述します。

2　ストレステスト導入とストレス時の対策

　流動性リスク管理のスタート段階が期間軸（Time band）別の期落ち管理へと発展し、金融検査マニュアルでも義務づけられているCFPの策定まで実現してきましたが、最近では流動性リスクでもストレステスト導入の流れが出てきました。資金流出額から資金流入額を差し引いたものを資金ギャップとして認識し、それを期間軸別で一覧できる水準からの進化です。

　ストレステストへの移行に先立ち、まず期間軸別資金ギャップ把握だけでは何が問題なのでしょうか？　本章第1節で説明した点をふまえて考えてみましょう。

【期間軸別資金ギャップ把握での課題認識】
① 根底にある考え方として、資金ギャップ額に対して、資金調達を意識している
② 資金流入に関して、未入金による資金不足のカバー
③ 各種取引における担保移動
④ 外貨に関する統制の方法

　もともと資金ギャップの把握と期落ち限度額設定という方法は、不足する資金量を調達能力よりも大きくしないために生まれてきたものなので、通常業務のなかでは資産の売却をイメージしていたとしても、「まずは調達できるかどうかを判断してから、どうしても調達できないという結論が出たうえでの行動」と位置づけている傾向にあります。組織分掌を考えたときに、調達部門からすれば運用部門に対して協力をお願いする前に自助努力をしろという発想です。運用部門への協力依頼に基づいてオペレーションを行った場合、P/L責任がどこになるのかといった問題が出てくることを認識しているためです。それに対して資金調達で何とか乗り切れるということであれば、コスト面も調達部門で見積もれる話なので、会社全体としてどちらが望ましいかを議論することなく調達に向かいます。
　しかし現実的に未入金が発生することを考えないといけません。資金ギャップ相当額を正確に調達しているほど、未入金発生時には資金調達オペレーションを追加的に行うことになります。これを回避する方法は余剰調達状態にしておく以外には不可能です。
　また銀行業務を想定すれば、もともと運用部門が保有している有価証券を担保に使い、再調達に使用したりデリバティブ取引を行ったりするため、有担保化している取引に必要な有価証券保有分というものがあり、運用部門と調達部門は切っても切り離せないのが最近の状況です。つまりALM運営を含む収益期待だけでなく、担保使用目的である有価証券の取得についても運用部門との連携は欠かせないものであり、所要担保額をどのように見積もるのかが重要になってきます。

外貨に関しての詳細は本章5で後述しますが、流動性リスク管理において、国内銀行は円が母国通貨であり、円資金に関する流動性リスク管理が先行することはやむをえないものの、取扱量が多い通貨に関しては、基本的に円資金と同等のリスク管理内容が必要になってくることは当然です。

　流動性リスク管理を高度にするため、上記のような不足を補うべく、たどり着いたのがストレステストといえるでしょう。もともとは不測の事態発生におけるポートフォリオの損失程度を把握し、損失回避策をシミュレーションしておくことを目的としたもので、ブラックマンデーのような株価の大幅な下落等を想定したものです。ストレスシナリオとしてどのようなことを想定するかは独自性のある世界ですが、最近では金融当局が指定するストレスシナリオに基づくテストを実施するようになってきたので、広く普及してきています。

　市場リスクなどでは、過去の事象をシナリオに置く場合、株価水準やボラティリティー、イールドカーブの形状変化等を想定することは比較的イメージしやすいのですが、流動性リスクあるいは資金調達リスクという部分では、数字等で調達しにくい度合いを示すことはむずかしいため、流動性に影響があると思われる各項目を具体的に変化させるしかありません。具体的には調達に関して取引できている相手方からのクレジットライン凍結や、なんらかの事象発生に伴う担保所要額の変化、有価証券を資金化するうえでのヘアカット率の悪化、といったような項目での影響調査を行って数字として表現していくことになります。

　流動性リスク計測におけるストレステストを行う場合、まず環境認識という概念が重要になります。この環境認識とはどのようなものでしょうか？まずは前項で例示したメガバンクでのディスクロージャー誌をみてみましょう。資金流動性リスクの記載欄に以下のように記載されています。

　「グループ全体の資金調達状況に応じて「平常時」「懸念時」「危機時」のステージを設定し、グループとして統合的な管理を実施しています」
（出所）三菱UFJフィナンシャル・グループ「2013年3月期ディスクロージャー誌」より抜粋

　ここで記載されている内容は、ストレステストやストレスシナリオと直接

関係する話ではありませんが、流動性リスク管理における環境認識を行っているということは読み取れるでしょう。資金調達の環境が、各時点で調達に特に懸念がない「平常時」なのか、調達に関するなんらかの懸念材料がある、あるいはすでにその懸念が生じている「懸念時」なのか、あるいは資金調達において重大な影響がある状況になっている「危機時」なのかを自己評価するということであり、「平常時」から「懸念時」、「懸念時」から「危機時」へと変化していく過程では、なんらかの社内アクションが行われるような体制整備を行っているということです。こうした環境認識に関しては逼迫度区分という表現が使われており、最近では逼迫度区分が悪化した際に流動性バッファー額を増額するような運営を図っています。

　流動性に関するストレステストでは、こうした環境認識の変化によって盛り込まれる対策をイメージし、実際の計測に盛り込んでいくことになります。環境変化がいわばストレスシナリオであり、市場環境変化を主因とするものと、自社の信用力変化を主因とするものを中核としつつ、さらにどちらの主因も同時に発生すると想定した3つのパターンが、流動性リスク管理における基礎的なシナリオになっています。

　環境認識とストレステストの関係はたとえば以下のように盛り込まれます。

【環境認識とストレステスト（例）】
① 市場流動性の低下に伴うヘアカット率の悪化や換金性そのものの欠落
② 自社クレジット悪化（格下げ等）に伴う、担保の追加差入れや、コベナンツ条項抵触に基づく返済
③ クレジットライン凍結に伴う、アンコミットメントラインからの調達不可や日中流動性における当日借越枠の停止

　たとえば逼迫度区分上における平常時想定であればコベナンツ条項抵触は想定しないものの、危機時になっていればコベナンツ条項にヒットし、資金

流出に盛り込むという考えを導入すれば、環境認識とストレステストが結びつきます。有価証券の換金性に関しても、クレジット市場が悪化すれば社債の換金性が悪化する可能性があり、換金する時間も多く必要になるかもしれません。たとえ日銀適格担保であったとしても、ヘアカット率が恒久的なものではないので、市場環境に応じた変化を盛り込むことになります。

しかしながら現状ストレステストを行っている金融機関でも、必ずしも環境認識とストレスシナリオは完全マッチングしているわけではありません。ストレスシナリオを「危機時に陥ったら」というかたちにしておらず、「自社格付が3ノッチ格下げされたら」というかたちのシナリオを置くためです。「平常時」や「懸念時」等の環境認識に関しては、さまざまな要素から決定されるようになっているので、業務運営上の環境認識として設定し、ストレステストとは一線を画すケースが出てくるのです。

【逼迫度区分におけるチェック項目例】
① 無担保調達／有担保調達における各市場の市場流動性の低下
② 自社格付の悪化懸念、もしくは格下げの実施
③ 自社向けクレジットライン額の減少や凍結
④ 自社グループ株価の下落（相対的下落も含む）
⑤ 預金（証券会社等では預り資産）の急激な流出
⑥ 風評リスクの急激な悪化
⑦ 外貨調達における国内もしくは自社の調達コストの上昇　etc.

逼迫度区分に関しては、その定義を半期ないしは通期に一度見直しをし、その時点の環境をどうみるかを決定します。最近ではグループ統制を意識し、メガバンクグループでは逼迫度区分に関してグループ内統一化を行うようになってきています。逼迫度区分とリスク管理を行う会議体（リスク管理委員会やALM委員会等）がリンクしており、逼迫度区分が変更されるような事象が確認されると、会議招集がかかり、資金を厚めに調達することや、モニタリング強化等の対策が検討されます。なんらかの対策を講じることにな

れば必然的に資金計画等の変更が伴い、流動性バッファーとなる換金性が高い流動資産の保有額をふやすことや、換金性が低い資産の売却検討につながっていきます。

　この逼迫度区分がコーポレートガバナンスという風に考えれば、ストレステストに関しては、簡単にいってしまえば、逼迫度区分が「危機時」にまで陥ったときに、流動性バッファーである換金性が高い流動資産も含めて、資金ギャップ上の不足額をカバーできるのかということを調査するという、モニタリング計測という作業になるといえるでしょう。共通的なものはありませんが、基本的な方法は以下のようなものと推測できます。

　【一般的なストレステスト】
　①　計測期間は1カ月ないしは3カ月程度
　②　ヘアカット率適用
　③　資金供与枠からの資金調達環境の悪化（ドローダウンの禁止等）
　④　資金ギャップは、計測期間中における最大値を使用
　⑤　日次計測もしくは月次計測（最近は日次計測化へシフト）
　⑥　資金ギャップ額に関しては、計測期間中の最大値を使用し、流動性バッファー等を勘案して不足額を充足できるかどうかを判断

　実際のストレステストイメージは図表2－1および図表2－2のとおりです。あくまで一般例であり実際の数値とは異なりますが、ヘアカット率に関しては逼迫度区分にあわせた適用率とすることや、資金化できるタイミング等を考慮しながら作成していくことになりますが、独自性を出すうえでさまざまな要素を考慮し、所要バッファー額を見直していくことが必要です。

図表2－1　ストレステストのイメージ図（単一通貨想定）

		2013年					
		10月1日	10月2日	10月3日	…	10月30日	10月31日
保有バッファー	債券	5,000	4,500	4,500		4,500	4,400
	株式	1,500	1,370	1,570		1,520	1,500
	その他手元流動性等	500	700	118		378	198
保有バッファー合計		7,000	6,570	6,188		6,398	6,098
資金流出	債券売買		500				
	株式売買			200			
	債券貸借	100	100	100			
	株式貸借	20					
	相対借入れ・社債返済		10				200
	利息支払		2				
	デリバティブ取引		20				
	市場性調達返済		200	150			
	その他						
	合計	120	832	450		0	200
資金流入	債券売買						
	株式売買		150				
	債券貸借	100	100	100			
	株式貸借	20					20
	利息受取り						
	デリバティブ取引					30	
	市場性調達	200	150				
	その他						
	合計	320	400	100		30	20
資金流出入合計		200	-432	-350		30	-180
担保受取り	債券貸借等	100	100	100			
	株式貸借等						
	デリバティブ等			20			
	無担有価証券借入れ	100					
	その他						
	合計	200	100	120		0	0
担保差入れ	債券貸借等	100	100	100			
	株式貸借等						
	デリバティブ等					30	
	無担有価証券返済						100
	その他						
	合計	100	100	100		30	100
担保受払合計		100	0	20		-30	-100
ネット余剰額（調整前）		7,300	6,138	5,858		6,398	5,818
コミットメントラインからの借入可能額		700	700	700		700	700
コベナンツ抵触等による資金流出額		-800	-800	-800		-800	-800
追加担保差入れ		-300	-300	-300		-300	-300
ネット余剰額（調整後）		7,700	6,538	6,258		6,798	6,218

第2章　国内金融機関における流動性リスク管理の変遷

図表2－2　ヘアカット率イメージ（円資産想定）

		平常時	換金性	懸念時	換金性	緊急時	換金性
国債	短期国債	5%	1日	8%	2日	10%	3日
	中期国債	5%	1日	8%	2日	10%	3日
	長期国債	6%	1日	9%	3日	12%	4日
	超長期国債	8%	2日	12%	3日	16%	4日
地方債	公募都道府県債	10%	3日	15%	4日	20%	5日
	政令指定都市…	10%	3日	15%	4日	20%	5日
社債	AAA	10%	3日	15%	5日	20%	7日
	AA＋	12%	4日	18%	6日	24%	8日
	AA…	14%	5日	21%	7日	28%	9日
株式	東証一部	15%	3日	23%	4日	30%	5日
	東証二部…	18%	3日	27%	4日	36%	5日
証券化商品	AAA	20%	5日	30%	7日	40%	9日
	AA＋	24%	5日	36%	7日	48%	10日
	AA…	28%	5日	42%	7日	56%	11日

3　CFPの策定

　CFPに関しては、2008年6月にバーゼル銀行監督委員会（市中協議案）が公表した「健全な流動性リスク管理及びその監督のための諸原則」（仮訳は2008年9月に公表、本題は「Principles for Sound Liquidity Risk Management and Supervision」）の原則11のなかで以下のように記載されています。

　「原則11

　銀行は、正式なコンティンジェンシー・ファンディング・プラン（CFP）を備えているべきである。CFPは危機的な状況における流動性不足への対処方針を明確に定めるものである。CFPは、ストレス状況の各段階における対

応方針を示し、責任権限を明確に定め、発動及び管理段階の引き上げの明確な手順を含むべきである。CFPは、確実に遂行できるように定期的に検証され、更新されるべきである」

(出所) 2008年6月18日付プレスリリース「バーゼル銀行監督委員会による「健全な流動性リスク管理及びその監督のための諸原則」に関する市中協議文書の公表について」（金融庁）

　CFPは、文字どおり緊急時対応ということで、資金繰りに影響を与える材料が出てきた場合にどうするか、実際に資金繰りに懸念が出てきた場合にはどう対処するか、決済不能等による当日もしくは日中流動性が悪化した場合はどうするか、等々の問題が発生した場合の対処を定め、社内報告体制も同時に定めているのが一般的です。そしてその内容の実効性を検証するために年1～2回程度のテストを実施しています。

　企業における緊急時対策というのもとても幅広く、会社全体のBCP（Business continuity planning：事業継続計画）は別途コーポレートガバナンスの一環として定められていますが、資金面に関連した部分に絞って詳細を定める内容ですから、会社全体のBCPとの概念矛盾があるようではうまく機能しないものになります。たとえば会社全体のBCPにおいて、大地震が発生したときに、徒歩で会社に到着できるメンバー優先で出社することで対応する方針となっているなかで、資金調達担当者がとても徒歩では出社できない距離に居住していれば、だれが資金調達業務をサポートするのかが重要ですが、CFP上でサポート体制はまったく考慮されていないようでは無意味ということです。

　CFPの実効性検証を目的として毎年行われるテスト内容には、いろいろと悩ましい問題があります。テストプランは各社工夫を凝らしていますが、その中核となるのがコール市場での調達テストであり、たとえば無担コールO/Nをどれくらいの金額まで調達できるのかという内容です。最近は単純にO/N調達限度を調査するだけでなく、1週間程度のタームであったり、当日スタートではなく翌日スタートであったりの工夫がみられます。ところが実際の調達テストはコストがかかるという点と、市場混乱を引き起こす可能性

があるために、本当は期末日の当日O/N等のテストをしたくても、他行への迷惑をかけられないという点から、実効性検証という観点では問題があることが各金融機関の社内でも指摘されています。

同様に、CFPとしては緊急時での資産売却ケースを盛り込んでいたとしても、年1回のテストで実際に試されることはほとんどないと考えられます。表向きは換金性が普段から確認できていれば問題ないという理由ではありますが、実際には調達テストに比重がかかっていて、全社的な緊急時対策というかたちのテストになっていないことが問題といえるでしょう。

CFPに盛り込むべき内容に関しても独自性があり、必ずしも標準的なものがあるわけではありません。グループ会社のなかに、外部借入れが多い企業があると、そのグループ会社支援の方法等が盛り込まれることも考えられます。資金調達方法に関しても、流動性預金への依存度が高い場合と市場性調達への依存度が高い場合では異なってきますので、CFP策定に関しては自社の事情をきちんとふまえることが重要になります。

4 流動性リスクモニタリング体制の構築

流動性リスクを管轄するのはどのセクションが正しいのかというのは意外とあいまいな場合があります。もちろん流動性リスクに限った話ではなく、新しく出てきた商品の取扱開始時も同じような話があり、人員面との兼ね合いで社内勢力が絡んだりして、なかなかうまく機能しない場合があります。

もともと金融機関の場合は性善説に始まり、性悪説へと変化した業態なので、フロント悪玉論というわけではありませんが、相互牽制とガバナンスという言葉によって、ミドルオフィスやバックオフィスにはフロントがやっていることをきちんと管理するという役割があります。まず考えるべきは、会社全体の資金調達を行う、最終資金調整機能はどこの部署であり、どういう職務分掌なのかを考える必要があります。

リスク管理部門は市場リスクや信用リスク、オペレーショナルリスク等の各リスク管理と、それらさまざまなリスクを統合的に考える統合リスク管理

というものがあるので、最終資金調整を行う役割をフロント部門と定義すれば、必然的に流動性リスク管理はリスク管理部門の役割という考え方になります。しかし最終資金調整を行う部署がコーポレート部門という建付けであれば、市場取引のようなフロントとミドルやバックとの相互牽制という概念があわなくなり、流動性リスク管理はそのコーポレート部門が管轄するケースがあります。

　流動性リスクという言葉の解釈論もあります。市場流動性リスクと資金流動性リスクを分離して考えると、市場流動性リスクはリスク管理部門、資金流動性リスクは最終資金調整を行う部門というかたちにもなるのです。各商品に関する市場流動性リスクに関しては、リスク管理部門が管轄することに特に意見が割れることもないでしょうが、資金流動性リスクについてはオペレーションとリスク管理を一体とするのか分離するのかによって、前述の内容と同じような、オペレーションはコーポレート部門なのかフロント部門なのかの議論になります。

　リスク管理部門に求められる要件として客観性というものがあります。ここでいう客観性とは、フロント部門が行った取引に関するポジション量やP/Lの状況、各種リミット管理等の状況、そして社内外への結果報告を行うデータ管理といったものです。コーポレート部門が流動性リスク管理を管轄すると、厳密にはこの客観性に欠ける、つまり相互牽制体制も弱いと考えることもできるでしょう。ただコーポレート部門自体がフロント部門ではないので、性悪説は必要ないという考え方もありますが、オペレーション機能を持ち合わせている限りは問題なしとは言い切れません。

　組織論はこの程度にして、具体的に流動性リスクのモニタリング管理体制について考えていきましょう。具体的な業務上の役割は、流動性リスクの各種計測作業や会議体（リスク管理委員会やALM委員会等）報告がメインとなり、よりリスク管理をよいものにしていく企画・立案が加わります。そこでまずは前項までに説明してきた内容をふまえて、流動性リスク管理の全体像を考えていきます。

　流動性リスク管理ができる大前提として、流動性リスク管理を担う部署に

は全取引データが集約できていることがあります。これは運用側の売買や現先取引、レポ取引、貸出はいうまでもなく、負債側に該当する資金調達データ、資本調達（劣後負債を含む）に至るまでのバランスシート全体だけでなく、デリバティブ取引等のオフバランス取引や見落としがちな無担保の有価証券貸借等も含まれます。さらに各商品の流動性を図るうえで、市場動向等の情報収集（売買データ、建玉、時価変動等）、市場リスクと重なる部分に関しても留意が必要です。

　会計データとの整合性も重要です。調達残高や有価証券残高等が会計データと不一致ということは、流動性リスク全体がみえているとはいえません。常に会計データとのリコンサイルという作業も行っていくべきです。現在では負債の時価評価の開示も行われており、負債の時価評価で使われる負債のマチュリティーも、負債側の償還分析において整合性をみておくべきでしょう。明らかに説明できる理由があって会計データと不一致が起こるのは仕方ありませんが、そもそも会計データとのリコンサイルで数字がずれているということは、開示内容の信憑性という点で、会社統制上の問題が生じる可能性があります。

　流動性リスク管理を行っていく業務運営面としては、期末期初に行うもの、月次や週次等で行うもの、日次ベースで行うものがあります。そこで業務内容を作業ベースに置き換えて分類すると以下のようになります。

【流動性リスク管理（作業ベース）】
①　期末期初に行うもの（通期もしくは半期見直し）
・逼迫度区分実施に関する基本ルール設定（逼迫度区分変更判定項目の設定）
・逼迫度区分変更時における方針決定（会議体の開催基準設定）
・ストレステストのシナリオ策定（ストレステスト実施要領の改定）
・ストレステストに付随するヘアカット率見直し
・各種限度設定（期落ち限度、調達限度等）
・その他流動性リスク管理における方針決定（規程類見直し、業務計画等

への反映）
　・CFPの内容見直しおよび実効性検証テスト
　②　月次や週次等で行うもの
　・社内会議体向けの当月実績報告（各種限度の遵守状況やストレステスト結果）、翌月方針の決定
　・各種対外報告（監督当局向け）
　③　日次で行うもの
　・各種限度に関するモニタリングおよびルール抵触時対応
　・日中流動性に関するモニタリング
　④　その他
　・CFPの実効性確認テストのテストプラン作成およびテスト実施（年1〜2回）
　・各種取引執行部門との情報共有（随時）
　・各種流動性リスクに関する調査作業等

　流動性リスク管理そのものは、市場リスクや信用リスク等と比較して、むずかしい数学的知識が必要ではなく、むしろ幅広い商品知識や金融知識が求められる分野といえます。さまざまな商品に関して、リスク計測上どのように定義するのかが重要であり、より保守的な考え方をするのか、現実的な肌触りに近づけるのかによって結果が異なってきます。その端的な例としては、自社が発行しているデリバティブが付随している社債の償還判定があげられます。

　【デリバティブが付随した社債の償還判定】
　①　リーガルマチュリティー（最終償還日）で判定
　　→実際は早く償還するものが存在する
　②　期待マチュリティーで判定
　　→市場水準次第で変動する。算出がむずかしい
　③　Next Callで判定

→実際よりも計測上早く償還するようみなされる

　ストレステスト実施という観点では、計測作業においてNext Callベースはよりきつい見方を採用することになるので問題ないといえますが、リーガルマチュリティーを使う場合は計測上の償還よりも実際は早く償還することになるので、あまい見方になってしまいます。負債時価評価算出に関しては本来期待マチュリティーベースで算出すべきものなので、会計データとの整合性では採用しても決して問題ではありませんが、ストレステストに限定して考えれば、なんらかのストレスがかかった場合の効果を加味する必要はあるでしょう。このように、どのような商品性をもった取引が行われていて、それをどう処理するかといった方針を決めていくことが大切です。

　日中流動性に関しては、バックオフィス業務を行っている決済関連部門の意見だけでなく、調達を行っているフロント部門の意見も重要です。資金決済方法はいろいろな取引で見直しがなされていく過程なので、国内でも日中流動性リスク管理としては発展途上です。日中流動性対策に関しては事実上担保を差し入れておくことで決済をスムーズにしていますが、当日資金不足への対処としてのコミットメントライン設定に関しては、金融機関同士がそれぞれ資金放出側での取組みはネガティブになりやすいので、担保差入れによる方法と、当局も関与した決済方法変更を中心に進化していくと考えられます。

　なお、緊急時対応を考える場合においてもミドルオフィスの役割はむずかしく、組織分掌上リスク管理部門（ミドルオフィス）が流動性リスクを統括する役割であったとしても、実際に調達を行っているフロント部門の意見もふまえることになります。フロント部門の意見もふまえるというのは、決してフロント部門の言いなりになることではなく、情報の客観性をもたせるということです。なんらかの政策判断を行う場合には、明確に執行権限を定義し、リスク管理委員会のような会議体の権限まではっきりしていれば問題はなく、権限明確化については必ずしもCFP内での盛り込みではなく職務権限で定められていても問題はありません。資金調達という概念において執行権

限が問題視される代表例は、資産売却や資産増加の凍結というような事項なので、この場合、資産側のフロント部門に対する方針に関してだれに決定権限があるのかを、緊急時の段階でリスク管理委員会等の会議体参加メンバーが皆理解しているということです。リスク管理部門はあくまで執行オペレーションを行う部門ではないはずなので、客観性をもってどうするべきであるかを示し、財務企画部門やフロント部門の理解を得ていく体制が求められるでしょう。

5 外貨流動性リスク管理への問題意識

　外貨流動性に関しては、国際基準行と国内基準行でかなり重要性が変わってきますが、今後のビジネスモデル次第ではあるものの、国内基準行であったとしても、取引先である事業法人の海外進出や個人顧客の資産運用ニーズ等をふまえると、今後は無視しがたい影響が出てくる可能性があります。

　国内金融機関の場合は、当然母国通貨が円なので、円資金に関する流動性リスク管理が最も重要です。そのため運用多様化の観点で外債運用等を行っても、ALM的には円資金を外国為替市場ないしは通貨スワップ市場で外貨に交換しているケースが多く、外貨調達に対して外貨資産を保有するALMマッチングとは異なっている点があります。そうなると外貨流動性リスク管理において、外国為替取引やデリバティブ取引に付随する外貨リスクを含めない外貨流動性リスクでは、カバー範囲が不十分という考え方ができるでしょう。

　また外貨流動性において落とし穴もあります。使用しているシステムを理解することが重要になりますが、たとえばスワップ付外貨預金の取扱いが円資金として認識されているのか外貨として認識されているのかという点や、外貨決済に係る入金確認が海外時間になるので、会計上どのように処理されているかという点などです。スワップ付外貨預金が外貨として認識されていると、実際には便宜上の交換レートが決まっているだけなので、会計仕訳がどうであれ、流動性リスク管理上は円資金として認識すべきでしょう。外貨

決済に係る入金確認が翌営業日になることで、会計上は当日未入金処理となっていると、流動性リスク管理の本質とは異なるところで補正作業等が発生します。こうしたことから会計とのリコンサイルに注意が必要である一方、取引と経済効果の見極めが必要になります。

外貨流動性リスク管理の基本形は円貨に関するものと大きく異なるものではありません。円貨のリスク管理と同水準であることが究極の理想です。そこでこの項では外国為替取引やデリバティブ取引等に付随する外貨の動きをふまえ、これまで解説していない補足項目として説明します。

【最近の外貨流動性リスク管理の注意点】
① 主要通貨とその他通貨の区別
② 計測上における、主要通貨とその他通貨のそれぞれの基本的な制約事項の決定
③ 受渡しに関するタイムラグ

一般的には、主要通貨という位置づけになるのはUSD、EUR、GBP、JPYという先進国通貨です。経験則もふまえ、グローバルな感覚としては、「USDやEURは他通貨への交換はいつでもできるだろうが、JPYがいつでも他通貨への交換ができるかどうかは微妙だ」ということです。通貨危機はどの通貨がターゲットとされるかはわからないので、先進国通貨であってもリスク管理上の代替通貨扱いをしてよいのかという問題が浮上します。これを回避しようとするなら、全通貨に関する通貨別でのリスク管理というかたちを採用せざるをえません。

外貨管理においてはこの問題をどう定義づけするかが最大のポイントです。「USDは代替通貨として機能しており、外貨に関してはUSDベースに引き直して資金ギャップを計測する」ということが決して間違っているということではなく、どれだけ外貨の取扱額があるのか、どの通貨がそのなかで重要な位置を占めているのか次第で正解は変化しうるということです。

ここからは全通貨に関する通貨別リスク管理を行うことを前提に説明しま

す。流動性リスク管理においてモデルケースとして参考になるのは英国の銀行監督ルール（UKFSA）であり、そのなかでは「外国為替市場における2週間以上の機能停止」を考慮すべきであるという内容が盛り込まれています。当然これをふまえるということで考えるのであれば、最低限計測期間を2週間以上として設定する必要があります。

　計測期間を定めたら、次は商品別のキャッシュフロー把握になります。資金ギャップの計測に関しては、円貨と同等のルールを用いるのが理想です。商品別での各通貨の流入および流出から各通貨での最大資金ギャップを算出し、ストレスがかかった場合の追加所要額（資金および担保）を考慮して、資金ギャップが埋まる状況かどうかをみていくことになります。

　最終的に外貨はUSDベースで、あるいは円貨も含めて円貨ベースで、全体を掌握する場合、通常は会計上の換算為替レートを使って引き直すということになります。ストレステストを想定すれば、通貨別のギャップ算出においてマイナスとなっている通貨に関しては、当該通貨の資産との比較を行い、最終的な過不足をみることになりますが、当該資産の換金性は考慮する必要があり、ヘアカット率を勘案してギャップが埋まるかどうかを判別することになります。

　ここで注意する点は、各通貨の代替性です。ストレステストでの資産部分も考慮したうえでマイナスが埋まっていない通貨と、プラスになっている通貨をどう取り扱うかということを決めておくことです。先述のとおり、2週間以上交換不可能ということを盛り込むことは、余剰通貨となっているものがあっても交換できるのは2週間後以降です。さらに「USDはその他通貨に交換できても、JPYは微妙だ」という要素を盛り込めば、「USDの余剰はその他通貨のマイナスを埋めることができても、その他通貨の余剰をUSDのマイナスには充当できない」ということを考慮するかたちになります。究極はどの通貨であっても交換は認めないという方法になりますが、その場合はどの通貨も資金余剰（資産の換金性考慮後）になってしまうので、業務効率性という点では非効率になり、計測ルールと実態上のリスク管理をふまえたルールづくりが重要であるということがおわかりになるでしょう。

第3章 バーゼルⅢ流動性規制

いよいよバーゼルⅢ流動性規制の具体的な内容に入っていきます。すでに第１章で説明したとおり、サブプライム問題やリーマン・ショックを経て、世界の金融当局は本格的な流動性規制導入が必要と判断し、バーゼルⅢのなかに盛り込まれることになりました。この章では流動性規制の目指す先を意識しながら説明していきたいと思います。

1 バーゼルⅢ流動性規制の基本概念

2008年のリーマン・ショック後の同年６月、バーゼル銀行監督委員会は「健全な流動性リスク管理及びその監督のための諸原則」を公表し、2009年４月のG20ロンドン・サミットにおいて「2010年までに、国境を越えて活動する機関を含む金融機関におけるより強固な流動性バッファーを促進する世界的な枠組みを策定し、合意すべきである」とされ、同年12月にバーゼル銀行監督委員会は共通のモニタリング指標の導入を提案しました。LCRやNFSRといった指標の導入検討です。これに基づきQIS（Quantitative Impact Study：包括的な定量的影響度調査）を定期的に実施し、随時算出基準の見直しが行われてきています。

では目指す先を考えるうえで、まずは発射台ともいうべき「健全な流動性リスク管理及びその監督のための諸原則」のポイントをみてみましょう。

【健全な流動性リスク管理及びその監督のための諸原則（抜粋）】
① 流動性リスク管理のガバナンス
② 流動性リスク管理の測定と管理
③ 監督当局の役割

(出所)　「バーゼル委市中協議文書　流動性規制の導入」（2010年１月金融庁／日本銀行）
　　　より抜粋

この諸原則の内容をみていくと、①ではまず銀行自身による流動性リスクに係るリスク許容度を明確にし、そのリスク許容度を意識した統制を図るべ

きであるということがわかります。第1ステップについてはまず自己分析があり、分析結果に基づいて上級管理職がリスク許容度にあわせた戦略策定に携わるべきであるという概念です。②では、銀行が流動性リスク管理におけるPDCA（Plan-Do-See-Act）を採用し、有効な調達・運用戦略の策定と流動性バッファーの保有を行うべきであるという内容です。つまり適切なリスク管理体制を構築するだけでなく、業務計画として流動性リスク管理における戦略を盛り込めという意図がうかがえます。③に関しては、監督下の金融機関からの定期的報告等によって評価をする一方で、他の金融当局との連携を図るべきであるというものです。

　こうした内容をふまえると、各金融機関がきちんと自己分析を行ったうえで問題点の改善を見出せる社内統制能力をもつことが大前提であり、その社内統制をもって監督当局とコミュニケートしていくことを想定していると考えられます。ただし1990年代の国内不良債権処理問題ではありませんが、監督当局に依存するかたちでの流動性確保や流動性リスク管理ではなく、独自のリスク許容度を把握したうえで流動性バッファー保有を求めているので、ストレスがかかった状態でも独自で乗り切ることを想定しているということです。

　上記の諸原則においては読み取れませんが、バーゼルⅢに関しては各国裁量が認められており、自国の金融当局によって必要なバッファーを定めることができます。必要なバッファーを金融当局が定める場合には、当然金融当局側としての評価があり、各金融機関の独自評価結果と照らし合わせて必要かどうか判断することになります。監督下にある金融機関が適切な自己評価ができていないということになれば、監督する立場で考えると、監視ルールを一定水準に引き上げるべく検査指摘を強いものにするか、全体的な規制として導入するかという判断が出てくるということです。「できていないのだから規制が緩くなるのでは？」という考え方をする場合もあるでしょうが、水準を緩めるということは自国水準が他国よりも劣ってしまうことになるので、国際競争力や国際信用力が落ちるということにつながる可能性があります。このため日本の実情をかんがみれば、規制を緩和する方向での金融監督

によって日本の信用力や競争力が落ちてしまうことを回避すべく、しかしながら金融機関の収益力等を考慮して、規制値として強化を図るというよりも、質的水準の維持によって規制値としては特に引上げを求めないということが理想であると考えられます。

この理想を実現させるためには、規制内容をきちんとふまえたうえで、自己評価に始まるリスク管理水準を引き上げ、社内統制能力を高く維持することが求められる一方、自己評価に基づく環境認識、統制水準の達成度等について金融当局とコミュニケートしていくことが重要になり、きちんとコミュニケートできていれば国内での独自裁量部分が本当に必要かどうかを当局として判断できるということにつながるのです。

次に視点を変え、流動性規制導入の理由から、どのような流動性リスク管理が必要かということを考えましょう。ご承知のとおり、流動性規制導入の直接的理由はリーマン・ショックによる流動性不足ですが、決して世界各国で金融引締政策を行っていたわけではありません。むしろ緩和姿勢のなかで発生した事件であり、これまでの金融政策だけではいかんともしがたい出来事であったということができます。さらに先進国で次々と自国規制導入が進められたことを考えると、あくなき金融機関の収益至上主義政策での失敗に対しては厳しく対処し、行き過ぎる収益至上主義には歯止めをかける必要性を感じていたと考えられます。これらを一言でいってしまえば「本業回帰」であり、一部の市場による過剰な収益期待をかけることは、その裏腹に過度のリスクが潜んでおり、そのリスクを自ら統制する能力をもてという意向と受け取れます。

「歴史は繰り返す」ではありませんが、国内でも不動産神話とその崩壊、デリバティブ悪玉論等、一部の市場での過度な収益期待をかけたことによる失敗経験がありました。そこで基本的方向性を「金融機関の公共性をかんがみた公的サポート」から「金融機関としての公共性を維持できる自己管理」へと比重を変え、本質は特に変わっていないはずのものが、ものすごくクローズアップされたかたちで規制強化に結びついたということでしょう。政治的背景や世論の動きの影響はあるにせよ、前面に出したものは「本業回帰

による収益確保と、適切なリスク管理による安定的な企業運営」ということです。

　たとえば市場部門での話に置き換えて考えると、「日本国債利回りが低く、収益力不足となるため、外債や社債等に資金を向かわせる」という意見をよく聞きますが（そのこと自体を否定するのではありませんが）、「日本国債の運用手法に関して向上させるという発想が必要である」ということを意図しているように思えます。外債運用や社債運用もいまや本業ですから、為替リスクやクレジットリスクをきちんと統制する必要があり、実際に統制できていれば問題はありません。しかし日本国債という為替リスクゼロ、リスクウェイトもゼロという商品での運用手法の向上を目指すことなしに他の商品へ向かうということは、本業回帰の概念からはずれているのではないかという疑問をもち、その解決策を考えながら業務運営するべきだということでしょう。

　実際に流動性規制という点で照らし合わせれば、上記本業とは異なる取引やみえにくい取引に係るキャッシュフローに関しては絶対に盛り込ませるという意識が必要で、「完全に統制できており、自社にとっては本業として認識している」と自信をもって対処している姿勢を問われていると考えるべきです。一般的にみえにくい取引はバランスシート上読み取りにくい取引でしょうから、レバレッジがかかった取引や、資金だけではなく担保の動きをいかにして表現するかが課題となってくるのです。

2 バーゼルⅢ流動性規制スケジュール

　すでに国際基準行向けにはQISが始まっており、国内基準行向けでも2013年8月に実施されました。バーゼルⅢは資本規制に流動性規制とレバレッジ規制が加わりましたが、いずれの規制においても最終ターゲットは2019年となっており、それまでは段階適用のかたちを採用しています。

　流動性規制に関する内容見直しに関しては、2013年1月に改定テキスト公表が実施されており、分子項目として計上できる資産の追加や、2019年まで

図表 3 － 1　流動性規制に関するスケジュール

	2015年	2016年	2017年	2018年	2019年
最低LCRの適用	60%	70%	80%	90%	100%
NSFRの適用				（注1）	100%

(注1)　NSFRは2016年半ばをメドに見直しを実施し、2018年に最低水準の適用開始予定
(注2)　観察期間に関してはすでに開始している
(出所)　「バーゼル銀行監督委員会によるバーゼルⅢテキスト公表について」（2011年1月　金融庁／日本銀行）
　　　　「流動性規制（流動性カバレッジ比率）に関するバーゼルⅢテキスト公表—流動性カバレッジ比率の主要な項目の確定―」（2013年1月　金融庁／日本銀行）

の段階適用等が発表されました。執筆時点（2013年10月時点）において公表されているスケジュールは図表3－1のようになっています。

　2013年1月時点におけるテキスト改定となった背景としては、2010年12月のテキスト公表において、2011年1月以降の観察期間での分析や収集されたデータをふまえて2013年半ばまでにLCRの要件を必要に応じて改定する方針を打ち出していたことに基づくものです。NSFRについても2010年12月の段階で2016年半ばまでに必要に応じて改定することを示しており、2013年1月のLCR改定テキスト公表時においても、NSFR規制見直しに関してはバーゼル銀行監督委員会としての今後2年間の優先課題と位置づけています。

　国内基準行向けの規制に関しては、2013年3月に「第1の柱」（最低所要自己資本比率）に係る告示の一部改正を公表しており、資本規制に関しては2014年3月31日より適用されるかたちになっています。国内基準行向け流動性規制に関しては2013年8月に初めてQISを実施し、基本的には国際基準行に準じた内容となっておりますが、今後順次修正検討されていくと考えられます。

3　LCR（Liquidity coverage ratio：流動性カバレッジ比率）

　バーゼルⅢ流動性規制の根幹として、LCRとNSFRという2つの規制値による基準を原則クリアすることがあります。前節で説明したとおり、LCRに

については2015年より最低水準60％というのがクリアすべき水準となっており、以降毎年10％ずつ引き上げられていき、2019年以降は100％が達成基準となります。

LCRに関しては、2010年1月の「バーゼル委市中協議文書　流動性規制の導入」（金融庁／日本銀行）のなかで、その算出の目的を以下のように説明しています。

「ストレス下でも市場から流動性を調達することができる高品質の流動資産を、短期間（30日間）の厳しいストレス下におけるネット資金流出額以上に保有することを求める」

このなかで、想定されているストレスは市場ストレスと自社のクレジットストレスの両方が同時発生しているというものであり、①3ノッチ格下げ、②預金流出、③無担保調達の停止、④適格流動資産を除いた有担保調達の機能不全、といったような要素を盛り込んで算出されるものとしています。こうした内容は分母項目のところで詳細に算出定義が述べられています。LCRの具体的な算出式は以下のようになります。

$$LCR = \frac{\text{Stock of HQLA}}{30日間の累積ネット資金流出}$$

Stock of HQLA ＝ レベル1資産＋レベル2A資産＋レベル2B資産
レベル2A＋レベル2Bの合計値の最大算入額は分子全体の40％
レベル2Bの最大算入額は分子全体の15％
30日間の累積ネット資金流出は、30日間のOutflow－30日間のInflowと
30日間のOutflow×0.25を比較し、いずれか大きいほうを分母とする

上記のように、分子項目にも分母項目にも条件式が組み込まれており、LCRの概算値であっても算出することは簡単ではありません。実際のLCR算出のためのテンプレートをみると、入力すべきセルが多数あり、考慮すべき事項も多岐にわたっているので、定義式の概念自体はそれほど複雑なものではありませんが、算出作業に関しては相当苦戦するはずです。またQISにお

いては日本語のマニュアルがあるものの、あくまでバーゼル銀行監督委員会の英文定義の仮訳という位置づけであり、解釈に関してはその英文定義に従うという前提になっています。このため本書に関しても以降記述する内容に関しては、あくまで筆者の考え方であることにご留意ください。

(1) Stock of HQLA（HQLA：High quality liquid assets）

　HQLAとは高品質の流動資産（適格流動資産）のことであり、ストレスがかかった状態であっても換金性が認められる資産を指しています。またテキスト内容をみていくと、「容易かつ即座に、ほとんどあるいはまったく損失を出さずに現金化できる資産」という表現も使われています。つまり、一定の市場流動性（換金性）が認められ、その場合のオファー・ビッドも大きくなく、ストレスがかかった状況にあっても市場がきちんと機能しているという前提が必要になります。具体的にHQLAの特徴をみると、テキスト上では以下のように定義されています。

　【HQLAの特徴】
　① 基本的な特徴
　・低リスク
　・時価評価の容易さ、確実さ
　・高リスク資産との低い相関性
　・十分に発達し、認知された証券取引所への上場
　② 市場関連の特徴
　・取引が活発な、相応の規模をもつ市場
　・低いボラティリティ
　・質への逃避

　基本的な特徴のなかで「十分に発達し、認知された証券取引所への上場」という記述があります。これについては、国内債券市場では基本的に店頭売買が中核となっており、日本国債ですら一見認められないように思われるか

もしれませんが、実際にはQIS等においても日本国債はレベル1資産として認められています。これは次の市場関連の特徴の項目にある「取引が活発な、相応の規模をもつ市場」という点をみればわかりますが、「適格流動資産には、常に、活発な売買やレポの市場が存在すべきである」という記述があり、日本国債はその点でまったく問題がないと判断されます。

またHQLAに関して、上記内容のような要件を満たしている場合でも、実際にはHQLAとして計上するべきではない場合があります。テキストでは「運用上の要件」という表現が使われており、そのなかで「処分上の制約のない資産」という記述があります。「処分上の制約のない資産」とは、担保差入れに使われていないこと、担保として受け入れている資産のうち、再担保に利用可能等に制限がないこと、社内ルールを含めた業務運営上の観点において制約がないこと、という観点があり、この解釈が分子項目として最も重要なものとなります。担保の差入れ使用という点や、再担保利用に関しては、保有している資産の区分という点でデータ上の識別には難点があるかもしれませんが、概念としての論点はほぼないでしょう。逆に社内ルール等での運用上の制約という点では、社内システム上あるいは社内管理上なんらかの識別はされていると考えられるので、データ上の制約は少ないと思われますが、解釈上の問題が出てきやすいと思われます。社内ルール等の運営上の論点として考えられる例としては会計上の制約があり、国内会計基準に従っている場合は満期保有債券の取扱いをどう考えるか、IFRS 9に従う場合は、償却原価方式によって処理されている資産をどう考えるかということがあげられます。QISにおいてはいままでのところ満期保有債券に関しても明確に対象外とはしておらず、社内ルール上の考え方に従って処理するという方向性であるため、自社ルールにおいてどういう位置づけかを考える必要があります。

HQLAに関する補足事項として、バーゼル銀行監督委員会としては、分散化に関しても進めるべきであるという考え方をしています。ストレス時における各市場等の換金性が事前に把握できないため、換金性を高める意味での分散化を意識したものです。特に異論が出る話ではなく、今後外貨建て資

産/負債が増加していくことを想定するのであれば、結果的に外国債保有等による分散が実現する可能性があります。

　国際基準行によるQISを繰り返すなかで、LCR算出における算出定義のむずかしさやクリア水準の困難さをふまえ、2013年1月にテキスト見直しが公表されました。算出定義に関しては今後随時説明しますが、HQLAに関する緩和された内容としてはレベル2資産に関して変更が加えられています（別途資金流出項目での緩和もあり。後述）。それまではレベル1資産＋レベル2資産が分子項目となっていましたが、レベル2資産をさらに分け、レベル2A資産とレベル2B資産となりました。それまでのレベル2資産がレベル2A資産となり、追加項目がレベル2B資産となったため、適格流動資産としての範囲が広がりました。

図表3－2　HQLAに関する項目

項　　目	掛け目
レベル1資産	
・現金、中銀預金（危機時に引出し可）、リスクウェイトが0％の国債等 ・リスクウェイトが0％でない母国政府・中銀の母国通貨建て債務等	100%
レベル2A資産	
・リスクウェイトが20％の政府・中銀・公共セクターの証券・保証債 ・高品質（AA-以上）の非金融社債、カバード・ボンド、事業会社CP	85%
レベル2B資産	
・RMBS（AA格以上）（注）	75%
・非金融社債（A+～BBB-）・上場株式（主要インデックス構成銘柄）	50%

（注）　RMBSとはResidential Mortgage-Backed Securities：住宅ローン担保証券
（出所）「流動性規制（流動性カバレッジ比率）に関するバーゼルⅢテキスト公表」(2013年1月　金融庁／日本銀行)

図表3－2において、レベル1資産、レベル2A資産、レベル2B資産の順に高品質（より換金性が高い）資産になっていることがわかります。ここからは上記各資産に関して順にみていきましょう。

a　レベル1資産

レベル1資産はHQLAのなかで最も換金性が高い（資金調達として寄与する）資産というものであり、分子項目として計上する場合の掛け目は100％となっています。テキスト内容に従って順にみていくと下記のようになっています。

【レベル1資産の内容（QISテンプレート2.6.1より抜粋）】

Level 1 assets	レベル1資産
Coins and banknotes	硬貨および紙幣
Total central bank reserves; of which:	中銀準備預金合計
part of central bank reserves that can be drawn in times of stress	うち、ストレス時に引出し可能な分
Securities with a 0 % risk weight:	リスクウェイトが0％である市場性証券
issued by sovereigns	発行体がソブリンであるもの
guaranteed by sovereigns	ソブリンによって保証されているもの
issued or guaranteed by central banks	中央銀行による発行もしくは保証しているもの
issued or guaranteed by PSEs	政府系公的機関（PSE）が発行もしくは保証しているもの
issued or guaranteed by BIS, IMF, ECB and European Community, or MDBs	国際決済銀行、国際通貨基金、欧州中央銀行、欧州共同体、国際開発銀行が発行もしくは保証しているもの
For non-0 % risk-weighted sovereigns:	リスクウェイトが0％ではないソブリン
sovereign or central bank debt securities issued in domestic	銀行が流動性リスクをとっている国もしくは銀行の母国において、当該国の

currencies by the sovereign or central bank in the country in which the liquidity risk is being taken or in the bank's home country	ソブリンもしくは中央銀行が自国通貨建てで発行する市場性証券
domestic sovereign or central bank debt securities issued in foreign currencies, up to the amount of the bank's stressed net cash outflows in that specific foreign currency stemming from the bank's operations in the jurisdiction where the bank's liquidity risk is being taken	当該国もしくは中央銀行が外貨建てで発行している市場性証券で、銀行が流動性リスクをとっている国における銀行の活動から生じるもの。銀行のストレス下のネット資金流出の当該外国通貨建て金額を上限とする
Total stock of Level 1 assets	レベル1資産総額
Adjustment to stock of Level 1 assets	レベル1資産総額の調整項目
Adjusted amount of Level 1 assets	調整後のレベル1資産総額

　レベル1資産に関しては、資産の商品性について論点となることは少ないと思いますが、解釈に関してはいくつか論点はあります。

　「硬貨および紙幣」に関しては、どこまでがHQLAとして計上できる部分なのかについて、まず社内ルール上の取扱いがどうなっているかをふまえる必要があります。銀行の本支店ではATM内にも現金がある等、なんらかの理由でプールされているものが、ストレス時において制約なく使えるものかどうかの判定を行うということです。QISでは、自行による取扱いでの判断というスタンスとなっていますので、社内ルール上の取扱いを確認しても判断が困難ということであれば、一義的には含めないという選択になるでしょう。

　「中銀準備預金」に関しては、日本銀行に限らず、海外の中央銀行分も対象になります。また各国の準備預金制度内容や独自規制等もふまえた判断が必要になります。ストレス時に引出し可能な分というのは、準備預金の積みやロンバート借入れ等を勘案した後にさらに引出し可能な余剰分が該当すると解釈するのが妥当でしょう。各国の独自規制がある場合に関しては、資金

移動が自由にできるかどうか、規制上の問題からすぐに換金できない等の問題があれば、その分は計上できなくなる可能性があります。

「リスクウェイトが０％」という概念については、バーゼルⅡにおける標準的手法に基づいたリスクウェイトとなっています。日中流動性確保のために日本銀行に預け入れている日本国債についても、Q&AではHQLA計上可能という解釈です。発行体に応じて分類が必要ですが、QISにおいては国内地方債に関して以下のように記述されています。

【地方債に関する留意点】
以下に該当する公募地方債に関してはHQLAには含めない
・都道府県・政令指定都市以外が発行しているもの
・ミニ公募債
・残高10億円未満のもの

なお、公募債以外（縁故地方債等）に関しては、市場規模や換金性に問題があるため、HQLAには含まれません。

「リスクウェイトが０％ではないソブリン」のうち、当該国通貨建てではなく、外貨建てとなっている場合は要注意です。銀行のストレス状況下での当該外国通貨建て資金流出額を上限としているため、通貨別LCRを意識した条件判定が必要となります。

b　レベル２Ａ資産

レベル２Ａ資産はレベル１資産よりも若干換金性が悪いという判断により、ヘアカット率15％が適用されます。ヘアカット率については、簡単にいえば資産に対してどれだけ換金できないかということなので、ヘアカット率15％が適用されるということは資産100に対して85しか換金されないという概念になります。LCRの概念上では、後述するレベル２Ｂ資産との合計値（ヘアカット率勘案後）について、分子項目全体の40％の上限が適用されます。

レベル２Ａ資産に該当するものは以下のとおりです。

【レベル2A資産の内容（QISテンプレート2.6.1より抜粋）】

Level 2A assets	レベル2A資産
Securities with a 20% risk weight:	リスクウェイトが20%である市場性証券
issued by sovereigns	発行体がソブリンであるもの
guaranteed by sovereigns	ソブリンによって保証されているもの
issued or guaranteed by central banks	中央銀行による発行もしくは保証しているもの
issued or guaranteed by PSEs	政府系公的機関（PSE）が発行もしくは保証しているもの
issued or guaranteed by MDBs	国際開発銀行が発行もしくは保証しているもの
Non-financial corporate bonds, rated AA- or better	AA－格以上の格付を有する、非金融機関が発行している債券
Covered bonds, not self-issued, rated AA- or better	AA－格以上の格付を有する、金融機関（関連会社を含む）自身以外が発行しているカバード・ボンド
Total stock of Level 2A assets	レベル2A資産総額
Adjustment to stock of Level 2A assets	レベル2資産総額の調整項目
Adjusted amount of Level 2A assets	調整後のレベル2A資産総額

　バーゼルⅡにおける標準的手法によるリスクウェイト20％に該当する資産に関しては、外部格付機関による格付や経済協力開発機構（OECD）のカントリーリスクスコア等が関係してくるので、一概に特定はできません。たとえばソブリンを対象にして考える場合、複数の外部格付機関による格付に関しては、信用力が高い順に上から2番目の格付を使用することがルール上定められており、まずはこの上から2番目の格付がＡ＋格以下（ＡＡ－格以上はリスクウェイト０％）の水準にかかってきます。また、国内金融機関のようにソブリン（日本国債）のリスクウェイトが０％となっている国の金融機関の債券等はリスクウェイト０％から１段階高いリスクウェイトとなる20％

が適用されます。これは日本国内において、銀行向け債券のリスクウェイトの適用に際して、当該国ソブリンよりも1段階高いリスクウェイトを採用するルールを適用しているためです。

　上記内容のうちの留意点としては、「ＡＡ－格以上の格付を有する、非金融機関が発行している債券」という内容については、もともと連結規制という概念で物事を考えているので、金融機関の連結対象となるような事業法人が発行体となっているものは対象外となり、レベル２Ａ資産には含まれません。また、債券という表現に関しては、コマーシャルペーパーも対象として含まれています。

c　レベル２Ｂ資産

　レベル２Ｂ資産に関しては、HQLAのなかでは最も換金性が低いため、ヘアカット率はさらに悪化します。商品によって適用されるヘアカット率は異なり、住宅ローン担保証券（RMBS）は25％のヘアカット率、それ以外のレベル２Ｂに該当する資産は50％のヘアカット率が適用されます。

　レベル２Ｂ資産の位置づけとしては、「各国当局の裁量部分として追加することが認められる」となっており、将来的にも必ずHQLAとして計上できるかどうかは不透明と考えるべきでしょう。

　レベル２Ｂ資産に関しては、前述のレベル２Ａとの合計値で分子全体の40％上限だけでなく、レベル２Ｂのみで分子全体の15％が上限として設定されています。

【レベル２Ｂ資産の内容（QISテンプレート2.6.1より抜粋）】

Level 2B assets	レベル２Ｂ資産
Residential mortgage-backed securities (RMBS), rated AA or better	AA格以上の格付を有する住宅ローン担保証券
Non-financial corporate bonds, rated BBB- to A+	BBB-からA+格の格付を有する、非金融機関が発行する債券
Non-financial common equity shares	非金融機関の普通株式

Total stock of Level 2B RMBS assets	レベル2B資産のうち住宅ローン担保証券の総額
Adjustment to stock of Level 2B RMBS assets	上記住宅ローン担保証券の総額に係る調整項目
Adjusted amount of Level 2B RMBS assets	調整後の住宅ローン担保証券総額
Total stock of Level 2B non-RMBS assets	レベル2B資産のうち住宅ローン担保証券以外の総額
Adjustment to stock of Level 2B non-RMBS assets	上記レベル2B資産総額に係る調整
Adjusted amount of Level 2B non-RMBS assets	調整後の住宅ローン担保証券以外のレベル2B資産
Adjusted amount of Level 2B (RMBS and non-RMBS) assets	調整後のレベル2B資産総額

　住宅ローン担保証券（RMBS）に関しては、HQLAとして計上することにおいていくつかの制限事項があります。発行体が銀行自身（グループ会社を含む）以外であること、外部格付機関からＡＡ格以上の格付があること、裏付資産プールが居住用の住宅ローンに限定されていること、等です。

　住宅ローン担保証券以外に関しては、まずレベル2B資産に関してもレベル2A同様、非金融機関が発行する債券にはコマーシャルペーパーを含みます。また非金融機関の普通株式に関しては、これまで行われたQISにおいて、日経225およびTOPIX採用銘柄がレベル2B資産として計上対象となっています。

d　HQLAに関する捕捉

　QISテンプレートでは、これまでに説明していない分子項目があります。これまでaからcで示してきた内容での各調整項目だけでなく、それ以外の調整項目と考えられる部分があります。

　まずレベル2A資産およびレベル2B資産については、合計値における分子全体の40％、レベル2B資産は分子全体の15％というそれぞれ上限が設定

されています。したがって、レベル1資産に置き換えて考えた場合、レベル2資産合計値が分子全体の40％ということは、レベル1資産の3分の2（＝60分の40）に相当するということです。こうして実際の有担保調達やコラテラルスワップ等の影響をレベル1資産に置き換えて考えれば、レベル2B資産の15％上限は、レベル1資産の85分の15に相当することになります。

実際の有担保調達やコラテラルスワップはレベル1資産を担保にしたものとは限らないので、これらを手じまった後に残るレベル1資産はいくらなのか、という概念が調整項目に該当することになり、同様にレベル2A資産、レベル2B資産に関しても調整項目が必要になります。

一方、HQLAには別の調整項目があります。すでに説明した「運用上の制約」に関する事項と、「適格流動資産が不足する国・地域における取扱い」です。国内銀行においては、実際にビジネス展開している国や地域がどうなっているのかをまず知る必要がありますが、当該国通貨のエクスポージャーが当該国通貨建てのレベル1資産の供給不足となっている可能性があるため、適格流動資産として保有するために取りうる代替策を考えるというものです。代替策として想定されるオプションは三通り示されています。

【代替策として想定されるオプション】
① 手数料を支払うことによる、中央銀行からのファシリティ確保
② 当該国通貨の流動性不足を他通貨資産によってカバー
③ より高いヘアカット率適用によるレベル2資産の追加利用

代替策に関しては、当該国の監督当局による裁量となるので、上限額設定等に関しては、それぞれの国や地域で設定される内容に従うことになります。

(2) Outflow（30日以内の資金流出）

次に、分母項目となる30日以内の累積ネット資金流出のうち、資金流出項目に関してみていきます。このなかではやはり預金に関する取扱いが重要に

なりますが、2013年1月の見直し時においては、預金流出率3％適用に関してはまだ明確にルールが定められておらず、QISにおいては便宜上5％を適用し、現時点では3％適用は検討課題として認識されています。またこの見直し時ではオペレーショナル預金の範囲を厳格化すること、ならびにコミットメントラインの定義や水準変更が発表されています。

では、資金流出項目に関してあらためてテンプレートに従ってみていきましょう（図表3－3参照）。

図表3－3　資金流出に関する項目

項　目			掛け目
リテール預金			
	安定預金		5％
	準安定預金		10％
ホールセール調達			
	無担保調達		
		オペレーショナル預金（付保対象）	5％
		オペレーショナル預金（付保対象外）	25％
		（上記以外の）事業法人、政府・中銀・公共セクターからの調達（預金全額付保）	20％
		（上記以外の）事業法人、政府・中銀・公共セクターからの調達（預金全額付保でない場合）	40％
		（上記以外の）金融機関からの調達	100％
	有担保調達		
		レベル1資産を担保とした調達	0％
		レベル2A資産を担保とした調達	15％
		レベル2B資産（適格RMBS）	25％
		レベル2B資産（その他）	50％
		中銀からの調達（政府・公共セクターからの調達：25％＜レベル1、2A担保除く＞）	0％
		上記以外の有担保調達	100％

与信・流動性ファシリティ	
与信ファシリティ（未使用額）	
事業法人（リテールを除く）、政府・中銀・公共セクター向け	10%
金融機関向け	40%
流動性ファシリティ（未使用額）	
事業法人（リテールを除く）、政府・中銀・公共セクター向け	30%
金融機関向け（LCR適用対象先のみ40％、それ以外は100％）	40%
デリバティブのネット支払	100%

（出所）「流動性規制（流動性カバレッジ比率）に関するバーゼルⅢテキスト公表」（2013年1月　金融庁／日本銀行）

a　リテール預金

　リテール預金に関しては、自然人からの銀行預金と定義されており、注意すべきは個人事業主であってもホールセール預金に分類されるということです。リテール預金は安定預金と準安定預金に分類されていますが、安定預金に関しては流出率3％以上であり、この点で国内におけるQIS上ではまだ3％適用ルールを発動していないということです。流出率5％適用に関しては、まず預金保険制度（もしくは同等の保護を行う公的な保証による完全保護）があることに加え、なんらかの理由により預金を引き出す可能性が低いという条件が付加されています。

【リテール預金に関する資金流出（QISテンプレート2.6.1より抜粋）】

Total retail deposits; of which:	リテール預金総額
Insured deposits; of which:	リテール預金のうち、付保預金
in transactional accounts; of which:	上記付保預金のうち、日常用いる口座にある預金
eligible for a 3% run-off rate; of which:	うち、流出率3％を適用する預金
are in the reporting bank's home jurisdiction	うち、報告主体の母国にある預金

are not in the reporting bank's home jurisdiction	うち、報告主体の母国以外にある預金
eligible for a 5% run-off rate; of which:	うち、流出率5％を適用する預金
are in the reporting bank's home jurisdiction	うち、報告主体の母国にある預金
are not in the reporting bank's home jurisdiction	うち、報告主体の母国以外にある預金
in non-transactional accounts with established relationships that make deposit withdrawal highly unlikely; of which:	上記付保預金のうち、日常用いる口座ではないものの、引出し可能性がきわめて低い、確立した取引関係をもつ口座にある預金
eligible for a 3% run-off rate; of which:	うち、流出率3％を適用する預金
are in the reporting bank's home jurisdiction	うち、報告主体の母国にある預金
are not in the reporting bank's home jurisdiction	うち、報告主体の母国以外にある預金
eligible for a 5% run-off rate; of which:	うち、流出率5％を適用する預金
are in the reporting bank's home jurisdiction	うち、報告主体の母国にある預金
are not in the reporting bank's home jurisdiction	うち、報告主体の母国以外にある預金
in non-transactional and non-relationship accounts	上記付保預金のうち、日常用いる口座ではなく、確立した取引関係がない口座にある預金
Uninsured deposits	リテール預金のうち、非付保預金
Additional deposit categories with higher run-off rates as specified by supervisor	監督当局によって高い流出率を適用する追加的な預金区分
Term deposits (treated as having	残存期間が30日超となっている定期預

>30 day remaining maturity）; of which:	金
With a supervisory run-off rate	うち、監督当局が定める流出率を適用するもの
Without a supervisory run-off rate	うち、監督当局が定めない流出率を適用するもの
Total retail deposits run-off	リテール預金の流出額合計

　まず日常用いる口座という点については、テキスト上において給与振込口座や年金受取口座等が該当するとの記述があります。貸出に伴う返済口座に関しては「確立した取引関係をもつ口座にある預金」とするか、「日常用いる口座」とするかについては論点であるという考え方はありますが、現時点では3％の流出率を使っていないので、結果的にはどちらも流出率5％適用となります。

　もともとLCRの資金流出項目は30日以内の資金流出対象分を計測する項目なので、本来であれば期日指定の定期預金に関しては、その期日が30日超となっている場合は計測対象外となるはずです。しかし国内で一般的に取り扱われている定期預金（デリバティブが付随する等の一部定期預金を除く）に関しては、中途解約時に「適用する預金金利を普通預金利率等に変更することで元本保証となっている」形式が多いため、解約手数料等によって元本割れするのかどうかといった条件もふまえて預金を区分する必要があります。

　また預金保険による保護対象かどうかについて、同一銀行での複数口座がある預金者が存在する場合、いったん名寄せを行う必要もあり、作業負荷も相応にかかりますが、流出率としては最も低い項目なので、きちんとした分類によって算出する必要があります。預金保険によって保護対象とならない部分については準安定預金というかたちで分類することになりますので、国内では金額1千万円という識別だけでなく、預金の商品性に関しても分類が必要です。譲渡性預金や外貨預金、デリバティブが付随するような預金はそもそも保護対象外なので、安定預金として分類するには無理があります。

b 無担保ホールセール調達

　LCR上でのホールセール調達は自然人以外からの調達を対象としており、当該取引における担保があるものとないもので分類されており、ここでは無担保部分が対象となります。2013年1月の見直し時において、無担保ホールセール調達に関する流出率が緩和される一方、オペレーショナル預金の範囲の厳格化が図られました。流出率緩和に関しては、非金融法人、政府・中銀・公共セクターからの調達分が75％から40％への変更となり、さらに預金総額が預金保険制度にて全額保護されている場合は20％の適用が認められています。オペレーショナル預金に関しては、クリアリング、カストディ、キャッシュマネジメントのいずれかに該当するかどうかを確認することとし、QISではオペレーショナルな目的で使用されている残高からオペレーショナル預金として使われない余剰残高を除したものとして取り扱い、決済性当座預金であっても余剰残高を除外できない場合は全額非オペレーショナル預金として取り扱うため、この場合の流出率は40％が適用されます。

【無担保ホールセール調達に関する資金流出 (QISテンプレート2.6.1より抜粋)】

Total unsecured wholesale funding	無担保のホールセール調達額合計
Total funding provided by small business customers; of which:	無担保のホールセール調達のうち、中小企業顧客からの調達分
Insured deposits; of which:	中小企業顧客からの調達分のうち、付保預金
in transactional accounts; of which:	付保預金のうち、日常用いる口座にある預金
eligible for a 3% run-off rate; of which:	うち、流出率3％を適用する預金
are in the reporting bank's home jurisdiction	うち、報告主体の母国にある預金
are not in the reporting bank's home jurisdiction	うち、報告主体の母国以外にある預金

	eligible for a 5% run-off rate; of which:	うち、流出率5％を適用する預金
	are in the reporting bank's home jurisdiction	うち、報告主体の母国にある預金
	are not in the reporting bank's home jurisdiction	うち、報告主体の母国以外にある預金
in non-transactional accounts with established relationships that make deposit withdrawal highly unlikely; of which:		付保預金のうち、日常用いる口座ではないものの、引出し可能性がきわめて低い、確立した取引関係をもつ口座にある預金
	eligible for a 3% run-off rate; of which:	うち、流出率3％を適用する預金
	are in the reporting bank's home jurisdiction	うち、報告主体の母国にある預金
	are not in the reporting bank's home jurisdiction	うち、報告主体の母国以外にある預金
	eligible for a 5% run-off rate; of which:	うち、流出率5％を適用する預金
	are in the reporting bank's home jurisdiction	うち、報告主体の母国にある預金
	are not in the reporting bank's home jurisdiction	うち、報告主体の母国以外にある預金
in non-transactional and non-relationship accounts		付保預金のうち、日常用いる口座ではなく、確立した取引関係がない口座にある預金
Uninsured deposits		中小企業顧客からの調達分のうち、非付保預金
Additional deposit categories with higher run-off rates as specified by supervisor		監督当局によって高い流出率を適用する追加的な預金区分
Term deposits (treated as having >30 day maturity); of which:		残存期間が30日超となっている定期預金
	With a supervisory run-off rate	うち、監督当局が定める流出率を適用

		するもの
	Without supervisory run-off rate	うち、監督当局が定めない流出率を適用するもの
Total operational deposits; of which:		オペレーショナル預金合計
provided by non-financial corporates		うち、非金融機関からの調達分
	insured, with a 3% run-off rate	うち、流出率3％を適用する付保預金
	insured, with a 5% run-off rate	うち、流出率5％を適用する付保預金
	uninsured	うち、非付保預金
provided by sovereigns, central banks, PSEs and MDBs		うち、ソブリン、中央銀行、政府系公的機関、国際開発銀行からの調達分
	insured, with a 3% run-off rate	うち、流出率3％を適用する付保預金
	insured, with a 5% run-off rate	うち、流出率5％を適用する付保預金
	uninsured	うち、非付保預金
provided by banks		うち、銀行からの調達分
	insured, with a 3% run-off rate	うち、流出率3％を適用する付保預金
	insured, with a 5% run-off rate	うち、流出率5％を適用する付保預金
	uninsured	うち、非付保預金
provided by other financial institutions and other legal entities		うち、銀行以外の金融機関もしくはその他法人からの調達分
	insured, with a 3% run-off rate	うち、流出率3％を適用する付保預金
	insured, with a 5% run-off rate	うち、流出率5％を適用する付保預金
	uninsured	うち、非付保預金
Total non-operational deposits; of which		非オペレーショナル預金合計
provided by non-financial corporates; of which:		うち、非金融機関からの調達分
	where entire amount is fully covered by an effective deposit insurance scheme	うち、預金総額が預金保険制度によって全額保護されている分
	where entire amount is not fully	うち、預金総額が預金保険制度によっ

covered by an effective deposit insurance scheme	て全額保護されていない分
provided by sovereigns, central banks, PSEs and MDBs; of which:	うち、ソブリン、中央銀行、政府系公的機関、国際開発銀行からの調達分
where entire amount is fully covered by an effective deposit insurance scheme	うち、預金総額が預金保険制度によって全額保護されている分
where entire amount is not fully covered by an effective deposit insurance scheme	うち、預金総額が預金保険制度によって全額保護されていない分
provided by members of the institutional networks of cooperative (or otherwise named) banks	うち、協同組織金融機関からの調達分
provided by other banks	うち、協同組織金融機関以外の銀行からの調達分
provided by other financial institutions and other legal entities	うち、その他金融機関からの調達分
Unsecured debt issuance	無担保の発行済債券
Additional balances required to be installed in central bank reserves	追加的に中央銀行に預け入れる金額
Total unsecured wholesale funding run-off	無担保のホールセール調達の流出合計

Of the non-operational deposits reported above, amounts that could be considered operational in nature but per the Basel III LCR standards have been excluded from receiving operational deposit treatment due to:	オペレーション上の関係がある預金とみなすことができる預金ではあるものの、テキストの定義によって、オペレーション上の関係を有する預金から除外したもの
correspondent banking activity	うち、コルレス口座の残高
prime brokerage services	うち、プライム・ブローカレッジ業務の残高
excess balances in operational ac-	うち、クリアリング、カストディ、

第3章 バーゼルⅢ流動性規制 67

counts that could be withdrawn and would leave enough funds to fulfil the clearing, custody and cash management activities	キャッシュマネジメント業務を行うために必要な金額を上回っているために除外する金額

　30日以内に期限を迎える負債に関しては、投資家の裁量によって償還するオプションがあるかどうかの判定も必要になることから、途中償還条項付債務（コール条項付劣後負債やデリバティブが付随した社債等）に関しては、通常のリスク管理上の取扱いも含めて、留意が必要になります。LCR上の定義を額面どおり受け取れば、投資家側に償還オプションがある、あるいは市場実勢等によるトリガー条件がある場合には、自社では償還に対していかんともしがたい状況となるので、Next Callでの償還判定となりますが、それ以外に関しては最終償還日という判断になると考えられます。一方、社内の流動性リスク計測上（ストレステスト等）において、よりディフェンシブな考え方を用いている場合、Next Callベースで償還とみなすケースがあります。あるいは会計上の負債時価評価に合致させるべく、デリバティブの行使確率を勘案し期待マチュリティーベースで償還とみなすケースもありえます。こうした場合においてはLCR上の定義とは異なるため、「より保守的にみているからよし」とするか、「LCRと流動性リスク管理との差異を常に認識しておく」とするか、きちんと社内でルール化しておくべきでしょう。

c　有担保調達

　LCR上の有担保調達とは、「債務や一般的な義務のうち、借り手が破産、支払不能、清算、整理された場合において所有する特定資産の法的権利が担保として差し入れられているもの」とされています。この有担保調達の主たるものとしてレポ取引があげられますが、LCRの算出時においては担保として使用される有価証券の再担保利用がHQLAに関係してくるので、担保内容に関する分類も重要になります。

【有担保調達に関する資金流出（QISテンプレート2.6.1より抜粋）】

Transactions conducted with the bank's domestic central bank; of which:	自国の中央銀行からの有担保調達
Backed by Level 1 assets; of which:	うち、レベル1資産が担保となっているもの
Backed by Level 2A assets; of which:	うち、レベル2A資産が担保となっているもの
Backed by Level 2B RMBS assets; of which:	うち、レベル2B資産である住宅ローン担保証券が担保となっているもの
Backed by Level 2B non-RMBS assets; of which:	うち、住宅ローン担保証券以外のレベル2B資産が担保となっているもの
Backed by other assets	うち、適格流動資産以外の資産が担保となっているもの
Transactions not conducted with the bank's domestic central bank and backed by Level 1 assets; of which:	レベル1資産を担保としている、自国の中央銀行以外との取引による有担保調達
Transactions not conducted with the bank's domestic central bank and backed by Level 2A assets; of which:	レベル2A資産を担保としている、自国の中央銀行以外との取引による有担保調達
Transactions not conducted with the bank's domestic central bank and backed by Level 2B RMBS assets; of which:	レベル2B資産である住宅ローン担保証券を担保としている、自国の中央銀行以外との取引による有担保調達
Transactions not conducted with the bank's domestic central bank and backed by Level 2B non-RMBS assets; of which:	住宅ローン担保証券以外のレベル2B資産を担保としている、自国の中央銀行以外との取引による有担保調達
Counterparties are domestic sovereigns, MDBs or domestic PSEs with a 20% risk weight; of which:	うち、自国ソブリン、国際開発銀行、リスクウェイト20%以下が適用される自国の政府系公的機関からの有担保調達
Counterparties are not domestic sovereigns, MDBs or domestic PSEs with a 20% risk weight; of which:	うち、その他カウンターパーティーからの有担保調達

Transactions not conducted with the bank's domestic central bank and backed by other assets (non-HQLA); of which:	自国の中央銀行からの有担保調達を除いた、HQLA以外の資産を担保とした有担保調達
Counterparties are domestic sovereigns, MDBs or domestic PSEs with a 20% risk weight	うち、自国ソブリン、国際開発銀行、リスクウェイト20％以下が適用される自国の政府系公的機関からの有担保調達
Counterparties are not domestic sovereigns, MDBs or domestic PSEs with a 20% risk weight	うち、その他カウンターパーティーからの有担保調達
Total secured wholesale funding run-off	有担保調達の流出総額

　有担保調達に関する資金流出額の適用掛け目は、担保がどのような資産なのかによって分類されています。レベル１資産が担保の場合は０％ですが、レベル２Ａ資産が担保であれば15％、レベル２Ｂ資産のうち住宅ローン担保証券が担保であれば25％、その他レベル２Ｂ資産が担保であれば50％、その他資産が担保であれば100％です。

　なお、国内ソブリン、PSE、国際開発銀行からの有担保調達のうち、レベル１資産やレベル２Ａ資産以外の担保となっているものは25％適用となりますが、この場合のPSEはリスクウェイトが20％以下の場合に限定されているため、リスクウェイトが20％超の場合は100％が適用されます。

d　その他の要件

　その他の要件では、デリバティブ取引やコミットメントライン等に関する資金流出項目が主たる内容となっています。デリバティブ取引関連については、CSA（Credit Support Annex）の有無やCSAに基づいて受渡する担保内容を考慮する必要があります。コミットメントラインに関しては定義の明確化も図られており、流動性ファシリティは「30日以内に償還されるCP等のバックアップライン」に限定されています。

【その他要件に係る資金流出（QISテンプレート2.6.1より抜粋)】

Derivatives cash outflow	デリバティブ取引の資金流出額
Increased liquidity needs related to downgrade triggers in derivatives and other financing transactions	格下げに伴う、デリバティブ取引やその他契約等の流動性需要の増加額
Increased liquidity needs related to the potential for valuation changes on posted collateral securing derivative and other transactions:	デリバティブ取引等で用いる担保の潜在的な価値変動に伴う流動性需要の増加額
Cash and Level 1 assets	うち、現金担保およびレベル1資産
For other collateral (ie all non-Level 1 collateral)	うち、レベル1資産以外の担保
Increased liquidity needs related to excess non-segregated collateral held by the bank that could contractually be called at any time by the counterparty	超過担保としてカウンターパーティーより返還請求される可能性に基づく流動性需要の増加額
Increased liquidity needs related to contractually required collateral on transactions for which the counterparty has not yet demanded the collateral be posted	契約上追加担保として差入れ義務がある、流動性需要の増加額
Increased liquidity needs related to contracts that allow collateral substitution to non-HQLA assets	担保として受け入れているHQLAのうち、同意なしに非HQLAへの入替えが可能な額
Increased liquidity needs related to market valuation changes on derivative or other transactions	デリバティブやその他契約等の時価変動に伴う流動性需要の増加額
Loss of funding on ABS and other structured financing instruments issued by the bank, excluding covered bonds	資産担保証券、カバード・ボンド、その他のストラクチャード・ファイナンス商品による調達で期日を迎える分
Loss of funding on ABCP, conduits, SIVs and other such financing	資産担保コマーシャルペーパー、導管体、証券投資ビークル等による調達で

activities; of which:	期日を迎える分
debt maturing ≤ 30 days	うち、満期が30日以内
with embedded options in financing arrangements	うち、付随するオプションに基づき満期を迎えうるもの
other potential loss of such funding	うち、その他取引に基づくもの
Loss of funding on covered bonds issued by the bank	カバード・ボンドで期日を迎えるもの
Undrawn committed credit and liquidity facilities to retail and small business customers	リテールもしくは中小企業向け与信ファシリティおよび流動性ファシリティのうち、未実行額
Undrawn committed credit facilities to	与信ファシリティの未実行額
non-financial corporates	うち、非金融機関向け
sovereigns, central banks, PSEs and MDBs	うち、ソブリン、中央銀行、政府系公的機関、国際開発銀行向け
Undrawn committed liquidity facilities to	流動性ファシリティの未実行額
non-financial corporates	うち、非金融機関向け
sovereigns, central banks, PSEs and MDBs	うち、ソブリン、中央銀行、政府系公的機関、国際開発銀行向け
Undrawn committed credit and liquidity facilities provided to banks subject to prudential supervision	健全性監督対象の銀行向け与信ファシリティおよび流動性ファシリティのうち、未実行額
Undrawn committed credit facilities provided to other FIs	その他金融機関向け与信ファシリティのうち、未実行額
Undrawn committed liquidity facilities provided to other FIs	その他金融機関向け流動性ファシリティのうち、未実行額
Undrawn committed credit and liquidity facilities to other legal entities	その他法人向け与信ファシリティおよび流動性ファシリティのうち、未実行額

Other contractual obligations to extend funds to	その他契約上の義務
financial institutions	金融機関向け
retail clients	リテール顧客向け
small business customers	中小企業向け
non-financial corporates	金融機関以外の法人向け
other clients	その他顧客向け
retail, small business customers, non-financials and other clients	リテール顧客、中小企業、非金融機関、その他顧客向け
Total contractual obligations to extend funds in excess of 50% roll-over assumption	契約上の義務合計額が資金流入額の50%超となっている場合、50%超の部分を計上

Total additional requirements run-off	その他要件合計

Other contingent funding obligations	その他偶発債務
Non-contractual obligations related to potential liquidity draws from joint ventures or minority investments in entities	連結対象ではないジョイントベンチャーまたは少数持分保有のエンティティからの偶発的な流動性供給
Unconditionally revocable "uncommitted" credit and liquidity facilities	無条件に取消可能なコミットされていない与信・流動性ファシリティ
Trade finance-related obligations (including guarantees and letters of credit)	トレード・ファイナンスに伴う偶発的債務（保証や信用状を含む）
Guarantees and letters of credit unrelated to trade finance obligations	トレード・ファイナンス債務とは無関係の保証および信用状
Non-contractual obligations:	契約によらない債務
Debt-buy back requests (incl related conduits)	うち、発行済債券の買入れ消却
Structured products	うち、仕組商品

Managed funds	うち、ＭＭＦ等合同型運用ファンド
Other non-contractual obligations	うち、その他契約によらない債務
Outstanding debt securities with remaining maturity > 30 days	残存期間が30日超となっている発行済債券残高
Non contractual obligations where customer short positions are covered by other customers' collateral	顧客のショートポジションがそれ以外の顧客の担保によってカバーされている、契約によらない偶発債務
Bank outright short positions covered by a collateralised securities financing transaction	自社のショートポジションが有担保の有価証券借入れによってカバーされているもの
Other contractual cash outflows (including those related to unsecured collateral borrowings and uncovered short positions)	その他契約上の資金流出（無担保の証券借入れや自社のショートポジションでカバーされていないものを含む）
Total run-off on other contingent funding obligations	その他偶発債務の流出合計

　デリバティブの価格変動に伴う流動性ニーズの増加に関して、QISでは30日間の担保流出・流入額を直近24カ月のMoving Window方式によって算出した絶対値の最大額を算出するよう求めています。考え方としては、より精緻に行う場合は過去24カ月における各営業日ごとから30日間の担保受払い（実額ベース）を算出し、最大ギャップを算出することになります。簡易的に行う場合には、各月末基準日を起点として各30日間の実績値から最大ギャップを算出する方法になります。いずれの場合であっても過去２年分のヒストリカルデータが必要になるということであり、CSAでのネッティング契約ごとに算出していく必要があるので事務作業的にも煩雑になります。こうしたCSAごとでの算出は３ノッチ格下げ影響分算出においても重要で、CSAの個別内容（独立担保額や信用極度額等）も考慮して算出することになるので、きちんとケース分けして考える必要があります（詳細は第４章参照）。また、デリバティブのうちのオプションに関しては、In the moneyとなった段階で行使されると判断することが求められており、外生的にストライクプ

ライスと原資産価格との比較を行う方法、デリバティブ管理システムにおけるオプションの本源的価値で判定する方法や行使確率で判定する方法があります。

　コミットメントラインに関しても注意が必要です。流動性ファシリティの流出率については、LCR対象行向けとその他金融機関向けで異なり、前者は40％、後者は100％でありながら、与信ファシリティに関してはともに40％が適用されます。また担保付コミットメントラインに関しては、コミットメント枠と担保が相殺されるかたちとなるので、受取担保もHQLAには含まれないかたちとなります。

　その他契約上の義務に関しては、金融機関向けは流出率100％という概念ですが、金融機関以外の各法人向けに関しては、いったん資金流入予定の有無を判定したうえで、資金流入がある場合は義務の合計額との比較を行い、資金流入合計額の50％を超過していると、差額分を計上することになります。項目自体の合計値は自動計算ですが、法人形態別内訳を記入する必要があります。

　その他偶発債務に関しては、自社のオペレーショナルリスク管理との関連で、訴訟案件による資金流出を見積もるということがありえます。特に四半期決算での特別損失等で盛り込まれる内容に関しては計上しておくべきと考えられます。買入れ消却に関しては、一定期間の実績値をもとに算出する方法が一般的と考えられますが、最大値を使用するか平均値を使用するかの問題はありますので、自社のストレステスト上の考え方に合致させておくのがよいでしょう。

(3)　Inflow（30日以内の資金流入）

　資金流入項目に関しては、前提条件として「健全な資産からの資金流入」であることが必要です。この場合、すでにHQLAで計上されているものは、二重計上回避のルールに基づき資金流入としては認められません。このためHQLAに計上されている日本国債が30日以内に償還するとしても、HQLA計上ずみとしてInflowとしてはゼロとなります。

なおInflowに関しては、LCRの分母項目算出時にOutflowの75％を上限としているので、結果的に分母項目はOutflow×0.25とOutflow－Inflowのいずれか大きいほうとなります。計算上ではあらかじめInflow合計値に掛け目0.75を勘案する形式になっています。

a　担保付貸出（リバース・レポおよび証券借入れを含む）

30日以内に期日を迎えるリバース・レポや証券借入れに関しては、担保資産の内容に応じて分けられており、ストレスがかかった状況において資金化できるかどうかを考慮するかたちになっています。このためレベル1資産が担保であればロールオーバー前提となって資金流入はないものの、非HQLAの場合はそのままエンド処理となるため資金流入と考えるというものです。レベル2資産の場合は、結果的に勘案されているヘアカット分が戻ってくる

図表3－4　資金流入に関する項目

項　　目	掛け目
以下を担保とした証券借入れ	
レベル1資産	0％
レベル2A資産	15％
レベル2B資産（適格住宅ローン担保証券）	25％
レベル2B資産（住宅ローン担保証券以外）	50％
その他全資産	100％
カウンターパーティーごとのその他資金流入	
リテール向け健全債権	50％
事業法人（リテールを除く）、政府・公共セクター向け健全債権	50％
金融機関・中央銀行向け健全債権	100％
金融機関から付与されている与信・流動性ファシリティ	0％
デリバティブのネット受取り	100％

（出所）「流動性規制（流動性カバレッジ比率）に関するバーゼルⅢテキスト公表」（2013年1月　金融庁／日本銀行）

というイメージになります。

【担保付貸出に係る資金流入（QISテンプレート2.6.1より抜粋）】

Reverse repo and other secured lending or securities borrowing transactions maturing ≤ 30 days	30日以内に期限を迎えるリバース・レポや証券貸出取引
Of which collateral is not reused (ie is not rehypothecated) to cover the reporting institution's outright short positions	うち、自社のショートポジションをカバーするために、担保が再利用されないもの
Transactions backed by Level 1 assets; of which:	うち、レベル1資産で担保されているもの
Transactions backed by Level 2A assets; of which:	うち、レベル2A資産で担保されているもの
Transactions backed by Level 2B RMBS assets; of which:	うち、レベル2B資産となる住宅ローン担保証券で担保されているもの
Transactions backed by Level 2B non-RMBS assets; of which:	うち、住宅ローン担保証券以外のレベル2B資産で担保されているもの
Margin lending backed by non-Level 1 or non-Level 2 collateral	うち、非HQLA資産で担保されているマージンレンディング取引
Transactions backed by other collateral	うち、その他資産によって担保されているもの
Of which collateral is re-used (ie is rehypothecated) in transactions to cover the reporting insitution's outright short positions	うち、自社のショートポジションをカバーするために、担保が再利用されているもの
Transactions backed by Level 1 assets	うち、レベル1資産で担保されているもの
Transactions backed by Level 2A assets	うち、レベル2A資産で担保されているもの
Transactions backed by Level 2B RMBS assets	うち、レベル2B資産となる住宅ローン担保証券で担保されているもの

Transactions backed by Level 2B non-RMBS assets	うち、住宅ローン担保証券以外のレベル2B資産で担保されているもの
Margin lending backed by non-Level 1 or non-Level 2 collateral	うち、非HQLA資産で担保されているマージンレンディング取引
Transactions backed by other collateral	うち、その他資産によって担保されているもの
Total inflows on reverse repo and securities borrowing transactions	リバース・レポおよび証券貸出取引の流入合計額

　当該項目において1つ留意点があります。マッチド・ブックと呼ばれる、証券を空売りした場合のようなショートポジションに対して、リバース・レポや証券借入れ等による証券の受取りでショートカバーされている場合の判定です。完全マッチングしていればキャッシュフローは発生しないという概念で問題ありませんが、日ずれがある場合にはどう判定するかの問題が出てきます。これに関しても社内での取扱いをきちんと決めておくべきでしょう。特にショートカバーが無担保の証券借入れで行われている場合、その証券担保取引のほうが期日を早く迎えることになると、空売りしている証券の買戻しによる資金流出をその他契約に基づくものとして計上する必要が出てきます（有担保の場合は資金流出ゼロ）ので、注意すべきでしょう。

　一方、自社の緊急時資金調達用のコミットメントファシリティに関しては、他の金融機関に設定してもらっていてもLCR上の資金流入はゼロとなっています。コミットメントフィーを支払っていてもドローダウンできないという考え方については保守的で、資金流出項目においては40％ないしは100％見積りとなっていることを考えると、債務者側の立場である場合に関しては、実際の資金調達対策という観点と流動性規制対策という観点でずれが生じる可能性があります。

b　カウンターパーティーによるその他資金流入

　健全資産からの資金流入という前提のなかで、非金融機関からの分は50％計上となります。金融機関からの流入に関しては、オペレーショナル預金等

【カウンターパーティーによるその他資金流入(QISテンプレート2.6.1より抜粋)】

Contractual inflows due in ≤ 30 days from fully performing loans, not reported in lines 275 to 295, from:	健全な資産からの30日以内の資金流入(275行から295行で報告されるものを除く)
Retail customers	うち、リテール顧客からのもの
Small business customers	うち、中小企業顧客からのもの
Non-financial corporates	うち、非金融機関からのもの
Central banks	うち、中央銀行からのもの
Financial institutions, of which	うち、金融機関からのもの
operational deposits	うち、オペレーショナル預金
deposits at the centralised institution of an institutional network that receive 25% run-off	うち、協同組織金融機関への預金
all payments on other loans and deposits due in ≤ 30 days	うち、30日以内に期日を迎える、その他の貸出や預金からの受取り
Other entities	うち、その他法人からのもの
Total of other inflows by counterparty	カウンターパーティーによるその他の資金流入合計額

はゼロとなっていますが、その他取引は100％流入となっており、中央銀行からのものも100％流入となっています。

　当該項目においても償還判定を行うべきかどうかは論点となります。デリバティブ等が付随することで途中償還条項がついている場合です。保守的な方法は「リーガルマチュリティー（最終償還日）としておき、途中償還が確定した段階でInflowとして計上する」かたちではありますが、Outflow判定も含めて期待マチュリティーベースという考え方もあると思われます。ただしInflow判定における期待マチュリティーベースの場合は、その算出根拠が必要であり、根拠算出に苦戦することが考えられます（もともとの発行体側の調達コストとデリバティブの分解が必要であり、発行体側の調達コストが不明であるため、デリバティブの行使確率が判定できないため）。

c　その他資金流入、担保交換

　その他資金流入項目に関しては、基本的にOutflow項目におけるその他資金流出項目の流入側で考えれば問題ありません。ただし「その他契約上の資金流入」の項目に関しては、何が該当するのかを明示する必要があり、各国裁量部分が影響することとなっています。また非金融収益に該当する資金流入はLCRの概念上含まれないこととしています。

　担保交換については、同等レベルの交換（レベル1資産とレベル1資産の交換等）であれば特に問題にはなりません。担保内容の差によって影響を受ける項目となります。

(4)　モニタリング指標

　2013年1月見直し時において、同時にモニタリング指標に関しても公表されました。この項目のそもそもの目的は、共通軸による各金融機関の特性や問題点を見出すための金融監督上の補完資料という位置づけですが、各金融機関側にとっては、LCR算出を通じて各金融機関は何を管理していくべきかという、いわば今後の流動性規制対策の必要項目を示しているといえるでしょう。

　モニタリング指標として提出するものは、もちろん算出結果に基づくものではありますが、LCRをさらに多面的にとらえようという意志が読み取れます。流動性規制導入経緯をふまえればすぐわかる話ではありますが、一定の流動性バッファーを保有するという自助努力によって危機時を乗り越えることを目指しているので、平常時に発生している資金授受がストレス時においても変わりなく発生しうる資金授受なのか、それともなんらかの支障をきたすものなのかを判定するうえで必要となる項目が補足されていると考えればよいでしょう。

　このモニタリング指標の項目では以下のようなものがあげられています。

【モニタリング項目】
　・契約に基づくミスマッチ

・調達先の集中度
・処分上制約のない資産
・主要な通貨ごとのLCR
・市場関連情報を活用したモニタリング指標

　国内基準行においてモニタリング項目で重要なことは、最初からバーゼル銀行監督委員会が示す内容を追いかけるというよりも、まずは自社の流動性リスク管理の水準を知ることです。バーゼル銀行監督委員会が示す内容は当然国際基準行の水準を当然のものとして考えているので、リスク管理の水準には相当ギャップがあると考えられます。第2章で国内金融機関における流動性リスク管理の状況を説明しており、このモニタリング項目に関しては、もちろん上記内容をふまえることは対監督当局上重要です。しかし、それ以上にまずは「自社の流動性リスク管理はこうあるべき」という方針決定があって、そのうえで監督当局と議論することが重要なので、上記内容を算出できるようになったからOKという話ではありません。自社の水準とのギャップが大きいほど当初は苦戦するとは思いますが、モニタリング対策完了がゴールではなくむしろスタート地点に立ったくらいの感覚のほうがよいでしょう。

　「契約に基づくミスマッチ」に関しては、まずは資産と負債（負債性資本を含む）に関して、それぞれ期間軸（time band）における資金流入と資金流出のギャップを考えることを求めており、前提条件として負債のロールオーバーは見込まず、資産も新たな契約締結なしとしています。理想的なリスク管理を行っていくうえでは、銀行がALM運営を行って収益確保を目指している以上、流動性の観点でも資産と負債のミスマッチをみていくということではありますが、その最初のステップとしてリスク管理手法の1つであるグリッドセンシティビティーのような償還テーブル表をつくりあげる必要があるということです。ストレス時における格下げ効果や偶発債務等に伴うキャッシュフローをその償還テーブル表に盛り込むことでミスマッチを認識できるかたちになります。当然この場合、資産と負債のそれぞれの償還テー

ブル算出における償還判定ルールに関しては、LCR算出ルールに従うにしろ独自ルールに従うにしろ、きちんと社内方針が反映されたかたちにしておくことが重要です。

「調達先の集中度」に関しては、カウンターパーティーの集中という観点と、商品の集中という観点があり、外貨ポジションが大きくなるほど通貨の集中度という観点も重要になってきます。カウンターパーティーの集中については、資金調達において大口取引先の比重が高いということなので、自社クレジットストレスがかかった場合における大口取引先動向が大きな影響を与えます。商品の集中という点では、取扱商品に関する市場が混乱した際に思うように取引できないという問題が出てくるので、市場ストレスに関する影響度が大きくなります。外貨調達や海外での資金調達に関しては、ソブリン（日本）リスクも影響することになり、たとえば日本国債に関する信用が失われた場合には国内金融機関も多大な影響を受けることになります。求められるモニタリング報告としては、バランスシートの１％相当以上が報告対象となります。

「処分上制約のない資産」に関しては、LCR算出定義に従ってその量を示すことになりますが、量だけでなく通貨別内訳（対象は処分上の制約のない資産総額の５％以上）、所在地等を監督当局に提出する必要があります。実際にはLCR対策の前段階において担保管理がきちんとできる前提が必要です。

「主要な通貨ごとのLCR」に関しては、モニタリング項目としては総負債の５％以上を占める通貨ということになりますが、そもそも通貨別管理がどこまでできているかということが問題となってきます。通貨別管理のなかで、マイナー通貨から主要通貨への交換がストレス時でもできる前提なのかできない前提なのかによって、保有するバッファーをどの通貨でもつのかという概念が変わってきます。どの通貨においても通貨別LCRでは問題ないというのが究極の理想でしょうが、あまり現実的ではないので、ある程度主要通貨によってマイナー通貨分を補うということが必要になってくるでしょう。

「市場関連情報を活用したモニタリング指標」に関しては、まさに日頃の

流動性リスク管理に関係してくるところであり、第2章でも「逼迫度区分」の説明で触れていますが、普段からどのような環境の変化に気をつけていくのかという問題なので、市場全般だけでなく、独自性に関しても注意していくことが必要になります。

4　LCR開示関連

2013年7月19日にバーゼル銀行監督委員会は"Consultative Document―Liquidity coverage ratio disclosure standards―"というLCRの開示基準を公表し、具体的なLCRの開示内容についてのフォーマット等を掲載しています。この開示基準に関しては、ある意味ではQIS対応を考えてきた国内メガバンクにとっても啞然とするような部分があり、今後物議を醸す可能性がありますが、何が問題なのかを含めて説明していきます（図表3－5参照）。

各項目に関しては、QISを実施してきていることで、特に解釈に関してはこれまで説明してきたとおりですが、開示に関する具体的に計算する方法が前述の「物議を醸す」内容になっています。バーゼル銀行監督委員会が示し

図表3－5　LCR共通開示テンプレート内容

(1)	(2)	(3)
	TOTAL UNWEIGHTED VALUE 掛け目と適用していない額	TOTAL WEIGHTED VALUE 掛け目を適用した額
(local currency) (現地通貨)	Average 平均	Average 平均
HIGH-QUALITY LIQUID ASSETS 適格流動資産（HQLA）		
1　Total high-quality liquid assets 適格流動資産合計		
CASH OUTFLOWS 資金流出		

第3章　バーゼルⅢ流動性規制　83

2	Retail deposits and deposits from small business customers, of which リテール預金および中小企業顧客の預金		
3	Stable deposits うち、安定預金		
4	Less stable deposits うち、準安定預金		
5	Unsecured wholesale funding, of which 無担保ホールセール預金		
6	Operational deposits (all counterparties) and deposits in institutional networks of cooperative banks うち、オペレーショナル預金（すべての取引先）および協同組織金融機関の系統預金		
7	Non-operational deposits (all counterparties) うち、オペレーショナル預金以外のもの		
8	Unsecured debt うち、無担保調達分		
9	Secured wholesale funding 有担保ホールセール調達		
10	Additional requirements, of which 追加要件		

11	Outflows related to derivatives exposures and other collateral requirements うち、デリバティブエクスポージャー関連の資金流出および担保所要額		
12	Outflows related to loss of funding on debt products うち、負債性商品における調達の喪失		
13	Credit and liquidity facilities うち、与信・流動性ファシリティによるもの		
14	Other contractual funding obligations その他契約上の債務		
15	Other contingent funding obligations その他偶発債務		
16	TOTAL CASH OUTFLOWS 資金流出合計		
CASH INFLOWS 資金流入			
17	Secured lending (eg reverse repos) リバース・レポ等の担保付貸出		
18	Inflows from fully performing exposures 健全な債権からの資金流入		

			TOTAL ADJUSTED VALUE 調整後合計
19	Other cash inflows その他資金流入		
20	TOTAL CASH INFLOWS 資金流入合計		
21	TOTAL HQLA HQLA合計		
22	TOTAL NET CASH OUTFLOWS ネット資金流出合計		
23	LIQUIDITY COVERAGE RATIO(%) 流動性カバレッジ比率(%)		

た同文書のセクション2の開示要件のところで以下のようなことが記載されています。

【セクション2：開示要件の項目番号14】
　データは、前四半期中の日次ベースの観察値による単純平均で掲示しなければならない（つまり、平均値は通常90日間の期間で計算する）

　解釈論でもまだ完全に確立しきれていないなかで、この項目に関しては原文でも絶対条件的な文言になっており、国際基準行に関しては原則として回避することは無理でしょう。とてもIT対応面等を理解して決めた内容とは思えませんし、これを必須条件にすると、特殊要因（社債の大量償還等）の影響が見極めにくいという問題が発生してきます。
　たとえばQISのように、月末基準日で以降30日以内のキャッシュフローを考えてみましょう。もし社債償還日が30日以内にあれば、当該月のLCRではその分がきちんと特殊要因としてOutflowに反映されます。もし社債償還日が基準日のちょうど30日後ということであれば、その償還を考慮した所要

HQLAを保有することになります。しかし同文書の定義を額面どおり受け取ると、過去90日間におけるそれぞれの30日以内のキャッシュフローを追いかけることになり、過去89日に関しては大量償還分がまったく勘案されないことになるので、大量償還インパクトが薄れてしまう一方、実際に償還してしまった後の翌月基準日以降もずっと影響が残ることになり、過剰なHQLAが必要になります。つまりHQLAとOutflowのマッチングでの効率性においてタイムラグが発生し、非効率となる点が指摘できます。それでなくてもLCRは複雑すぎて統制しにくい面があるため、単純平均によって影響度を小さくしようという意図は理解できますが、逆に作業負荷は膨大なものになることでしょう。

　国内のメガバンク系が想定しているように、グループ内各社がそれぞれ算出して合算する方法においては、もはや日次ベースでの換算為替レートの調整や名寄せ後の預金残高の把握など到底無理であり、会計科目上の預金残高を追いかけるのが精一杯でしょう。もしこうした日次ベースでの単純平均を採用する場合、とてつもないIT開発コストと実際のバッチ処理の時間が必要になり、「コストとリターンがまったく見合わない」結果になることが予想されます。しかも当初から噂されている2週間以内の報告ということであれば、そもそもの決算データもそろっていないので、自己資本比率の算出とも矛盾が生じる可能性も出てきます。

　それが国際業務展開をする条件だといわれてしまえばそれまでですが、筆者としての意見とすれば、平均値を算出できるのはHQLAが限界と思われるので、監督当局にはぜひとも改善要望を出したいところです。NSFRに関する開示内容はまだ確定していないということもあるので、見直される可能性はあると思われます。

5　NSFR（Net Stable Funding Ratio：安定調達比率）

　2013年1月見直し時においてもNSFRに関しては依然として流動的であり、現時点でのスケジュール感は2018年に最低水準の導入、2019年に100％

適用ということであり、そのためには2015年頃までは内容確定を目指して調整が行われていく見込みとなっています。

NSFRに関しては、2010年1月の「バーゼル委市中協議文書 流動性規制の導入」（金融庁／日本銀行）のなかで、その算出の目的を以下のように説明しています。

「流動性を生むことが期待できない資産（所要安定調達額）に対し、流動性の源となる安定的な負債・資本（安定調達額）をより多く保有することを求める」

基本概念としては、保有資産ごとの換金性を考慮した掛け目を考慮し、各資産別の掛け目勘案後合計が所要安定調達額として分母項目に計上され、その分母項目をまかなう原資が資本ないしは基本的に残存期間1年超の負債であり、合計値が分子項目となります。具体的な算出式は以下のとおりです。

$$NSFR = \frac{利用可能な安定調達額（ASF）}{要求安定調達額（RSF）}$$

利用可能な安定調達額（Available Stable Funding：ASF）は資本＋長期負債

要求安定調達額（Required Stable Funding：RSF）は資産に対して、流動性に応じたヘアカットを勘案した所要資金額

NSFRに関しては最終目標が100％となっていますが、それが資本ではなく長期負債の積増しによってクリアされている状況になれば、当然のことながら調達コストが増大しP/Lを圧迫することになります。

(1) 利用可能な安定調達額（ASF）

分子項目であるASFに関するQISでは、まず資本関連について、バーゼルⅢ完全実施ベースでのTierⅠやTierⅡの額を算出することが求められており、第1の柱との整合性が求められるだけでなく、負債関連についても、預金の取扱い等でLCRとの整合性が求められます（図表3－6参照）。

図表 3 − 6　ASFに関する項目

項　　目	掛け目
資本（TierⅠ、TierⅡ等）	100%
残存期間が 1 年以上の負債	100%
個人・中小企業からの安定した預金	90%
個人・中小企業からのその他の預金	80%
協同組織金融機関の系統預金のうち最低預入額	0〜75%
非金融機関からのホールセール調達（残存期間 1 年未満）	50%
その他の負債（残存期間が 1 年未満）	要件等
上記以外の負債および資本	0 %

（出所）「バーゼル銀行監督委員会によるバーゼルⅢテキスト公表について」（2011年 1 月金融庁／日本銀行）

　NSFRのテンプレート自体は上記内容に関して償還を 3 カ月ごと（ 3 カ月未満、 3 カ月以上 6 カ月未満、 6 カ月以上 9 カ月未満、 9 カ月以上 1 年未満、 1 年以上）に区切ったかたちになっており、その意味では規制値算出とは直接は関係ない入力も多々存在します。なお、このなかで満期の定めのない預金に関しては、QISにおいては 3 カ月未満での入力とされています。

【ASF各項目（QISテンプレート2.6.1より抜粋）】

Tier 1 and Tier 2 capital (BaselⅢ 2022)	バーゼルⅢ上のTierⅠおよびTierⅡ
Preferred stock not included above	上記に含まれない優先株式
"Stable" (as defined in the LCR) demand and/or term deposits from retail and small business customers	リテール顧客および中小企業顧客からのLCR定義に基づく安定的な要求払預金および定期預金
"Less stable" (as defined in the LCR) demand and/or term deposits from retail and small business customers	リテール顧客および中小企業顧客からのLCR定義に基づく準安定的な要求払預金および定期預金
Unsecured and/or subordinated debt securities issued	劣後を含む無担保の発行済債券

Unsecured funding from non-financial corporates	非金融機関からの無担保調達
Of which is an operational deposit as defined in the LCR	うち、LCR定義に基づくオペレーショナル預金
Unsecured funding from sovereigns/central banks/PSEs/MDBs	ソブリン、中央銀行、政府系公的機関、国際開発銀行からの無担保調達
Of which is an operational deposit as defined in the LCR	うち、LCR定義に基づくオペレーショナル預金
Unsecured funding from other legal entities (including financial corporates and financial institutions)	金融機関を含むその他法人からの無担保調達
Of which is an operational deposit as defined in the LCR	うち、LCR定義に基づくオペレーショナル預金
Statutory minimum deposits from members of an institutional network of cooperative banks	協同組織金融機関の系統金融機関からの最低預入額
Other deposits from members of an institutional network of cooperative banks	協同組織金融機関の系統金融機関からのその他預金額
Secured borrowings and liabilities (including secured term deposits); of which are from:	有担保調達（有担保預金を含む）
Retail and small business customers	うち、リテール顧客および中小企業顧客からの調達
Non-financial corporates	うち、非金融機関からの調達
Central banks	うち、中央銀行からの調達
Sovereigns/PSEs/MDBs	うち、ソブリン、政府系公的機関、国際開発銀行からの調達
Other legal entities (including financial corporates and financial institutions)	うち、金融機関を含むその他法人顧客からの調達
Net derivatives payables	デリバティブ取引によるネット支払

| All other liabilities and equity categories not included above | 上記に含まれないその他すべての負債および資本 |

(2) 要求安定調達額（RSF）

分母項目であるRSFに関しては、QISにおいて「各資産の会計上の金額を処分上の制約の有無に応じて分類して入力」となっています。このなかで処分上の制約あり（encumbered）となる部分に関しては、ASF同様、3カ月ごとに区切って計上するかたちになります。

なお、NSFRに関するテキスト内容には、上記以外に協同組織金融機関のみが対象となっているものや、補足的情報を記述する項目がありますが、ここでは割愛します。

バーゼルⅢそのものはいわば「銀行の本業回帰」を促すといっても過言ではないということですが、それはこの分子項目においてもまさに当てはまる事項であり、「換金性が低い固定性資産はなるべく保有するな」ということを目指しているといえます。貸渋り対策を意識してか、高品質な貸出は

図表3－7　RSFに関する項目

項　　目	掛け目
現金、残存期間1年未満の証券・貸出	要件等
国債、政府保証債、国際機関債等	5％
信用・流動性供与枠（未使用額）	5％
非金融機関の社債等（AA格以上）	20％
非金融機関の社債等（A-格～AA-格）、上場株式、事業法人向け貸出（残存期間1年未満）	50％
個人向け貸出（残存期間1年未満、抵当権付住宅ローンを除く）	85％
高品質の貸出	65％
上記以外の資産	100％

（出所）「バーゼル銀行監督委員会によるバーゼルⅢテキスト公表について」（2011年1月　金融庁／日本銀行）

【RSFオンバランス項目（QISテンプレート2.6.1より抜粋）】

Coins and banknotes	硬貨および紙幣
Short-term unsecured instruments and transactions with outstanding maturities of less than one year, of which are:	１年未満に満期を迎える短期の無担保短期金融商品および金融取引
Unencumbered	うち、処分上の制約のないもの
Encumbered	うち、処分上の制約のあるもの（※以下３カ月ごとで区切って内訳を記入）
Securities with stated remaining maturities of less than one year with no embedded options that would increase the expected maturity to one year or greater	予想償還期日を１年超にできるオプションを内包していない残存１年未満の有価証券
Unencumbered	うち、処分上の制約のないもの
Encumbered	うち、処分上の制約のあるもの（注）
Securities held where the institution has an offsetting reverse repurchase transaction when the security on each transaction has the same unique identifier (eg ISIN number or CUSIP) and such securities are reported on the balance sheet of the reporting instutions	レポ取引の有価証券が同じ固有のID（ISDN番号やCUSIP）をもっているとき、金融機関がリバース・レポで保有している有価証券
Unencumbered	うち、処分上の制約のないもの
Encumbered	うち、処分上の制約のあるもの（注）
Loans to financial entities and financial corporates with effective remaining maturities of less than one year that are not renewable	実効残存期間１年未満の金融機関向け貸付で、継続できないもの
Unencumbered	うち、処分上の制約のないもの
Encumbered	うち、処分上の制約のあるもの（注）

Securities eligible for Level 1 of the LCR stock of liquid assets	LCR定義に基づきレベル1資産となる有価証券
Unencumbered	うち、処分上の制約のないもの
Encumbered	うち、処分上の制約のあるもの（注）
Securities eligible for Level 2A of the LCR stock of liquid assets	LCR定義に基づきレベル2A資産となる有価証券
Unencumbered	うち、処分上の制約のないもの
Encumbered	うち、処分上の制約のあるもの（注）
Gold	金
Unencumbered	うち、処分上の制約のないもの
Encumbered	うち、処分上の制約のあるもの（注）
Equities listed on major exchange, not issued by financial institutions	非金融機関が発行している、主要な取引所で上場している株式
Unencumbered	うち、処分上の制約のないもの
Encumbered	うち、処分上の制約のあるもの（注）
Corporate bonds, rated A+ to A-	A+格からA-格までの社債
Unencumbered	うち、処分上の制約のないもの
Encumbered	うち、処分上の制約のあるもの（注）
Covered bonds, not self issued, rated A+ to A-	A+格からA-格までのカバード・ボンド（自社発行分を除く）
Unencumbered	うち、処分上の制約のないもの
Encumbered	うち、処分上の制約のあるもの（注）
Loans to non-financial corporate clients, sovereigns, central banks, PSEs and MDBs with a remaining maturity of less than one year	残存1年未満の非金融機関、ソブリン、中央銀行、政府系公的機関、国際開発銀行向け貸出
Unencumbered	うち、処分上の制約のないもの
Encumbered	うち、処分上の制約のあるもの（注）
Residential mortgages of any maturity that would qualify for the 35% or lower	バーゼルⅡの信用リスク標準的手法におけるリスクウェイト35％以下となる

risk weight under the Basel II standardised approach for credit risk	担保付住宅ローン
Unencumbered	うち、処分上の制約のないもの
Encumbered	うち、処分上の制約のあるもの（注）
Loans to retail and small business customers (other than mortgage loans) with a remaining maturity of less than one year that would qualify for the 35% or lower risk weight under the Basel II standardised approach for credit risk	バーゼルⅡの信用リスク標準的手法におけるリスクウェイト35％以下となるリテール顧客もしくは中小企業顧客向け貸出
Unencumbered	うち、処分上の制約のないもの
Encumbered	うち、処分上の制約のあるもの（注）
Other loans, excluding loans to financial insitutions, with a remaining maturity of one year or greater that would qualify for the 35% or lower risk weight under the Basel II standardised approach for credit risk	バーゼルⅡの信用リスク標準的手法におけるリスクウェイト35％以下となる、金融機関向けを除く残存1年以上の貸出
Unencumbered	うち、処分上の制約のないもの
Encumbered	うち、処分上の制約のあるもの（注）
Other loans to retail and small business customers with a remaining maturity of less than one year	リテール顧客もしくは中小企業向け貸出で残存1年未満のもの
Unencumbered	うち、処分上の制約のないもの
Encumbered	うち、処分上の制約のあるもの（注）
Net derivatives receivables	デリバティブ取引のネット受取額
Items deducted from Tier 1 and Tier 2 capital under fully implemented Basel III rules	バーゼルⅢ移行後におけるTierⅠおよびTierⅡ資本から控除される額
All other assets not included in the above categories	上記に含まれないその他すべての資産

（注）　処分上の制約に関しては本章3参照。

【RSFオフバランス項目（QISテンプレート2.6.1より抜粋）】

Conditionally revocable and irrevocable liquidity facilities	契約上取消可能／取消不可能な流動性ファシリティ
Conditionally revocable and irrevocable credit facilities	契約上取消可能／取消不可能な与信ファシリティ
Unconditionally revocable "uncommitted" liquidity facilities	無条件に取消可能なコミットされていない流動性ファシリティ
Unconditionally revocable "uncommitted" credit facilities	無条件に取消可能なコミットされていない与信ファシリティ
Guarantees	保証
Letters of credit	信用状
Other trade finance instruments	その他貿易ファイナンス商品
Non-contractual obligations, such as:	契約によらない債務
Debt-buy back requests（incl related conduits）	自己負債（関連する導管体、証券投資ビークル等を含む）の買戻し
Structured products	仕組商品
Managed funds	MMMF
Other non-contractual obligations	その他契約によらない債務
All other off balance-sheet obligations not included in the above categories	上記に含まれないすべてのオフ・バランスシート項目に該当する債務

100％計上とはならず85％となっていますが、証券化ビジネスが進化してきたなかでは昔ながらの貸出は徐々に減少し、有価証券化されたかたちもしくは有価証券化する前提での貸出というかたちが好ましいというスタンスに変化していく可能性があるでしょう。

6 規制値算出に係る連結対応

　これまで説明してきたLCRやNSFRに関しては、基本的に連結規制なので、当然連結ベースでの数値算出が基本です。しかしながらメガバンク系の

ように、グループ内に中核的な銀行以外でも相応の規模がある企業が存在する場合、どうやって連結ベースの数値を記入していくかの問題が生じます。

　各項目の定義内容を各グループ会社単独で算出させて合算する方法であっても、本当にグループ内で同一定義が周知徹底されているのかはきちんと確認が必要であり、規制値算出における品質を同一化させるのは一苦労どころではありません。とはいえ、持ち株会社や親会社がすべてデータを収集して算出するということについても、監督当局への締切り等を考えると、どちらが作業ベースで早くできあがるのかという問題や、正しくデータ取得できるのかという点でも問題が出てきます。

　連結対策という観点において、海外拠点がある国での独自規制が導入されていると、当該拠点で仮にHQLAを大量に保有していたとしても、自由に移転できるかどうかは規制内容次第になってくるので、データ合算方式であれデータ集積方式であれ、この独自規制内容をどのように反映するのかという問題はあります（データ合算方式およびデータ集積方式に関しては第4章参照）。特にデータ集積方式の場合は元データ上でどう対処するかという問題があり、データ合算方式の場合であれば「その拠点分のHQLA余剰分は使えないものとして合算しない」という選択をするよりも困難になる可能性が高いでしょう。

　現状国内メガバンク系においては、グループ内各社でいったん規制値算出を行い、グループ内取引を別途抽出して必要に応じて相殺するようなかたちでの補正という対応策が進められているようです。国内基準行に関してはまだまだQISが始まって間もないため、まだ不透明な点がありますが、中核会社としての銀行の影響度が圧倒的ということで考えれば、グループ会社分は調整的に加減するようなかたちが主流になると考えられます。

　規制値算出の観点でグループ内の品質を同一化するうえでは、グループ内方針がまず明確になっていなければならず、たとえば「満期保有債券の取扱いは一律排除する」というようなグループ内の取決めが必要になります。もちろん業態の違いによって同一化しきれない項目はあるでしょうが、差異があればその分だけ詳細な説明がないと数字の信憑性が疑われることとなり、

IRという観点でも重要な位置づけになってきます。この品質同一化については、究極的には流動性リスク計測や流動性リスク対策がグループ内で均一化するかたちになるので、ほぼ同一の規程や社内ルールが適用されていくことになります。LCRのモニタリング項目対策等を通じてこうしたグループ内流動性リスク管理の均一化は図られていくよう、グループ内調整を行っていく必要があります。

第4章

流動性規制で求められるIT要件

前章において流動性規制のLCRとNSFRについて説明したとおり、算出項目がとても多岐にわたっています。資本規制やレバレッジ規制とあわせて、金融機関としては業務負担軽減を図るべく、なんらかのIT対応が求められますが、具体的にどのように対処すればよいのでしょうか？　本章ではその問題解決を図っていきます。

1　IT開発が必要となる理由

　バーゼルⅢは連結規制であるため、グループ内の数字をどのように集めるかという点がまず問題です。たとえば通常の四半期決算をかんがみると、ご承知のとおり、国内金融機関のなかで比較的決算発表が早い証券会社ですら、期末基準日から決算発表まで4週間程度かかっています。連結ベースの数字を出そうとすると現状では必然的にそれくらいの時間が必要であるということがいえるわけですが、決算作業にかかる作業負荷が各社どれくらいかはさておき、監督当局が想定している提出期限までは2週間程度（今後見直される可能性あり）ですから、現状のマンパワーを想定した作業では破綻することが目にみえることでしょう。そこでマンパワー不足を補う方法としてIT開発が必要となってきます。

　しかしこれだけではIT予算を確保することは大変です。規制対応ですから優先的に確保されてしかるべきではあるのでしょうが、2013年の段階ではようやくQISというものをやって、担当者が「算出作業はとても大変である」という認識をしたにすぎず、いち早くQIS作業を行っていた国際基準行はともかく、国内基準行ではまだ上層部に作業の大変さが浸透しているとは思えません。そこでリスク管理部門のチーム編成から、流動性規制対策がどうして大変になるのかを考えてみましょう。

【リスク管理部門のチーム編成】
　・統合リスク
　・市場リスク

・信用リスク／カウンターパーティーリスク
・オペレーショナルリスク
・流動性リスク
・企画、総務、その他　etc.

　一般論として考えられるリスク管理のチーム編成は上記のとおりです。ここで具体的な作業の話ではなく、どのようなデータが必要となるのかというデータ元を考えましょう。銀行を例にした場合を想定します。
・統合リスク……各リスクからの拾上げ
・市場リスク……市場取引を行っている部門からのデータ
・信用リスク……市場取引および与信取引からのデータ
・オペレーショナルリスク……社内全部室店からのデータ

　基本的に、市場取引関連はSTP（Straight-Through Processing）化が進んでいるため、フロント―ミドル―バックが一連のかたちになっていることから、データ取得は（新商品が出てこない限り）それほど困難ではありません。信用リスクは市場取引関連と貸出関連で使われているシステムは異なっているでしょうが、それでもしっかりとした勘定系（もしくは与信関連）システムが構築されていれば大きな問題にはならないはずです。オペレーショナルリスクに関しては、全部室店からのデータ集約は骨が折れるかもしれませんが、先進的手法の場合は相応のシステム対応がなされているはずなので、定期的にきちんと作業を行っていればよいと思われます。

　では流動性リスクはどうでしょうか？　残念ながら、流動性リスクに関してはこれまで市場性調達に比重がかかっていたので（市場流動性は市場リスクでの対応もあるので）、レポやコール等に目がいきがちでした。レポやコール取引に関しては市場部門が使っているシステムのケースが多いでしょうから、マチュリティーラダー作成の際に長期負債データ（借入れや社債発行）を組み合わせるかたちになりますが、長期負債に関しては頻繁に動くものではないので、それほど苦労はしてこなかったと考えられます。しかしバーゼルⅢに限らず独自のストレステスト開始とともに、バランスシート全体が関

係してきたことに加え、担保移動も的確にとらえる必要が出てきたため、自社が行っている全取引データを取得する必要が出てきました。全取引ということは事実上すべての使用システムが関係してくるといっても過言ではなく、データ加工という名の規制値算出作業は、同じデータベースに乗せるだけでも大変なことになります。全システムの癖ともいうべき、データの保持内容を把握するところから始まるので、リスク管理という前にシステム内容把握からのスタートになります。

　もちろんシステム内容把握作業は2015年から始まる規制値算出本格化の前に行われているべきものではありますが、IT統制を直接司っているわけではないリスク管理部門において、IT統制を意識しながら決算発表よりも締切りが早い短時間でのディスクローズ資料作成に挑むのはあまりに無理があり、しかもIT開発には１年程度の時間が必要であることを考えれば、2015年まで残り約１年の段階で迷っている暇はありません。

　幸か不幸か、バーゼルⅢ流動性規制における規制値に関しては、条件判定は多々あっても、複雑な数式展開はほとんど必要ありません。条件判定はQISのテンプレートをみるとわかりますが、テンプレートのなかに条件式が包含されているので、適切なセルに適切な数値を入れ込むことが中心的な作業になります。ただ入力すべきセルの数が多いことや、データ元をどれにするべきなのか等を考えながら適切な数値を入力することはきわめて非効率であり、人的ミスが発生しやすくなります。複雑なデータ加工がほとんどないがゆえに、自動的に適切なセルに適切な数値を入れていくことができるようIT化を進めることが最も有効な対策として理解されることでしょう。

2　IT要件定義における留意点

　前節でIT開発の必要性について説明しましたが、では具体的に何から着手するべきでしょうか？　理想をいえば、日常業務で行っている流動性リスク管理に応用できるかたちであることや、各種シミュレーション機能を持ち合わせていること、IT開発予算が安くすむこと等、いえばきりがないこと

と思います。バーゼルⅢ対策として考えると、開発そのものよりも、どのような考え方でどのような定義をするのかということや、前述のような使用システムのデータ保持内容調査等、事前にやるべきことが多いことでしょう。規制値算出作業と日々の流動性リスク管理を分離して考えることは、モニタリング作業を考慮すると、とてもそのような結論をもつことはお勧めできません。しかし時間は待ったなしであり、決打ち的な要素が入ってくることもやむをえない状況かもしれません。そこで、具体的な要件定義を行っていくにあたり、まず留意すべき点を考えましょう。

【流動性規制に関するIT要件定義のポイント】
① バーゼル規制は連結規制である → 自社だけでなく、グループ内会社のデータも必要
② 大量なデータ数がある → 拠り所の大半は会計データ
③ 既往データに関する識別項目が多い → データ数が多く、人的識別は困難
④ データ元は複数システムである → データベースの作成が必要

要件定義のポイントだけでもきりがない話ですが、まずは上記4項目に絞って考えてみましょう。まず連結規制であることと、データ数が大量にありデータ収集だけでも時間がかかることを考えると、大前提となるデータの拠り所は日計表ベースの会計データと考えられます。特にグループ会社のデータも必要となるので、データ収集に特別ルールを設けることは、最終的に手補正が多くなる可能性があり、可能な限りグループ内データ収集には特別ルールを設けないというのが鉄則になります。会計に関してはもちろん会計カットオフ（期内取引として入力される締切時間）をきちんとふまえる必要はありますが、連結決算を行っている以上、会計カットオフに関しては主計部門の協力を得ればそれほど苦になる話ではないと想像されます。

a　チェック１：連結データの集積

　上記IT要件定義のポイントにおける①と②の項目を考慮すると、まず対処方法は大きく２つに分けられます。１つ目はグループ内取引を１つに集約させ、最初から連結ベースでの規制値算出作業を行う方法（以降、データ集積方式）です。この方法の場合、グループ内取引の識別ができていれば相殺時に迷う必要はなく、データ量は多くてもIT化できる前提であれば作業は一気に完了するかたちになります。一方、２つ目はグループ内各社で規制値を算出させ、合算作業を行う際にグループ内取引を考慮して相殺するかたち（以降、データ合算方式）です。この場合は、グループ内各社の規制値算出作業後、中核会社が取りまとめを行ったうえで補正を加えて完成させるかたちになります。

　このデータ集積方式とデータ合算方式を比較した場合、どの立場で物事を考えるかにもよりますが、一長一短があって、一概にはどちらが優れているとはいえません。データ集積方式は、中核会社にデータを集めるだけなので、規制値算出におけるグループ定義をグループ内会社に周知徹底する必要はなく、その分グループ内各社の作業負荷はほとんどありません。中核会社もIT化されている前提ではそれほどの作業負荷はありませんが、そのかわりIT開発予算は大きくなります。またグループ内での名寄せ問題もあって、コンプライアンス面での注意をしないと、思わぬ落とし穴に陥る可能性はあります。対して、データ合算方式はグループとしての規制値算出ルールを細かく設定しておく必要がある一方、グループ内各社に作業負荷がかかるので、中核会社と品質面で同水準のものが出てくるのかという問題があります。またグループ内各社のシステム要件等の問題もあって、締切厳守というなかでグループ内各社にそれぞれIT開発が必要になる可能性もあり、グループ全体としてどちらが得かはわかりません。データ集積方式はデータがすべて集まってくるので、データベースも大きいものになってしまうものの、シミュレーションはやりやすいでしょう。何を重要視するかによって選択する方法は変化します。

b　チェック2：データの識別

次にIT要件定義のポイント③についてです。既往データの識別項目が多いということは、そもそものデータにおいて入力条件がたくさん必要になるということです。たとえば保有しているある日本国債を考えてみましょう。もともとの発行条件（銘柄名、クーポン、発行日、償還日等）の銘柄内容だけでなく、売買日や債券保有目的、担保差入れ可否、売買による保有／担保受入れによる保有、再担保の可否といった内容が盛り込まれまる必要があります。当然その他有価証券であれば簿価や償却原価、保有目的にかかわらず時価についても付加されていないといけません。格付情報も必要です。使用システムのなかにどれだけの情報が盛り込まれているのか次第で、追加情報をどのように与えるかという問題が出てきます。同様に④については、このような識別をできる状態にあるデータベースをつくることになるわけですが、データ元のシステムが複数であるということは、各システムで対応が異なってくる可能性があります。規制値算出のために完璧な情報を与える方法をどうするかが問題であり、いったんシステムからデータを落とした後に外生的に追加するのか、使用システムそのものを開発して追加情報を入力する方法を選択するのかということです。使用システム内データの情報量はそれぞれどの取引を管理しているかによって異なるでしょうから、一つひとつのシステム内データをみたうえで結論を下さないといけません。IT開発費用と時間的制約もあるなかで、事前検討段階で考えるべき事項がたくさんあることは、とても厄介な規制であるといえます。

c　チェック3：落とし穴の回避

次に考えるべきことは落とし穴にはまらないIT対応を実現することです。IT開発自体は要件さえしっかりしていれば不可能ではありません。しかし膨大な時間とコストを割いてできあがったものが間違っていたとなると、二度手間三度手間になるので是が非でも回避したいところです。つまりバーゼルⅢ流動性規制対策に関しては、実際に規制値達成のための業務統制部分までを含めて考えても、要件定義（事前調査を含む）までで7～8割くらいの

達成度合いといっても過言ではないでしょう。それだけこの要件定義を完璧にするのはむずかしいということです。

　話は少しそれますが、こうした要件定義に関してコンサルティングを活用することを考える方もいるかと思います。最近はさまざまなことにコンサルティングを活用するケースがみられますが、バブル経済全盛の頃には、銀行としてはどうもコンサルティングを活用してもうまくいかないということが多く、経営者層ではそうした考え方をしている人も残っているかもしれません。ではバーゼルⅢ流動性規制対策としてIT要件定義をしてもらうというのはメリットがあるでしょうか？　この疑問に対して筆者自身としては効果が十分期待できるものだと考えています。

　従前コンサルティングがうまく機能しなかったのは、銀行内部における基本的な考え方と、コンサルティング側における基本的な考え方が異なっていたためです。金融機関はリスクテイク＝収益期待の構造となっているので、リスク回避に関しては「回避すべきポイントの7割程度を回避できればよい」という概念を経験的に感じています。つまり重箱の隅をつつくようなリスクヘッジを提案されても、細かすぎて受け入れられないという印象が残ってしまうということです。これに対してコンサルティング側は根底にミーシー（MECE：Mutually Exclusive Collectively Exhaustive）という概念があって、サンプルを完璧に場合分けしてしまうという癖があります。ミーシーの概念は、たとえば「人間の場合分け＝男性＋女性、既婚者＋未婚者、成人＋未成年、……」というような、必ず100％となるような分け方をするというものなので、リスクヘッジとしては完璧なのかもしれませんが、銀行側が100％のリスクヘッジを望んでいるわけではないので、「どうでもいい部分にまで力を注ぐな」という意見の不一致があったのです。

　これに対して、バーゼルⅢの流動性規制に関するIT要件定義は、幅広い銀行業務に関する完璧な場合分けを必要としています。規制値導入後の業務効率も含めて考えれば、資本規制やレバレッジ規制、通常のリスク管理等への影響等まで考えてくれる可能性もあるので、コンサルティングをうまく使えばとても有効に機能すると考えられます。単なる時代の流れによる利用で

はなく、こうした「もともと根ざしている概念」を理解すると、相互理解も進むことでしょう。

　話を戻し、要件定義における落とし穴を考えていきましょう。要件定義をする際に、規制値算出内容がどうしてもあまりに詳細な内容となっているため、一つひとつの細かい点ばかりに気をとられがちです。もともと流動性リスク管理をどのように行うべきなのが本来は最も重要で、リスク管理である以上は多少の独自性を考慮した方法はありうるのです。共通の土俵としてバーゼルⅢの規制値は導入されることにはなりますが、自社としてきちんと決めるべき点も多々あります。そこで要件定義のスタート段階としてどのような点が問題となってくるのかを考えましょう。

【要件定義における主な注意ポイント】
・基準日定義……基準日が休日扱いの場合の対処
・換算為替レート……外貨建て取引に関する円換算レートの決定
・約定未決済取引……すべて含む／含まないに関する決定
・経過利息概念……両端／片端、前入れ／後入れの考慮の識別に関する決定
・顧客分類……グループ内全体での名寄せに関する決定
・内部取引……あらかじめ含める／含めないに関する決定

　上記内容はいわば規制値算出における大原則になります。いわれてみればというようなものかもしれませんが、IT開発を行う立場で考えれば、こうした点が事前にはっきりしていないと困る事項であり、決めるべき当事者はIT開発側ではなくユーザー側なので、使用システム上の制約を十分吟味して決定する以外にありません。

(i) 基準日定義
　基準日定義に関しては、基準日が休日に該当する場合、経過利息が変わりうるということはすぐにおわかりでしょうが、実は経過利息自体はすべてに

おいて重要というわけではありません。

　OutflowやInflow算出に関しては30日以内に実現するということが重要なので、基準日時点の経過利息ではなく、30日以内に発生する実払利息額を計上することになるので、元本＋利息というかたちで受払いされる取引はほとんど気にする必要はなくなります。ただし有担保取引の場合は、担保の受払いにおいて経過利息を考慮したかたちで行われているケースがあるので、この点においては経過利息を意識する必要があり、休日を基準日とする場合にはかなり補正が必要になるため、補正するのかどうかまで検討する必要が出てきます。厳密にいえば時価についても補正が必要という考え方もありますが、結局すべて補正するとなると大変な作業になるので、実際のインパクトは小さいと考えて補正は無視という発想も出てくるでしょう。さらに30日間ということで30日後の休日判定まで関係してくるので、単純に30日分の利息を計算するようなプログラムであれば問題ないかもしれませんが、そもそも休日基準日では使用システムの入力すらできず、データ取得ができないという問題が発生してくることで、結果的に営業日から営業日という条件でしか算出できなくなるということも起こりえます。

(ⅱ)　換算為替レート

　換算為替レート自体は、はっきりいって決めの話だけです。為替レートを外生的に入力できることが望ましいですが、データの拠り所がそもそも会計データであれば会計使用する換算為替レートというのが最も合理的です。外貨建て資産や負債等は、主要通貨であれば通貨別での判断が必要になるので、換算為替レートが仮に当局が指定しているレートと違うからといって、大半が円貨である国内銀行において大きな流動性リスクを分析するうえで大きな問題になるとは思えません。

(ⅲ)　約定未決済取引

　約定未決済取引に関しては、事前調査としてシステム上あるいは会計データ上どうなっているかは確認しておくべきです。QISにおいては債券売買に

関しては取扱いが記述されていますが、レポ取引等に関しては具体的な記述はされていません。すべて含めて流動性リスク計測を行う前提である場合、そもそも含まれていないものがあると、手補正で勘案するという作業が発生します。規制自体はいったんスタートしてしまえば継続性が求められるので、ずっと考慮しない、最初から考慮する、というどちらの選択をしても、今回考慮されるか次回考慮されるかの違いだけであり、これも本来のリスク分析において重要な問題とはいえないでしょう。この点に関しては次節でもう一度説明します。

(iv) 経過利息概念

経過利息計算における両端／片端、前入れ／後入れに関しては、どれだけ違っても1日分の利息額だけです。IT要件として含めるかどうかはコスト見合いかもしれません。元データが入っているシステムではもちろん識別されている話ですが、そのデータをいかにして的確に把握させるかということであり、データベース上における情報量が多くなるので、計算に時間がかかるとか、要件定義が複雑化することに対してインパクトは小さい事項です。見切ってしまったとしてもおそらくだれにも検証できない可能性が高いので、どこまでこだわるのかの世界だと解釈できるでしょう。

(v) 顧客分類

顧客分類に関しては、そもそもグループ内の名寄せ問題から考えないといけません。たとえば銀行と証券の名寄せ問題を考えましょう。銀行に対しては1千万円以内の預金残高であるのに、証券には5億円の預り資産がある場合、中小企業判定での混乱材料になる可能性があります。バーゼルⅢは連結規制であるため、グループ内顧客すべてを名寄せすることは本来正しい行為なのですが、銀行顧客と証券顧客を単に同じ顧客だからといってまとめてしまっては、かえって誤解を招く可能性があるので、預金取扱金融機関とそれ以外の金融機関で分けて考えたほうが結果的に効率的かもしれません。データ合算方式の場合はこの問題は考慮されることなくスルーしてしまうはずな

ので、データ集積方式を採用する場合には業態が異なる場合の合算時において注意が必要です。

(vi) 内部取引

内部取引に関しても決めの問題です。データ集積方式を採用する場合は、データをグループ内各社から集めた段階でどうやって紐付けするのかが問題となり、データ合算方式ではあらかじめ内部取引を含めるか含めないかを決めておく必要があります。メガバンクなどではグループ内でさらに持ち株会社的な会社がある場合があるので、どのグループ内の取引を抽出し対処するのかをはっきりさせておかないと、データ合算方式ではかえって混乱する可能性があります。

最初の段階だけでもこれだけ注意するべき点がありますが、要件定義完了までにはまだ難関はあります。データを蓄積した後に、具体的に規制値算出をする識別順序に配慮する必要があります。識別順序が間違っていると、テンプレート上の本来入るべきセルに入らず、違うセルに入って掛け目が変わってしまうということが起こりえます。判定における論理式上の問題です。この論理式に関して理解しやすくするために、有価証券明細を例にしてみましょう。全有価証券明細から識別する度に差し引かれていくイメージでつくるのか、全有価証券明細から該当する部分だけをピックアップするのかによって論理式が異なります（論理式が異なるのであって、判定結果が異なるというわけではありません。本来は判定結果が一致するのが正しい方法です）。

債券保有区分に関して、満期保有債券はHQLAに含めないという社内ルールを掲げている場合、全明細からまず債券の保有区分で識別し、満期保有債券を対象外とします。すると売買目的有価証券とその他有価証券が残り、ここからさらに抽出条件を絞っていきます。たとえばソブリン判定（リスクウェイト判定）→通貨判定→格付判定→銘柄（発行体）判定→担保判定……というかたちで絞っていけばHQLAに計上すべき日本国債が抽出されるはずです。

しかし識別の過程で、どのように識別されても、その後も同じ識別プロセスが行われれば結論は同じになりますが、ある識別過程での識別後は違った識別プロセスにいくとなると、順序を間違えることで違った答えが出てしまうのです。上記の例でいえば、格付判定を最初に行ってしまうと、後からリスクウェイト０％で拾い上げればよいのですが、格付判定で低い格付になるとリスクウェイト０％を想定しない論理構成でつくっていると、結果的に日本国債はレベル１資産には計上されないという可能性が出てきます。日本国債であればボリューム的におかしいと気づくとは思いますが、それもIT開発後のUAT（User acceptance testing：ユーザー側の検証テスト）ではじめてわかるということでは時間の無駄になってしまいます。デリバティブにかかわる資金移動や担保移動では特に複雑な部分があるので、こうした論理式の構築においても十分注意を払う必要があります。

3　具体的な要件定義

　ここからはさらに細かく要件定義について説明していきます。バーゼルⅢ流動性規制に関しては現状まだ完全に算出方法が確定していないため、一部概論的な話になってしまいますが、可能な限り固められるものは固めていきたいと思います。
　前節までに、流動性リスク管理に対する基本的姿勢を決めておく必要があることは説明しました。これまでの社内で行ってきた独自ストレステスト等の考え方について、それを踏襲するのか変更するのかがまず重要です。特にテンプレート上の各セルの算出根拠をいくら読んでも不明確な部分があるため、逆にこれまでの社内独自管理方法の考え方とどう違っていて、どちらのほうが進んだ考え方なのかを分析して対処方法を決定するしかありません。特にモニタリング項目に関しては独自判断が色濃く出る可能性が高く、算出基準の考え方のすべてが正しいとは限りません。バーゼルⅢ規制値算出解釈論のような話にはなりますが、ディスクローズ内容がテンプレートに従っている限りにおいては金融当局との相談ベースということが多々出てくること

でしょう。本節では解釈論も含めて問題となりそうな点を取り上げ、なるべく具体的に説明したいと思います。

(1) LCR（共通事項）

a　約定未決済取引の取扱い

　会計データを前提としたLCR算出ということを考えると、約定未決済取引は会計処理上の取扱いに従って含まれていたり含まれていなかったりすることになります。通常リスク管理全般においては約定ベースで考えているので、リスク管理部門のデータ取得に関しては約定未決済取引がすべて含まれているはずです（各種作業のためインタイム取引とアフター取引を決めている場合は、各営業日においてインタイム取引がすべて取引入力されているかたちです）。勘定系（会計）データからの取得であれば会計に合致するでしょうが、リスク管理部門からのデータ取得の場合、リスク管理上の取扱いと会計上の取扱いにミスマッチがあれば、その分データ取得時にミスマッチを解消させる必要が出てきます。

　QISにおいては、基準日跨ぎの資産売買に関してはルールが示されていますが、レポに関しては特に示されていません。売買に関しては以下のようになっています。

【基準日跨ぎの資産売買】
- 購入約定に関しては、購入対象資が適格対象資産であっても、分子には含めない
- 購入対象資産に応じて、資金流出として計上
    - レベル1資産の場合：契約額の0％
    - レベル2A資産の場合：契約額の15％
    - レベル2B資産のうちRMBSの場合：契約額の25％
    - レベル2B資産のうち非RMBSの場合：契約額の50％
    - その他資産の場合：契約額の100％
- 売却約定に関しては、上記購入時に準じた掛け目を使い、資金流入と

して計上

　ここで、約定未決済取引を含めたケースと上記基準日跨ぎルールでのケースを比較してみましょう。現金を使ってレベル２Ａ資産を購入するケースで考えてみます。

【例　基準日跨ぎでレベル２Ａ資産を100購入】
・約定未決済取引をすべて含める場合
　　HQLA：現金▲100、レベル２Ａ＋100
　　資金流出：現金100
　　→HQLAはレベル１▲100およびレベル２Ａ100、資金流出100
　　⇒HQLAは実質85となり、LCR効果としては▲15（分母分子に影響）
・上記基準日跨ぎルールの場合
　　HQLA：ゼロ
　　資金流出：15（＝100×0.15）
　　→HQLAはゼロ、資金流出15
　　⇒LCRの効果としては▲15（分母のみ影響）

　約定未決済取引をすべて含める場合、資産購入する場合はOutflowがふくらむかたちとなり、逆に資産売却をする場合はInflowがふくらむかたちになります。実質的にはOutflowをまかなうHQLAとして15不足するという意味でのLCR効果はほぼ同じですが、基準日跨ぎルールではネットした効果のみが計上されるため分母分子はふくらまず、約定未決済を含む場合は分母分子がふくらむかたちになります。
　こうした実態的な影響度を考えれば約定未決済を含めたほうがデータ取得上やりやすいというインセンティブがある場合、約定未決済取引を含めても大きな支障はないと推測されます（監督当局との相談は必要です）。日頃の流動性リスク管理をどのように行い、データ取得もどのように行っていくかを明確にしたうえで、監督当局と話合いをして解決するべき問題でしょう。最

も問題となるのは、実質的な効果を考えないで要件定義をしてしまい、「売買は約定未決済を含まないが、レポは含む」というようなことをやって、データの整合性がとれないことでしょう。

b　会計カットオフ（未入力データ対応）

　会計カットオフに関しては、連結規制ならではの注意項目ですが、決してむずかしいことではありません。データ取得に際して、取得元がどうなっているかだけでなく、連結対象会社すべてにおいてどうなっているのかをふまえて行っていくことです。以下の具体例をみると会計カットオフにおいて何を確認するべきかがわかると思います。

【会計カットオフ確認の具体例】
・国内にある親会社が米国の子会社に対してUSD貸出を実施（基準日の夜に実行）
・国内親会社は翌営業日にシステム入力
・米国の子会社は、米国時間内で貸出に係る入金を確認し、借入れのシステム入力ずみ

　国内親会社ではそもそもシステム入力されていないので、事後的に入力するかたちになります。親子間貸付における約定の概念をどうするかにもよりますが、連結ベースでは当然相殺されるべき内容ですから、親会社で入力されたものと子会社データを合致させて相殺するか、子会社で入力されているものを最初から対象外とするかの処理が必要です。

　このように、取引内容次第で会計データ間でのミスマッチがある場合になんらかの補正作業が必要になります。LCR算出においてデータ合算方式の場合は特に時差がある取引の入力の有無を確認したうえで相殺すべきデータを特定しないといけないので、各システムや各商品でのカットオフ時間や未入力取引の確認はIT要件定義が確定する前に行うべきです。

c 換算為替レート問題

この点に関しては先ほども触れていますが、上記会計カットオフで触れた内容にも関係する項目であり、国内親会社が米国子会社に貸出を行えば、海外子会社で把握する為替レートと親会社が把握する為替レートでは差異が生じる可能性があります。先ほど説明した内容は国内親会社における概念だけですが、実際には連結ベースで考える必要があるので、IT要件定義としては細かく考える必要があります。

モニタリング項目（あるいは自社の流動性リスク管理）対応でどのようにするかをふまえる必要がありますが、基本的な方向性として「取引はそれぞれの通貨ごとで管理する」ということが重要であり、取得データを最初から円貨ベースでとらえるのではなく、外貨として認識したうえで、通貨ごとでLCRを算出するイメージを目指すことが重要です。外貨取引がそれぞれの通貨ごとで把握できる状態であれば、最終的に使う為替レートは1つなので、グループ内調整等を行う必要はありません。最終的に円貨ベースに換算する場合にあらかじめ取り決めたルールに基づく為替レート（基本的には会計処理で使う換算レート）を使うことで問題ないでしょう。

d 業種・銘柄判定、格付情報

LCR算出においては取引の相手先（もしくは有価証券の発行体）によって掛け目が変化するケースが多々あります。このため取引の相手先名によって自然人か金融機関か事業法人かといった識別が必要になってきます。

システム的にこうした識別を行う場合には、取引先名だけでは不足すると考えられます。理想をいえば、規制値算出の元データがあるシステムに業種コードがほしいところです。たとえば個人名であれば、自然人扱いの個人なのか個人事業主なのかによって結果が異なってくるので、もし取得データに業種コードがない場合には外生的に保持させることが必要になります。

また業種コード以外にも、一部で追加的に識別する必要が出てきます。たとえば金融機関の連結対象会社との取引はLCR定義のなかで金融機関として取り扱う部分があるので、まずは定義に即した金融機関分類が必要になりま

す。QISでは金融機関の定義や健全性監督対象行の指定等が特定されるので、この定義に即して適切な分類を行うことになります。

格付情報に関しては、バーゼル規制における定義としてリスクウェイトを算出する場合、適格格付機関による格付が複数ある場合にはリスクウェイトが軽いほうから2番目の格付を使用することになっており、その意味では付与されている格付をすべて把握する必要があります。格付情報自体はリスク管理部門でデータ取得は可能であると考えられますが、信用力が高い格付順に上から2番目に選択するという項目に関してシステム手当をする必要が出てくるでしょう。取引管理システムに格付情報が入っていればよいですが、外生的に加える場合には、きちんと銘柄に合致させることが必要です。後述の有価証券判定にもかかわってくるので、銘柄情報は基礎情報の位置づけとして具体的な判定に入る前に情報を保持しておくのがよいでしょう。

【信用リスクに係る外部格付が複数の場合】
- ・ある特定の債権に対し、銀行が選択した外部信用評価機関による評価が1つしかない場合には、その債権のリスクウェイトを決める際にその評価が使われる。
- ・銀行が選択した外部信用評価機関による評価が2つあり、異なるリスクウェイトに対応している場合には、重いほうのリスクウェイトを使う。
- ・3つ以上の評価がある場合には、最も軽いリスクウェイトに対応する2つの評価を参照し、その2つが異なれば、重いほうのリスクウェイトを使う。その2つが同じであれば、リスクウェイトを決める際にその評価を使う。

(出所)「自己資本に関する新しいバーゼル合意(バーゼル銀行監督委員会による市中協議案)」(2001年1月)(コメント期限2001年5月31日)日本銀行仮訳より抜粋

e　担保情報

HQLAとして計上される資産は、その換金性が認められているので、さま

ざまな取引における担保に使用されており、当然担保として差し入れるだけでなく、取引の相手先から受け入れているケースも起こりえます。そのため単純に基準日時点で保有しているようにみえるものでも、自社として購入して保有しているものと、担保受入れによって手元にあるものを識別する必要があります。

さらにいえば、単純に担保受入れの識別だけでなく、再利用においてなんらかの制約があるものかどうかについても情報が必要になります。これは担保授受が発生する取引の内容を把握したうえで再利用の判定を行うということです。担保契約において何か特別な内容を盛り込んでいるようなケースでは、相手先名との突合をさせるような工夫が必要になってきます。

もともと担保受渡しに関しては、取引の約定とは異なる日で受け渡されることが多いので、規制値算出用のデータ取得においては当然受渡日データも必要になるため、担保管理を行っているシステムそのものに改良を加えて再利用可能情報等を追加するか、担保授受が起こりうる取引先名をなんらかの方法で管理したうえで、取引先名でチェックをかけて再担保利用不可等を把握する、といった方法が考えられますが、後者に関しては、同一の取引先名であっても取引内容によって担保授受があるものとないものがあると、ITを駆使して識別することは単純ではないでしょう。

f 証券化商品関連（債権譲渡を含む）

債権譲渡を含む証券化商品関連に関しては、さまざまな角度で現状を把握する必要があります。金融機関はもともとの原資産（住宅ローン等）を保有しており、そのローンを使って証券化商品を組成して販売する立場（スキームによって（グループ内を含む）信託銀行や証券会社、特別目的会社等が介在するケースあり）と、他の金融機関が組成したものを投資家として購入して保有する立場の両面があります。このためそれぞれの立場に関してどのような管理がなされているのかを把握することが規制対応の第一歩になります。当然内容によってはシステム対応されていない可能性もある一方、投資家として購入した資産に関する詳細な情報に関しては別管理されている可能性も高

いことでしょう。

　LCR算出においては二重計上を回避する必要があるので、自社の資産を原資産としている組成側のスキームにおいては、二重計上とならない方法を検討する必要があります。まず原資産のシステム管理（もしくは規制値算出のために取得するデータ）において、資金化スキームが組成されていることが把握できる状況にあるのか、スキーム内容によってシステム管理面に特別な違いがあるのか、グループ内の別会社に原資産を移転した場合、当該グループ内企業ではどのようなかたちでLCR上において計上するのか、といったような点を、取り扱っているスキーム内容に応じて臨機応変に対応することが求められます。

　これに対し、投資家として保有するものに関しては、当該商品の内容に着眼点が置かれることになります。自社の流動性リスク管理という観点であってもLCR上のモニタリング対策という観点であっても、商品の詳細情報はふまえておく必要がありますが、リスク管理の性質を考えれば信用リスクの範疇という役割分担になっていると考えられるので、信用リスク管理とのタイアップで解決すべき問題でしょう。

(2) LCR（HQLA関連）

a　HQLA資産の取扱い

　HQLA算出にあたり、基本概念は時価ベースでの算出であるということです。そこでまず時価とは何であるか、経過利息を勘案しないクリーン・プライスなのか、経過利息を含めたダーティー・プライスなのかを見定めないといけません。

　基準日時点におけるネットフローをまかなえる換金性が高い資産というかたちになっているので、仮に売却する際には当然経過利息付きで受け渡されますが、レポでの資金調達を想定すれば、レベル２Ａ資産やレベル２Ｂ資産においてはレベル１資産による補完分が考慮されているので、ヘアカット率は勘案されていることになります。クリーン・プライスを使用するかダーティー・プライスを使用するかの選択は、いわばヘアカット率考慮による資

金調達にするのか、売却前提による資金調達にするのかということと意味は同じですが、売却前提とする場合には本来P/Lインパクトまで勘案すべき話になるので、バーゼルⅢに関しては売却前提ではなくレポによる調達前提であると考えるべきでしょう。

では、頭の整理をする意味で、以下のようなケースをどう処理するべきか考えましょう。

【日本国債を保有しているケース】
〈前提条件〉基準日時点の時価（クリーン・プライス）は100、経過利息は2（ただし30日以内に発生する利息受取予定額は3）

①　HQLA：102、Inflow：3とする場合
→経過利息分が分子分母における二重計上となる

②　HQLA：100、Inflow：3とする場合
→二重計上問題は発生しないが、HQLAの換金性を考慮すると、利息分は過剰計上の可能性あり（30日以内で換金する場合、本来受取利息3は発生しない）

③　HQLA：102、Inflow：1とする場合
→二重計上という概念にはならないものの、受取利息額が実際と異なるので違和感あり

④　HQLA：102、Inflow：未計上とする場合
→換金性の価値としては間違っていないが、売却シナリオに基づく換金性となる

⑤　HQLA：100、Inflow：未計上とする場合
→二重計上問題はなく、途中換金可能性も含んだ分子計上となっているが、実際の換金イメージとの差異があり、過小評価の印象がある

これらの内容をふまえると、現実的に選択できるものは②ないしは⑤のかたちであり、いずれもクリーン・プライスの概念が根底にあることになります。Inflowとして利息相当額を計上するかしないかについては、監督当局の

考え方としては「実際に発生する利息はInflow計上可能」であり、結論としては②の考え方が基本的に正解といえるでしょう。しかしながら「実際に発生する利息」であって、実際に発生しない経過利息のみの場合は含まれないということでもあります。つまり利息が計上できるのは実払利息が30日以内に発生するか、売買約定がすでになされている場合ということになります。一方⑤の考え方は「HQLAについては換金前提であるため、利払日まで保有しているとはみなせない」ということなので、本来の流動性バッファーに関するポリシーとしては決して間違っているとはいえませんし、単に過小評価なので開示上問題になることもないでしょう。ただし現実として相当きつい見方であることも事実です。どちらを選択するかは自社の流動性リスク管理の概念に合致させるべきでしょう。なお換金そのものの行為については、現金受取りについてはレベル１資産になるということなので、HQLAとして計上する観点では実際に換金オペレーション実施は、LCR算出上において悪化することはないといえるでしょう（レベル１資産以外の資産を換金すればレベル１資産の増加となります）。

b　HQLA資産の償還

　HQLA自体は、償還がいつになっているのかは特に問題にはなりません。資産種別、発行体、格付等の識別要件に従ってレベル１資産／レベル２Ａ資産／レベル２Ｂ資産の各資産区分で計上するかたちになります。仮に30日以内に償還を迎えるものであったとしても、償還金が入ってくることを考えれば事実上換金性があるのと同じであるため、償還をあらかじめ見積もる必要がないことになります。したがって償還が30日以内ということで償還元本をInflowに見積もると二重計上となります。こうしたことから、HQLA関連で熟慮する必要があるのは、HQLAとして計上できる資産の範囲や担保関連に関する事項となります。

　LCR算出のみをとらえれば償還がいつかを知る必要はありませんが、流動性リスク管理（あるいは流動性規制のモニタリング項目）においては、ALMマッチングに関する分析は行っていく必要があります。資金流入と資金流出

のギャップをみていくことが求められますので、結果的にはきちんと資産側の償還データもそろえておく必要があります。

c 硬貨および紙幣、中銀準備預金等

　資産の範囲に関しては、現金という部分から考えなくてはなりません。たとえば本支店のATMのなかにある現金はHQLAか否かということが問題となり、こうしたものも独自解釈が必要といえるでしょう。ATMのなかにある現金は、「顧客が引き出しにくれば流出となるからHQLAには含まれない」「預金流出は別途Outflowのなかで考慮されており、流出準備としてもっているものである以上、HQLAにほかならない」等、いろいろな考え方ができると思います。現時点では正解というものは特になく、考え方として筋道が通っている説明ができる決め方であれば問題ないでしょうが、「ストレス時においてATMの現金を会社の資金繰りに使えるか？」と考えれば、自社クレジットの悪化に伴うストレスを考えた場合に「流出する可能性がきわめて高いもの」と位置づけられ、基準日時点ではOutflowとして見積もるという考え方もあるでしょう。現実的にはATMからの払出しは預金残高が背景としてあることが前提なので、預金流出項目として勘案するのが妥当と考えられます。おそらく直近の社内ルールに基づく処理というよりも、「ストレス時には最初から出ていくもの」としてHQLAには計上せず、預金流出項目全体のなかでOutflowとして計上ということが最もシンプルな発想だと思われます。

　一昔前にはよくいわれていた「資金化されている資金」という観点は、LCRの定義算出においても重要だと考えます。「資金化された資金」というのは簡単にいえば「決済が完了し、すぐに使える状態にある資金」ですから、手形・小切手等ではよくある話ですが、他店券を受け取った段階では当然資金化されていない状況なので、その時点では使えるものではありません。こうした性質のものは、自社ストレステストにおいて数日後に使えると盛り込むことはよいと思いますが、LCR算出において基準日時点でそのような場合はHQLAではなく、InflowもしくはOutflowにて計上するべきでしょ

う。

　また日中流動性の確保のために使われている担保有価証券も存在すると思いますが、文字どおり日中流動性確保ということなので、考え方としては換金性が認められるものとするのが妥当です。中銀預金に関しては準備預金制度に伴う積み部分は当然義務として存在しているものなので、万一の流動性という位置づけにはできません。積みを上回る残高がある場合にHQLAとして計上できることになります。中銀向け担保差入れ分に関しても、すでに資金調達している部分はHQLAとして計上することはできず、こちらも調達相当分よりも余剰になっている分だけがHQLA計上可能となります。

d　有価証券判定

　HQLAだけでなく担保関連によるOutflow/Inflowにも影響を及ぼす重要な判定が有価証券判定です。この判定がうまくできないとLCR算出結果の信憑性はないといっても過言ではなく、しかもデータ上の問題だけでなくIT的な識別順序も間違えられないのがむずかしいところですが、順を追って考えていきましょう。

　まずHQLAに計上できる有価証券なのか計上できない有価証券なのかの判定です。この判定を行うには債券そのものの基礎データ（銘柄（発行体情報を含む）、通貨、金額、クーポン、償還日、利払日等）がきちんとそろっていて、そのうえで会計上の保有区分、担保情報（担保差入れ／受入れに係る相手先や取引内容、再担保利用の可否）、時価情報、当該有価証券に付随する保証や担保の情報、途中償還条項の有無、その他各種付随情報が必要になります。また保有有価証券を管理するシステムだけでは、当該有価証券の市場流動性を得ることはむずかしいと考えられるので、HQLAかどうかの判定をするうえで、銘柄だけでは判断がつきにくい場合には、流通量等の情報を盛り込む必要があります。

　一般的なポートフォリオをイメージして分類するだけでも、図表4－1のとおり、マトリックスとしてはかなり複雑になります。こうした分類に加えて前述のような時価情報や途中償還に係る情報を加えてデータ取得する必要

図表4－1　HQLA判定のための有価証券の分類（一般的なポートフォリオの場合）

保有区分	銘柄 （発行体）	国	発行通貨	公募／私募	保証／担保の有無	担保使用
・その他有価証券 ・売買目的有価証券 ・満期保有債券 （この項目は満期保有債券を対象外とする場合に必要）	・国債 ・地方債 ・政府保証債 ・財投機関債 ・社債 ・各種受益証券等（注） ・コマーシャルペーパー ・株式 etc．	・日本 ・外国	・円貨 ・外貨	（債券） ・公募 ・私募 （株式） ・上場 ・非上場	・保証もしくは担保あり ・保証も担保もなし	・担保受入れ分 ・担保差入れ分 ・再担保利用可能 ・再担保利用不可能

（注）　各種受益証券等に関しては、原資産等に関する各種情報がさらに必要になる場合あり。

があります。なお、図表4－1には記載していませんが、銘柄（発行体情報）に関しては格付情報も保持しておく必要があります。

　実際の有価証券判定順序においては、満期保有債券をHQLAの対象外とするという方針があれば、保有区分が最優先となる可能性があります。銀行の場合、その他有価証券を取り扱う部署と売買目的有価証券を取り扱う部署は異なっていると考えられるため、使用システムも異なっていればあらかじめデータ取得元が異なるということで識別することが可能かもしれませんが、大半のケースではその他有価証券と満期保有債券を取り扱う部署は同一で、しかもLCR上識別したいのはこの2つということでしょうから、この識別を最初にやっておくことが重要です。

　図表4－1の各項目をIT的にどう識別するかに関して、一般的に考えられるのはフラグの使用です。フラグ使用であれば、チェックされた項目をみていくことで識別が可能になるのですが、問題はそのフラグをどのようにつけるのかです。使用システムを改善させて、そもそも最初の段階で既存のデータを修正するのか、あるいはなんらかのかたちでインターフェイスする段階で識別するようにするのかです。当然前者の方法は当初にデータを修正する時間コストと使用システムの変更に要するコストが必要であり、後者の

場合は使用システムから取得するデータを加工するようなイメージになるので、その要件定義とシステム上の手当が必要になります。現状の使用システムに関する内容次第であるので、自社の状況をふまえた判断が必要です。

もしこうした識別対応をしないとどうなるかといえば、たとえば縁故地方債を保有しているときに、公募債かどうかの判定が行われていないので、HQLAに計上されてしまうおそれがあります。有価証券の判定に関しては、同じ発行体であっても内容が異なることによって違った結果が出てくるので、格付情報等も使いながら判定することが重要です。

なお、HQLA計上にあたっては基準日時点の時価情報が必要になります。HQLAの概念からして「時価を容易に取得できないものは、市場流動性に乏しい」と考えられるので、時価そのものを取得できないということはまずないでしょう。内部管理上の制約等で時価を取得できないということであれば、それは会計処理においても疑問が生じる話なので、早々に対応する必要があると考えられます。カントリーリスクに関しても別途識別は必要で、基本ルールとして信用リスクにおける標準的手法に従うことが前提となっているため、さまざまな国のソブリン債等を保有している場合は注意が必要です。

(3) LCR（Outflow/Inflow関連）

a 預金判定

分母項目のうちOutflow算出に関しては、QISのマニュアルでもかなりの文章量になっており、銀行にとってはそのなかでも最も注意を要するのは預金流出でしょう。特に国内金融機関において、多額の早期解約手数料（≒中途解約不可）という概念をどうとらえるのかは悩ましい問題です。

国内で一般的に取り扱われている定期性預金は事実上の元本保証となっており、途中で解約する場合においては適用金利を普通預金等に変更することで対応してきた経緯があり、途中で解約されないような歯止めをかける仕組みにはなっていません。デリバティブが付随している場合であれば、途中で解約する時点でのデリバティブの評価損益が勘案され、理論上は（結果的

に）元本割れとなるケースは想定されますが、顧客側のオプション売りスキームはリスク面を評価して「だれにでも売れる商品ではない」という位置づけになるので、厳密に突き詰めていけば「デリバティブで顧客がオプション売りとなるスキームで顧客がリスクに関して同意している預金」に関しては解約の歯止めがかかっているという考え方もできるでしょう。顧客のオプション買いスキームに関しては、本来の商品性として「定期預金利息部分でオプションプレミアムがまかなえている」かたちでないと成立しないはずであり、少なくとも直近の金利水準では本来あるべきかたちで成立しているとは考えにくいと思われます。このため、もし顧客が払うべきオプションプレミアムについてエンド時精算のようなかたちを考えた場合には、オプション買いスキームでも元本割れという可能性が出てきます。こうした話は商品設計がどうなっているか次第なので、デリバティブが付随する預金に関して、中途解約の歯止め効果があるとみなすかどうかは、商品設計をしている部門に確認が必要でしょう。このように取り扱っている商品性にも着目しながら実際に預金判定を行うことになります。

　この判定を進める前提として、顧客分類がなされている必要があります。前述の業種コード等での分類が行われ、かつ銀行全店ベースでの名寄せができていることが必要です。預金判定においては「預金保険の保護対象」になっているかが銀行側にとって1つの判定基準になるため、全店ベースでの把握ができないと正しい評価ができなくなります。個人事業主が事業として保有している口座と個人として保有している口座がある場合には、業種コードによる分類でカバーされていないと実際の識別はほぼ不可能になります。

　また、「安定預金と準安定預金」「オペレーショナル預金」についての概念整理と識別が事前に行われている必要があります。「安定預金と準安定預金」に関しては、一般顧客が定期性預金を設定していると、総合口座として普通預金口座をマイナスにする当座貸越が可能になることから、この総合口座を貸出に係る返済口座という解釈をすれば、預金保険による全額保護対象の範囲内において、安定預金への道が開けます。QISではリテール預金および中小企業預金における全額保護対象となっているもののうち、日常用いる

口座（給与振込口座、EB（Electronic Banking）提供口座、貸出先口座、年金受取口座）に関しては安定預金、それ以外であれば準安定預金という解釈をしており、当座貸越という貸出関連口座という解釈をすれば安定預金と考えることができるでしょう。こうした口座を分類できるフラグ等があれば、名寄せ後の残高によって安定預金と準安定預金の識別が可能になります。

　「オペレーショナル預金」に関しては、QISにおいても定義が明確化され、クリアリング、カストディ、キャッシュマネジメントに統一化されたので、事実上個人顧客では該当しないということから、リテール預金の範疇には含まれず、無担保ホールセール調達の範疇になっています。オペレーショナル預金においては、オペレーショナルな目的で使用される残高がいくらなのかという判断があり、余剰分に関しては非オペレーショナル預金としての取扱いとなるため、QIS上では判定式によって分類する必要があります。オペレーショナルな目的で使用されており、預金保険で全額付保されていればリテール預金と同等の取扱いになります。QISで示されている判定式以外に独自に考えたものでもかまいませんが、独自判定に関しては一定の推計値は必要となり、独自ルール適用の可否は当然監督当局と相談して決めていくことになるでしょう。テキストで例示されている判定式を使う場合、IT対応としてはヒストリカルデータが必要になるので、一定期間さかのぼって調査する必要があります。もしこうした対応がむずかしいということであれば、オペレーショナル預金を非オペレーショナル預金と同等の扱いとなる流出率40％を適用するルールとなっています。

　次に預金種目としての切り口もあります。そもそも通常取り扱っている預金のなかで、預金保険の対象となるものとならないものの識別です。譲渡性預金や外貨預金等に関しては保護対象外ですから、預金種目で識別することも必要になります。ただ預金種目で分けることは会計処理でも行われており、識別できるなんらかのコードは保有しているはずなので、規制値算出用データ取得時にそのコードが保持できるかどうかを確認すれば、対応が必要かどうかの判断はできるでしょう。

　こうした内容をふまえ、預金関連項目に関して整理すると図表４−２のよ

図表 4 − 2　預金・顧客分類に関する項目整理

顧客分類	預金種目	所在国	預金目的	付保対象
・自然人 ・中小企業 ・ソブリン等 ・金融機関 ・その他	・当座預金 ・普通預金 ・通知預金 ・定期預金 ・外貨預金 ・デリバティブ付定期預金 ・元本補てん契約付金銭信託 etc.	・報告主体の母国 ・それ以外	・日常用いるもの ・日常用いないもの	・付保対象 ・付保対象外

うになります。

　なお、流出率 3 ％を適用するものに関してはまだ定義が明確になっておらず、今後明確になった段階でさらに識別する必要が出てくる可能性があります。このため預金判定に関しては、この点をカバーできるよう、フラグ使用の追加を可能にするような工夫が必要になります。

　一方ここからは補足的な話になりますが、預金利息に関する支払をどのように定義するかということがあります。LCRにおいては預金流出の概念があり、預金本来のエンド日とは異なる概念があるためです。エンド日が確定している預金であれば、当然預金利息はエンド日に支払う（中間利払いがある長期預金を除く）ことが前提であり、解約がなされない限りは当該エンド日にしか資金流出は起こりません。そこでLCR上元本が流出されるとみなされる部分の利息をどうするかということが問題になってきます。こうした内容を含め、預金利息に関しての論点を考えてみましょう。

【預金利息に係る主な論点】
　・普通預金に係る預金利息の考え方
　・定期性預金に係る流出判定となった分の預金利息の考え方
　・各預金の付利単位に係る考え方

そもそも預金項目に関しては、元本部分については詳細に記載されていても、預金利息に関して詳細に定義はされていません。もちろん影響度という観点では元本部分が大きいでしょうが、担当する銀行員という立場ではどれだけ細かい話であっても気にしてしまうのはやむをえません。

まず普通預金利息に関しては、利払いが2月と8月に行われるため、基準日時点から30日以内のOutflowということで考えれば1月末時点と7月末時点ということになりますが、第3章で説明したとおり、開示要件を基準として考えると90日さかのぼって単純平均で算出せよということになってしまい、現実の預金利息額とは乖離してしまうと考えられます。預金がきちんと口座ごとで管理されている前提で考えた場合、流出元本に預金利率を勘案して利息額を算出する方法があります。この場合は2月と8月の普通預金利払日が30日以内になってきた段階で、流出しない元本部分における単純平均残高をまず算出し、その単純残高平均に対して普通預金利率を勘案するということで対応は可能です。開示要件の90日さかのぼるということを勘案しない場合には、基準日が1月末と7月末のときだけ勘案することになります（この場合は開示要件の見直しが実施される前提となります）。

定期性預金に関しては、流出分に関してわざわざ普通預金利率等に置き換えるかという問題が出てきます。筆者の意見としては、LCR上の預金の流出は便宜上定めて計算されているものであり、実際の流出の有無は別問題ということなので、理屈のうえでは普通預金利率等に置き換えることが正しいといえますが、現実的にはIT対応するほどの話ではないでしょう。もちろん監督当局に意見伺いをすると「正しい方法で」といわれかねませんが、はっきりいって重箱の隅の話であって、解約が確定している部分が織り込まれているということであれば問題ないと考えます。

付利単位の話に関してはさらに細かい話であり、はっきりいって真面目にIT対応しようとしても無理でしょう。付利単位が考慮されないこと自体はOutflowが大きくなるはずなので、金融機関側にとって不利といえば不利ですが、IT開発費用をかけて対応するような話ではないでしょう。

b　発行済債券の償還判定

　発行済債券に途中償還条項がない場合にはまったく問題ありませんが、途中償還条項がついているものに関しては、既往の流動性リスク管理上の運営も参照しつつ、社内ルールを明確化する必要があります。当該項目に関しては1つの判定基準として「償還オプションを投資家がもつのか発行体がもつのか」が示されていますが、それだけで本当に十分なのかということです。

　自社における流動性リスク管理上における償還判定としては、一般的に①Next Callベース、②期待マチュリティーベース、③リーガルマチュリティー（償還日）ベース、の3種類と考えられますが、たとえばデリバティブが付随することによって途中償還条項が盛り込まれている場合、トリガー条項によって償還する場合がありますので、LCRやNSFRに必要な判定として考える場合、「理論値よりも早く償還するように見積もるのはよくても、遅く見積もることには問題がある」ということです。とはいえ、完全Next Callベースという見方はとてもきつい見方になってしまい、現実とのギャップが大きくなりがちです。この点に限っては、問題を解決するのが期待マチュリティーベースということになるのです。

　しかしながら期待マチュリティーベースで償還を見積もることは容易ではありません。国際基準行においては、付随するデリバティブは自前で行うでしょうから、期待マチュリティーを算出することは可能かもしれませんが、国内基準行ではデリバティブを外出ししていたり、そもそも判定しないといけないようなデリバティブが付随する社債自体がないということがありえます。つまり当該項目自体は、国際基準行ないしはそれに近いかたちで頻繁に社債を発行する金融機関に限定されると考えられます。

　判定が必要となる金融機関の場合、途中償還条項の分類から始まります。まずは償還オプションが「発行体側か投資家側か、あるいは市場実勢か」です。投資家側にオプションがある場合にはNext Callベースでの判定、市場実勢となっている場合は期待マチュリティーベースもしくはNext Callベース、発行体側にオプションがある場合は期待マチュリティーベース、というのが考えられる対応です。市場実勢のケースで選択の余地があるのは、期待

マチュリティーの精度の問題と、保守的にとらえるかどうかの問題です。Next Callベースのほうが当然きつい見方ですが、対外説明的にはまったく問題ないかたちになります。また、発行体に償還オプションがある場合はリーガルマチュリティーベースという考え方はありますが、デリバティブ付社債の組成スキームを考えた場合、現実的にデリバティブが消滅してもそのまま継続できるのかという問題があり、デリバティブが消滅してもそのまま継続する場合には会計処理的にも簡単にクリアできるハードルではないでしょう。このためここでは期待マチュリティーが正解という考え方にしています。

　どのベースで考えるかに関しては、QIS上においても完全に整理できていない印象があります。後述するデリバティブ関連項目のところでは、オプション系はIn the moneyかどうかをもって判定するという話がある一方、当該項目では償還オプションの保有者に視点を置いており、In the money判定は求めていないようにみえます。途中償還条項の内容に重点を置くのかデリバティブの評価に重点を置くのかの問題かもしれませんが、流動性リスク管理という点での一貫性に欠けており、自社で説明できる方法を選択するのがよいでしょう。

　この償還判定に関しては、既往の劣後負債に関しても社内で議論は必要です。途中償還条項が明確なデリバティブが付随するケースだけでなく、ステップアップ条項の判定をどうするかという点も問題になります。バーゼルⅢではステップアップ条項は資本性という点で厳しくなっているので、場合によってはステップアップの時点で償還させるという判断が起こりえます。自社の資本政策あるいはNSFR対策に関係してくる話なので、方針自体はもちろん社内議論の結果に従えばよいですが、IT要件定義という観点では、あらかじめステップアップ条項が付随しているものも識別できるようにしておくことがよいでしょう。このステップアップ条項については国内基準行でもありえます。

c 分割償還対応

　分割償還対応に関しては、まさかの落とし穴に陥らないようにする注意喚起項目です。債券や貸出では約定に従った分割償還や一部繰上償還等が起こりえます。規制値算出のためのデータ取得時に分割償還や一部繰上償還分をきちんと把握できているかは、なるべく早くテストを実施してデータ内容を確認しておくべきです。万一分割償還や一部繰上償還が識別できていないという場合には、膨大な作業が待ち受けることになります。分割償還に関してはそのスケジュールと金額をどこかで保持させることが必要です。一部繰上償還に関しては、事前に察知する必要もないので、確定した段階においてきちんと勘定系システム等に反映しているかを確認し、万一データを取得できないようであれば、IT対応できない間は取りまとめ部門からの報告が必要になります。

d デリバティブ関連項目

　実際のインパクトがどうかはさておき、流動性規制導入の原因となった項目なので、国内銀行にとってはかなり対応することがむずかしい項目となっています。この項目に対応するために、あらかじめ必要になるのはCSA契約内容の整理です。CSA契約が少なければ大きな障害にはならない項目ですが、世の中の方向性としては有担保化なので、現状仮にCSAがなかったとしても、将来を見据えてCSA整理を心がけておくことは重要です。またこの整理方法を間違えると、デリバティブ関連項目の資金流出および資金流入が正しく算出できないので、注意深くみていきましょう。CSAに関して規制値算出に関係してくる項目は以下のとおりです。当該項目に関してはCSAごとでの把握が必要である点に注意が必要です。

【デリバティブ取引に付随するCSAの注意項目】
・Threshold（信用極度額、閾値）
・Independent Amount（独立担保額）
・Minimum Transfer Amount（最低引渡担保額）

・適格担保の種類および掛け目
・担保評価タイミングおよび受渡しタイミング
・ネッティングに関する項目

　Thresholdに関しては取引当事者の格付に応じて変化することが一般的であり、しかも将来的な方向性としては徐々になくなっていくと考えられるものですが、簡単にいってしまえばデリバティブ取引によって生じる評価損益に関して無担保でカバーされる枠という位置づけです。デリバティブの資金流出・資金流入を算出する事前準備として格付別マトリックスをデータ保持しておくことが必要になります。

　Independent AmountはThresholdとは別に、取引を行った場合に取引相手方に求めるもので、イニシャル・マージンと呼ばれることもあります。これによって必要担保額は次のようになります。

　　必要担保額＝取引相手方に対するエクスポージャー＋相手方に適用されるIndependent Amount－自社に適用されるIndependent Amount－相手方に適用されるThreshold

　次に実際の担保授受に関係してくるのがMinimum Transfer Amountの概念です。追加担保差入れに必要な額とこのMinimum Transfer Amountを比較して、所要差入担保額のほうが小さければ実際の担保授受は行わないというものです。

　　差入担保額＝必要担保額－保有担保額
　　ただし、差入担保額＜Minimum Transfer Amountの場合は担保授受なし

　担保評価タイミングおよび受渡しタイミングに関しては、実務上の管理として必要な項目であり、厳密には30日以内の判定に関係するともいえますが、規制値算出に関してはあまり重要ではありません。流動性リスク管理（担保管理を含む）という点できちんと管理すべき事項として記述しています。ネッティングに関してはLCR等の算出においてグロス計算するかどうかの判断材料になりますので、この項目はきちんとふまえる必要があります。

CSAの整理ができていないケースも想定されるので、これを契機に行っておくことは今後の管理において意味はあるでしょう。

このCSA管理がクリアできたら、CSA整理の段階で3ノッチの格下げに関しては対応できるはずです。ただしここまでの段階ではOTCデリバティブのCSAありの部分だけですから、上場取引に関する差入証拠金等に関しても事前整理として確認しておくことは重要です。これらができてはじめて追加担保差入れの必要性が生じているか、所要担保額と実際の担保額との差額がどうなのかという判定を行って数字を盛り込むことが必要になります。なお当然ではありますが、デリバティブの時価算出が自社でできることが前提条件ですから、デリバティブの時価情報も規制値算出用としてデータ取得しておく必要があります。

デリバティブ関連項目では、担保に関する移動に関しては上記のとおりですが、実際の資金受渡しに関する判定も必要です。その際オプション系取引に関しての判定において示されているのがIn the moneyかどうかによる識別です。確定キャッシュフローでの判定であればデータ取得は容易ですが、このIn the money判定が必要となるとIT要件定義は避けて通れません。そこでどう対処するかの方法を考えてみましょう。

【In the money判定対応策の検討】
・ストライクプライスと原資産価格の比較をする方法(本源的価値(Intrinsic Value)が0超)
・Delta(デルタ)値を使って判定する方法(絶対値ベースで0.5超)

そもそもどちらの方法が正解かという前に、どのようなデリバティブ取引が存在しており、管理システムにおいてどのようなリスク管理指標を算出できているのかを知っておく必要があります。オプション取引においてディーラーがデルタヘッジを考えないことはありえないので、各取引実施においてデルタは必ずどこかで把握できているはずです。問題はそのデルタ値をどうやって取得するのかです。

本来市場リスク計測においてグリッドセンシティビティーはわかっているはずで、イールドカーブ等のパラレルシフトによる影響度は計測しているはずです。その際にオプション系ポジションがどれくらいの元本に換算されているのかがデルタ値という言い方ができるので、想定元本と換算元本がわかっていればデルタ値で代替できるはずです（だからこそ、オプションの教科書ではデルタは行使確率と解釈されています）。ただし非線形オプションが内包されるような複雑な商品であるがゆえに、システム入力上複数に分けられていて、正しいデルタ値が算出できないとなると追加的な対応が必要です。

　逆にストライクプライスと原資産価格を比較する方法は、理屈のうえでは複雑ではありませんが、取得すべき情報量が膨大になります。オプション系取引ごとでストライクプライスと原資産価格の情報が必要になり、そのうえで判定式に入れ込んで判定（プットとコールではどちらが大きいかが逆になるため）することになるので、IT的には一手間加わるかたちになります。判定式自体は複雑ではないので、使用しているデリバティブ管理システムの情報次第で結論が出てくると考えられます。デリバティブ管理システムでデルタ値が出せるようであれば本源的価値も出せると推測できるので、どちらを使用してもかまいません。

　当該項目の最後の難関は「時価変動に伴う流動性需要の増加」における事項です。基準時時点で将来の変動を見通すことは不可能であることから、過去24カ月さかのぼって30日間に実現した正味フローの最大値（絶対値ベース）を算出することが求められています。つまり各月末時点を基準としてそれぞれ30日分の担保の正味フローを算出するMoving Window方式による計算ということですが、2015年の本格導入時には2013年からのデータが必要ということになるので、ヒストリカルデータとして蓄積しておくことが必要になります。実現したものの最大値（絶対値）なので、24カ月分のデータさえあればIT要件定義的には絶対値にして最大値を拾うだけなのでむずかしくはないでしょう。

e　与信・流動性ファシリティ関連、偶発債務関連

　第3章で説明したとおり、流動性ファシリティに関しては「30日以内に償還されるコマーシャルペーパー等のバックアップライン」に限定されています。このため与信ファシリティと流動性ファシリティに関しての識別は必要ながら、識別行為自体はそれほどむずかしくはないと思われますが、その他偶発債務項目において「取消可能なファシリティ」という概念が出てくるので、この点においてどう処理するかの社内ルール決めが必要です。コミットメントという概念はまずコミットメントフィーの授受があるかどうかが1つの判断基準と考えられるので、(現実的にはコミットメントフィーの授受がありながら無条件の解約条項を契約に盛り込んでいるケースはきわめて少ないと思われますが)コミットメントライン契約の内容を再確認する必要があります。今後盛り込まれる可能性があるという判断であれば、IT面としてもフラグ設定等の対応が必要になります。アンコミットメントの場合にはそもそも契約書がない場合も想定されるので、契約書がないアンコミットメントの概念整理に関しても社内で決めておく必要がありますが、IT面としては拾えるものを拾う以外には手補正とならざるをえないでしょう。

　この項目で重要なのは設定先名の識別と枠空き部分の把握になります。設定先名に関しては健全性監督対象行というのがあるため、本章ですでに説明した業種・銘柄判定の内容で識別されていれば問題はないでしょう。枠空き部分に関しては規制値算出用データ取得時に「枠空き部分」として取得することができない場合には、必然的に「設定枠－実行額」を算出するようなかたちでIT対応する必要があります。なお、ファシリティに適格流動資産である担保が供されていて、その担保が再利用可能であれば、あらかじめ相殺することが可能になります。

　その他契約上の義務ならびに偶発債務関連項目に関しては、まずは社内ルールを決めることが必要で、IT面としてはそれを待って必要に応じて対応することになります。最悪でもすべて手入力での対応も覚悟すれば何もしないという判断もあるでしょう。強いていえば買入れ消却等のヒストリカルデータ等は必要なので、実績値を残しておくことが重要です。

f　マッチド・ブック対応

　マッチド・ブックそのものは、証券の空売りに対してリバース・レポ等の証券受取りによってカバーされているという概念で規制値算出上相殺するというもので、担保付貸出による資金流入項目ですが、どうやってマッチング判定するのかが鍵になります。システム入力上において一連の取引として識別可能な状況になっていれば問題ありませんが、識別不可能な状態にある場合、将来も見据えながら対応することが必要です。

　この件に限らず、取引のマッチングという点ではさまざまな観点があります。ALM上の資産と負債のマッチング、貸出取引とデリバティブ取引のマッチング等、ポジション運営上の観点と会計処理上の観点があります。特にIFRS適用となった場合、デリバティブが付随しているような取引は一体処理として評価するケースが出てくるので、マッチング全体がどうあるべきかを考えて対処しておくほうがより効率的になります。

　そこで本件に関しては、流動性規制対策としてインターフェイス等で対応するのではなく、もともと管理しているシステムの改良という観点で対応するべきでしょう。会計処理も含めて一連の取引として管理することがより効率的であると考えられるので、紐付作業のみを外出ししても誤解等によってミスが発生する可能性があるので、既往取引に関してはいったん入念なチェックのもとで紐付けしていくことは避けられませんが、以降の新規取引に関しては入力時にチェックがかかるので、間違いは生じにくいと考えられます。

　マッチド・ブックの概念に関しては日ずれに関しての解釈論があり、現実的には国内と海外での取引であるがゆえにずれてしまう可能性もあるので、日ずれなしの完全マッチングという条件をつけてしまうと間違った結果を生む可能性があります。これを回避するにはシステム入力上の紐付け以外はかなりむずかしいと考えられます。1日はよいが7日間は不可というような条件をつけるのもどこが適正かということは断定できないので、取引を入力する際に特定する以外はむずかしいでしょう。

g　カウンターパーティーからの資金流入での償還判定

　カウンターパーティーからの資金流入において、貸出や有価証券等の償還判定も本来は必要になります。しかしこれは第3章でも説明したとおり、仮にデリバティブが付随している仕組債等を例にすると、スキーム上行使確率を算出するには発行コストとデリバティブを分解して判定する必要があります。現実的にはこれは当該スキームにおける発行体（もしくはアレンジャー）しかわからない話であり、投資家側では判定不能になります。したがって、資金流入項目である以上、確定していない早期償還を織り込むことには無理があり、確定段階で織り込むかたち以外にありえません。

h　その他項目

　LCRの担保交換やNSFRに関しては、IT要件定義面においては本書では特にこれまで記述はしておりません。担保交換を管理しているシステムが保持しているデータ内容次第で対処すれば問題ないと考えています。NSFRに関してもLCRにおける定義に従うことが多いので、処分上の制約あり／なしの解釈論が重要という考え方をしています。

　モニタリング項目に関しても同様で、たとえば調達先リスク作成等の作業はIT対応が必要でしょうが、要件定義自体は複雑とは思えません。それよりも自社の流動性リスク管理を今後どのようにしたいのかをきちんと考え、必要に応じて開発していけばよいと思います。なお、シミュレーション機能に関してもIT対応は必要だと思われますが、具体的なシミュレーション方法に関しては第5章で詳述します。

4　IT対応におけるその他留意点等

　これまで説明してきた以外に重要な点とは何でしょうか？　それはどのように規制値を算出するのかという連結対策という点です。これまでも触れてきましたが、データ集積方式とデータ合算方式に関するそれぞれの留意点と、海外拠点での独自規制があった場合の対応策について補足をしていきま

す。

　念のためもう一度きちんと整理しましょう。データ集積方式は、親会社（中核会社）がグループ内データを一気に集めて規制値を算出する方法、データ合算方式は、グループ内各社がそれぞれテンプレートを埋め、内部取引等を考慮して親会社に提出し最終的に監督当局に提出できるようにするというものです。

　まずデータ集積方式ですが、IT的に考えると、同じ取引種目を異なるかたちでデータ取得する可能性があります。わかりやすくいえば、「中核会社では時価情報はついているが格付情報はついていない、子会社では時価情報はないが格付情報はある」というような、データ内容に相違点が出てくるということです。つまりデータ集積時点では完全に次の段階へいけるかたちで整備されておらず、なんらかの補正をしないとデータ品質が完全にならないということが起こりうるということです。これは使用システムがグループ内全体で同等にならない限りは必ず発生することになるので、どの段階できちんとしたデータ整備をするのかが問題です。

　また、証券会社や信託銀行といった業態が異なるということから、中核会社では起こりえない勘定科目（取引内容）が存在することもあります。つまりデータ集積時にはグループ内すべての取引内容を把握したうえで、どのようにデータを保持するのかを考えないといけません。本来は名寄せ作業も必要となるなかで、コンプライアンス的に問題がないかたちでグループ内での授受が可能かどうかということも事前に確認が必要です。とにかく中核会社にはとてつもないデータ量が集積することになるので、取りまとめ担当者が全容を把握できるのかといわれればまず不可能でしょう。正確な数値は本来データ集積方式でなければ無理に思えますが、グループ内でのデータ授受まで考えると業務効率上はよくないという意見も出てくるでしょう。しかし規制値対策において究極的に効率を上げられるとすれば、この方法で常にシミュレーションができるくらいにIT対応しておくということであり、HQLAが不足しているのがわかった段階で追加オペレーションによる規制値引上げが可能になります。

一方データ合算方式に関しては、それぞれが使っているシステムからデータ取得するので、それぞれの会社においてグループ方針には矛盾していないと解釈できれば、独自でテンプレートに入力していくことは問題ないように思えます。しかし定義自体はグループ内であらかじめ統一化しておくことは当然必要なので、解釈論については十分な意思疎通は行うべきです。データ合算方式に関してはすでに説明したとおり、内部取引として相殺するべきものが相殺されないことが最大の留意点になります。また換算為替レートの問題や会計カットオフ等に関してグループ内統一ルールが必要になります。通貨別LCRに関しても、単純に入力済テンプレートを中核会社へ渡すだけでは正しくはなく、外貨部分に関しては内容が把握できる状態で中核会社に渡す必要があります。いずれにしろ事後的なデータ取得ということなので、事前把握することは不可能になりますから、その分余計にバッファーを保有する必要が出てきます。

　各国独自規制対応に関しては、データ集積方式であってもデータ合算方式であっても、どの部分が規制値算出において影響があるのかを特定する必要があり、いずれの方法であっても①あらかじめフラグ等で算出対象外として識別できるように渡す、②最初から渡さないことにする、③移動可能な分だけを子会社で算出して中核会社に渡す、といった工夫が必要です。独自規制内容もふまえての話なので、絶対的なことは決められず、しかも後日新たに追加される国が出てくる可能性もありますので、個別対応の色彩が強いのです。事前調査の段階で、各海外拠点と本国との資金移動が可能かどうかといったことは把握しておくことは重要であり、海外拠点の不足が発生した場合の本国による支援方法等も決めておく必要はありますが、IT面としての各国独自規制対策は十分その必要性を吟味して決定していくべきでしょう。結局は通貨別LCR対策と類似した部分がありますので、同様の考え方で対処することが望ましいと思われます。

第 5 章

流動性規制と
コーポレートガバナンス

これまでバーゼルⅢ流動性規制に関する規制値算出までに必要なことを説明してきましたが、この章では2015年の段階適用までに対応するIT要件定義とは別に整備すべき社内統制面について説明していきます。2015年までに完了することが理想ではありますが、現実的には流動性リスク管理も徐々に水準が上がっていくことを考えると、数年間にわたって流動性リスク管理と同じ歩調で改善していくべきものと考えられます。

1 連結規制として求められる社内統制

すでにご承知のとおり、バーゼルⅢは連結規制として導入されるものであるため、対策を講じることも連結ベースで考えなくてはなりません。連結ベースで物事を考えるということは基本的に2つの方法が考えられます。

【連結対策における基本的な考え方】
① 中核会社が中心的役割として、ほぼ全面的に対応する
② グループ会社がそれぞれの役割を認識したうえで個別に対応する

上記①と②のどちらの方法を採用するかについては、連結対象のなかでの中核会社の比重がどの程度のものなのかに依存します。バーゼルⅢは銀行規制であるため、一般的には銀行もしくは銀行持株会社が中核であることは疑いようもなく（一部インベストメントバンクの場合は証券会社の可能性あり）、①と②のどちらが効率的なのかは個社事情によることになります。

①の方法を採用する場合、規制値算出に関してはデータ集積方法に近い状態にあり、グループ内における社内統制能力に関しても圧倒的に中核会社が高いと考えられるため、グループ全体の統制を定める場合においても中核会社主導です。中核会社主導ということは、場合によっては規制値クリアをするのは全面的に中核会社が責任をもつということにもなりかねません。つまり子会社群に対して特に流動性バッファー保有等を求めず、中核会社が子会社分も考慮して保有するというような考え方になります。銀行とそれ以外の

グループ会社におけるグループ全体の収益貢献度等にもよりますが、グループ内管理会計等の検討も必要になってきます。規制値算出の作業負荷、所要バッファー保有コスト等が管理会計上もしくは手数料等で考慮されるということになりますが、別途グループ内の各会社の収益力が極端に低いと、将来的には最悪持ち株の強制評価損計上のようなかたちにもなりかねないので、単純な管理会計や手数料導入では失敗する可能性があります。グループ内の収益力格差については規模の経済性の問題も内包しているので、コスト配分的な発想までグループ内に求めることには十分な意見交換が必要となります。

②の方法を採用する場合、規制値算出に関してはデータ合算方式が採用されていると考えられ、グループ内における社内統制能力も特に大きな違いはない水準であると考えられます。つまり規制値算出に関しても、グループ内算出ルールさえきちんと決まっていれば、各社が個別で算出できる業務処理能力を保有しており、対策に関する執行オペレーションが必要になる場合でも、それぞれが独自に執行する能力もあると考えられます。しかし逆にそれぞれが業務処理能力を保有しているため、全体を見渡すことができる機能が弱いと、グループ内各社が独自規制値クリアに動くことでかえってグループ全体の統制がむずかしくなります。わかりやすくいえば、LCRにおいてすでにグループ全体としてはInflowが上限に達しているのに、独自クリアを目指すためにInflowをふやすグループ内のある企業が出てくる可能性があるということです。当然その場合はグループ全体として何の意味もないという結果になりかねず、万一調達した分がその他資産になるようであれば完全にグループ統制としては失敗です。連結規制対策としてクリアするためにグループ内各社の単体ベースLCRのノルマを課していると、単体ノルマ達成のために逆にグループ全体のLCRにおいて、まったく無意味なオペレーションが発生しうるということを考えて対策を練る必要があります。少し図式化して考えてみましょう。

図表5－1では、ストレス発生時におけるオペレーション実施判断プロセスを示しています。ストレス事象が確認された段階で（暫定的であるとして

第5章　流動性規制とコーポレートガバナンス

も）LCR等を算出できる環境が整っているとしたら、資金不足と規制値算出対策で効果を事前に理解したうえで執行オペレーション内容を確定できますが、規制値算出が事後的でしか把握できないとなると、資金不足に対する調達オペレーションをまず実施しますが、その結果規制値クリアが約束されているとは限らないという問題が起こります。ストレス認識がどのタイミングかにもよりますが、仮に基準日に近ければ近いほど、規制値達成のための再オペレーションはむずかしくなるので、未達確定となるリスクが高まることになります。こうした意味では、規制値算出がリアルタイムでの把握を目指すか、余剰バッファーを用意しておくことが必要になるのです。

では、①の方法や②の方法において、中核企業がなすべき役割について考えましょう。規制値算出までの必要な作業に関してはどちらも特に大きな違いはなく、強力なコントロールタワーとしてIT対応等に中心的役割を果たすのみです。しかし規制値算出が本格導入された後に関しては、①と②では自らが執行を行うのか、執行指示を出す立場になるのかという違いがあります。自ら執行を行う立場においては、その中核会社はこれまでの執行権限において大きな変更はないでしょう。その他グループ内企業における各種社内ルールの見直しを指導するという立場になり、自社ルールは大きな変更なしという結論が出てくるはずです。一方、執行指示を出すという立場では、逆にいえばグループ内の各社の規制値に対する算出値についての責任をどうす

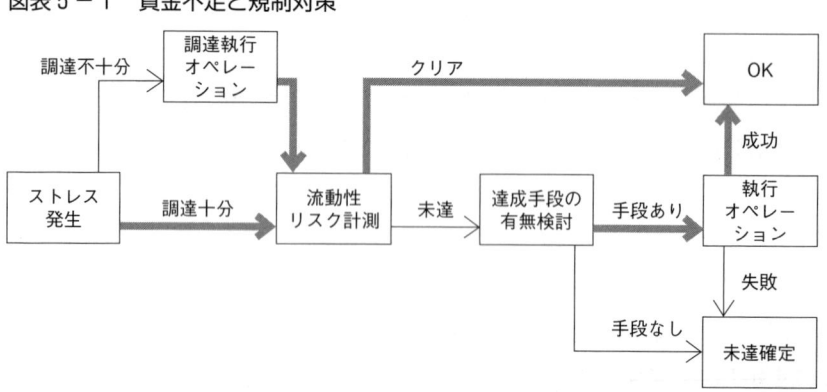

図表5-1　資金不足と規制対策

るのかから考えなければなりません。前述のとおり、グループ内のある企業が勝手な調達をし、別のグループ内企業が「余裕があるから」とレベル１資産からレベル２Ｂ資産やその他資産へのシフトをしていると、グループ全体の規制値は悪化する結果を招きます。つまり「グループ内個別企業における規制値対応よりも、グループ全体の規制値対応を優先する」というグループ内ルールを強制できる統制能力が必要なのです。こちらに関しても図式化して考えてみましょう。

　図表５－２では、グループにおけるコントロールタワー（中核会社）がリーダーシップをとらないとどうなるかを理解するうえで、各ステップ別にフローチャート化しています。ストレス発生時にコントロールタワーからグループ内各社に対して適切な指示が行われていれば、太線に従って最終的にはOKゾーンに到達することになりますが、適切な指示がないと細線に従って子会社が資金不足対応と単体LCR等の規制値クリアに動くので、結果的にコントロールタワーに報告したときに「余計なことをしてくれた」ということが起こりえます。するとグループ全体としては完全に仕切り直しのようになり、先ほどのケースと同様、ストレス事象を確認してから基準日までの時間がないほど窮地に立たされることになります。つまりデータ合算方式の場合については、単純に規制値を算出するための作業であり、グループ内統制

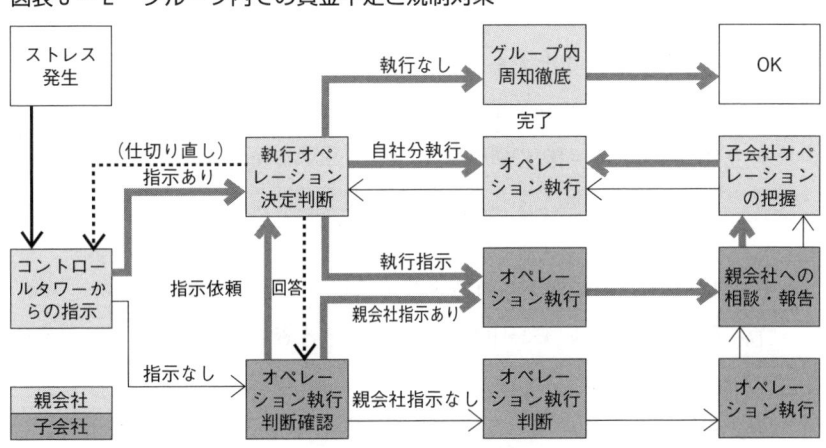

図表５－２　グループ内での資金不足と規制対策

とは別の話としてきちんとルール化させる必要があります。

　規制値対応の執行オペレーションに関する権限についても考える必要があります。グループ内の全体統制に関して、コントロールタワーから全グループ内企業へ指示を出せる方法を採用するのか、グループ内の特定の企業へオペレーションを集約するのかによってさらに場合分けされます。メガバンクグループのように、持ち株会社があり、持ち株会社の下にある銀行にオペレーション執行を集約するのかどうかというようなケースでの判断です。

　常識的に考えて、コール市場による円資金調達や外貨調達に関しては、グループ全体として考えた場合、銀行が集約する方法が最もコスト効率がよいと考えられます。市場性資金調達に関しては銀行とそれ以外ではやはり信用力が違うと考えている市場参加者が多く、クレジットライン設定に関しても銀行に対して設定されている枠が最も大きいと推測されます。したがって、流動性対策という点で「資金調達を実施する」ということに関しては「グループを代表して銀行に集約して実施する」というかたちが、特に銀行固有の問題でも生じていない限り、効率がよい方法といえるでしょう。外貨調達に関しても銀行が圧倒的に優位にあると考えられるので、こちらについても議論の余地なしと思われます。

　では資金調達ではなく、規制値をクリアするという観点で考えましょう。規制値がクリアできないという理由を考えなければなりません。ネックとなっているのが分子項目なのか分母項目なのかを見極めたうえでInflowをふやせば問題ないということであれば前述の資金不足の状況における対策と同じ話になります。しかし分子項目である場合はそう簡単な話ではなく、何が必要かつ有効な方法なのかの答えをもっておくことが重要です。

　そこでLCRの構成要素をふまえ、比率を向上させる方法を考えましょう。

【LCR向上のために考えられる主なオペレーション内容】
① 資産項目において、HQLAに計上できる資産へシフトする等の質的向上を実施する
② 30日超の資金調達をし、HQLAに計上できる資産（現金を含む）に

しておく（①②ともにHQLAに係る算入上限等は考慮）
③　コミットメントラインを含めた貸出資産の圧縮

　上記のオペレーション内容をふまえると、①と②は比較的オペレーションの自由度があり、HQLAを増加させる、もしくはInflowを増加させるということになります。ただし②のケースではInflowのみを増加させたとしても、Outflowがとても大きい状態においては、分母項目がOutflow×0.25が適用されて無意味になる可能性があります。したがって、Inflow増加というだけではなく、必ずHQLA資産、特にレベル1資産にしておくことに意味があります。

　これに対して③はOutflow圧縮策ということなので、実現できればもちろんLCRを向上させることにはなりますが、現実的にOutflowを減少させるオペレーションには時間を要するか、なんらかの業務に支障をきたすため、実現可能性は低いと考えるべきです。

　こうして順を追って考えていくと、①のHQLAの質的向上に関しては、話がやや極端ではあっても、債券部門だけでも実現できる話でもあり、グループ各社に分担することも可能です。換金性が低い資産を単純売却することは、そこでその他資産へ再投資されない限りはLCRを向上させるので、中長期ビジョンであれ、短期ビジョンであれ、いつでも対応できるよう準備しておくべき内容です。ただし質的向上に関しては、場合によってはグループ内の証券会社の業者業務を否定することになりかねず、ビジネスモデルとしての影響度は考慮しておく必要はあります。②に関しても銀行だけができるというものではないので、こちらもグループ各社に分担することが可能です。しかも即効性があるオペレーション内容なので、注意すべきは「気づかぬうちにその他資産になっている」という1点です。③に関しては即効性という観点で実現可能性が低いということは、もともと中長期ビジョンの経営課題としてとらえておくかどうかです。

　具体的なオペレーション内容を想像することで、中核会社とその他グループ会社の立ち位置はわかりやすくなります。しかし中核会社に的確な情報が

第5章　流動性規制とコーポレートガバナンス　147

入っていて、正しく執行を指示できるということができる前提で考えなくてはなりません。流動性規制対策としては、結局どのようなオペレーションを行っても規制値に影響を与えると考えられるので、グループ各社に執行オペレーションを自由にさせておくということによって規制値統制がむずかしくなることは間違いありません。しかしグループ各社のそれぞれの業界地位等が高ければ、中核会社という立場であってもグループ他社の独立性には配慮する必要もあり、中核会社による強制執行権までもたせるには無理があるでしょう。中核会社をリーダーとして、グループ内各社のオペレーション実施可能内容や、具体的な執行権限を確認して、グループ全体としてつじつまがあう執行権限を付与しておくことが今後求められます。

　実際の組織体制という観点について少し触れておきましょう。ここでは流動性リスク計測というよりも流動性規制対策の観点に着目して考えてみます。

　データ集積方式では、中核会社が銀行と考えられるので、グループ内各社に対して指示を行うことをはじめとする、中核会社完全主導のかたちとなります（図表5-3参照）。LCR等の規制値も基本的には中核会社がデータをもっているので、中核会社が必要な対策も講じることになります。統制レベルに関しては中核会社とその他グループ各社では水準が違うことが想定されるため、ストレス時においてはグループ内各社に対して「基本的には何もするな」という色彩が強くなり、グループ内の資金融通が必要な場合は中核会社が面倒をみることになります。

　一方データ合算方式においては、グループ内各社における統制水準も相応に認められるため、グループ内でストレス時対策をあらかじめ決めておく必要があります。図表5-4においては、必要な執行オペレーションは銀行に集約することを想定しており、指示系統は中核会社（持ち株会社）、執行オペレーションは中核銀行という役割分担をイメージしています。

　中核会社（持ち株会社）の役割は、資本政策を含めた業務計画策定や逼迫度区分のグループ内統一というところから始まりますが、中核会社（持ち株会社）のなかでも財務企画部門とリスク管理部門で役割分担が必要です。財

図表5−3　データ集積方式における各部門の役割

〈中核会社〉

【財務企画部門】
・グループおよび中核会社における業務計画策定
・格外機関対応
・グループ内資金融通方法等の検討および策定

【リスク管理部門】
・逼迫度区分の決定およびグループ内周知徹底
・規制値算出（連結ベース）
・流動性リスク管理に係る各種モニタリング等

【執行部門】
・資金調達や資金運用の執行
・有価証券売買取引や貸借取引の執行等
・クレジットラインの維持や拡大の交渉等

〈グループ内各社〉

【財務企画部門】
・自社業務計画算定
・格付機関対応

【リスク管理部門】
・自社における逼迫度区分の決定（中核会社と原則同じ）
・自社流動性リスク管理に係る各種モニタリング等

【執行部門】
・ストレス時における執行の停止

基本的には中核会社があらゆる面で中核をなし、規制値算出および維持に関しても中核会社が対応する

務企画部門はあくまで戦略を練ることが中心であり、リスク管理部門は計測値をモニタリングしていくことに比重がかかります。中核銀行においても中核会社（持ち株会社）と同じような名称の部署が存在しますが、基本的には単体ベースにおける同じような役割を果たすことが中心になります。執行部門に関しては、必要な執行を銀行に集約させることを想定しているため、銀行がグループ全体に関する部分を担い、その他グループ会社の執行部門はあくまで単体LCR等の数値を維持する範囲内ということになり、HQLAの質的変化（レベル2からレベル1への変更等）による向上や、Inflowをふやすオペレーション以外は制限されることになります。

　こうした役割分担に関しては、規制の本格稼働前に十分グループ内で意見交換をしておくべきであり、役割分担だけでなく情報ルートも確立させてお

図表5-4 データ合算方式における各部門の役割

〈中核会社（持ち株会社）〉
- 【財務企画部門】
  - グループおよび中核会社における業務計画策定
  - 格外機関対応
  - 連結規制対応のための各種指示
- 【リスク管理部門】
  - 逼迫度区分の決定およびグループ内周知徹底
  - 規制値算出（連結ベース）
  - グループ内各社規制値の策定および周知徹底
  - 流動性リスク管理に係る各種モニタリング等

〈中核銀行〉
- 【財務企画部門】
  - 自社業務計画算定
  - 格付機関対応
  - グループ内資金融通方法等の検討および策定
- 【リスク管理部門】
  - 自社における逼迫度区分の決定（中核会社と原則同じ）
  - 自社流動性リスク管理に係る各種モニタリング等
  - 規制値算出（単体ベース）
- 【執行部門】
  - 資金調達や資金運用の執行
  - 有価証券売買取引や貸借取引の執行等
  - クレジットラインの維持や拡大の交渉等

〈その他グループ各社〉
- 【財務企画部門】
  - 自社業務計画算定
  - 格付機関対応
- 【リスク管理部門】
  - 自社における逼迫度区分の決定（中核会社と原則同じ）
  - 自社流動性リスク管理に係る各種モニタリング等
  - 規制値算出（単体ベース）
- 【執行部門】
  - 資金調達や資金運用の執行
  - 有価証券売買取引や貸借取引の執行等
  - クレジットラインの維持や拡大の交渉等
  - ストレス時は単体規制値の範囲内で執行可能

ストレス発生時には情報ルートの簡略化と執行の一元化を図り、中核会社は全体統制、中核銀行がオペレーションの執行、その他各社は単体ベースの規制値の範囲内にて業務運営を継続する

くべきでしょう。金融検査マニュアルでは、リスク管理部門と執行部門の相互牽制という概念もあるため（第6章参照）、財務企画部門に資金繰り調整機能をもたせている場合には、どのようなかたちで牽制機能をもたせるのかも考慮するべきです。

2 子会社等における自国規制対応

国内に中核会社がある国内金融機関にとって、統制を図りにくい1つの要因が「子会社等の海外拠点が存在する国における独自規制」の内容です。海外の金融規制関連としては、国内金融機関の拠点が多い米国や英国等が特に影響度が大きいと考えられますが、バーゼルⅢにおいては各国裁量が認められている規制なので、各国裁量部分が反映される国が多くなるほど、国内金融機関のグループ統制はむずかしくなり、国内金融機関の海外拠点の運営もむずかしくなることは間違いありません。

各国規制の内容についてはもちろん各国すべて事情が異なるので、鉄則めいた解決策はなく、それぞれに対してどう対処するのかがポイントとなります。特にバーゼルⅢに基づいた数値水準を高くするような規制強化であればまだ対処方法もあるかもしれませんが、バーゼルⅢとは相違点がある規制ということになると、その規制に対する特別な対策を検討することが必要となり、そしてその分だけ業務効率性も悪化することが予想されます。バーゼルⅢの内容で十分だと考えられる場合は、各国裁量としての数値変更のみで対応できるため、バーゼルⅢだけでは網羅できないなんらかのリスクがあるために独自規制が導入されると考えるべきで、バーゼルⅢよりもきつい規制となる可能性が高いと考えられるためです。

各国の独自規制が導入されることの意味の最も端的な例は「より多くの流動性バッファーを必要とする」ということです。自国の市場環境や法規制等を考慮して特別ルールをつくっているので、当該国においていったん完結させる必要が出てきます。流動性バッファーなのか、通貨なのか、それ以外のことかはもちろん規制内容次第ではありますが、導入される規制としては以

下の内容が考えられます。

【各国規制として考えられる要素】
① モニタリング強化に伴う業務負荷増加
② 具体的な流動性バッファー積増し
③ 当該国通貨ベースでの規制値クリア
④ 各規制内容の算出ルールの厳格化

　①は具体的な規制対策を強化するというよりも、監督面として強固な体制を当該国が導入するというものです。強固な監督体制を考える場合、モニタリング内容や頻度を高度なものにする方法と、具体的な規制値のクリア水準をより高いものにする方法のどちらかです。監督内容が高度になることで、報告頻度や報告内容がより細かく監督されるため、作業負荷が極端にふえることが予想され、人員がもともと最低限しかいない場合には人員確保から考えなければなりません。

　②は前述の規制値のクリア水準を高くする方法です。ただし単純にクリア水準を高くすることは、HQLA保有負担はあっても、①のような業務負荷要素はほとんどありません。バーゼルⅢの各国裁量導入に近いかたちであれば、新たな作業負荷は発生しないので、バーゼルⅢ対策という点では新たな追加項目は出てこないと考えられます。ただしHQLAの他国への移動に関して制限を受ける場合には注意が必要です。

　③は当該国がどのような国なのかによって違いが出てきます。バーゼルⅢ流動性規制のモニタリング項目に関しては通貨別LCRという概念がありますが、ここで想定するのは通貨別LCRが当該国通貨上必須条件とされることを想定したものです。通貨危機はどの通貨であっても発生する可能性はあるので、総負債の5％という要件に関係なく、当該国通貨に関するLCRを必ずクリアせよという規制が出てくることは十分考えられます。第2章でも触れましたが、現状行われている流動性リスク管理が、「主要国通貨＋その他通貨」というかたちであると、その他通貨ベースでの流動性バッファー積増し

になるようなケースが出てくるため、円と主要通貨で流動性バッファーを保有していればよいという考え方が通用しなくなり、当該国通貨で完全クリアを目指すことが求められることになるでしょう。

④に関しても内容次第ではあるものの、こちらは業務負荷もかかれば追加的なバッファーも必要になるかもしれません。算出基準が厳しいということは内容吟味にも時間がかかることになり、対策も打ちにくいものになりやすいでしょう。LCRが現段階でも複雑すぎる内容ですから、これ以上複雑化することは逆に本質を見つけにくくするため、監督当局という立場で考えると決して賢い選択とはいえない部分があると思います。

いずれの方法であれ、国内金融機関グループにおける中核会社として対策を講じるとすれば、「通貨別LCR対策を十分行い、しかも通貨同士の交換に関しても一定のルールを導入しておく」ということでしょう。「その他通貨の資産は主要通貨の負債項目の穴埋めには使えない」というようなルールを適用させておくということです。もちろんこれを実施すると、流動性バッファー全体としては、自由に穴埋めできる前提よりも多くを必要とすることになりますが、各国規制が導入された際には対処しやすくなります。対策が後手になることよりは先手を打つことがリスク管理上は重要なので、具体的なバッファーを用意するタイミングはともかく、リスク管理上は通貨別LCRの発想をなるべく早く持ち合わせておくことは重要です。

3　CFPの見直し

第2章ではCFP導入までの流れを説明しましたが、前述のとおり、実際の定期的に行われているテストの実効性という点ではクリアしがたい問題が生じます。しかしCFPとそれ以外の流動性リスク管理関連規定の内容次第ではありますが、なんらかの社内規定等においてより実効性を高めることは可能と考えられます。そこで必要になってくるのがCFPの見直し（および流動性リスク関連規程見直しを含む）です。

本章でも解説しているとおり、CFPの実効性を高めるためには、まずグ

ループ内全体の統制ルールから考えていく必要があります。グループ内全体の統制方法とグループ内各社の統制ルールにつながりがないものになっていると、当然その実効性は失われ、緊急時にはまったく機能しない内容になってしまいます。またグループ内全体での対策も、銀行集約方式か各社分散方式かによっても盛り込まれるべき内容が異なってくるため、まずは根幹をきちんとしたうえで末端まで網羅していく方法が自然でしょう。こうした整理に関しては流動性規制の本格稼働前にグループ内で意見交換をしておくことが重要であり、グループ内各社で可能なオペレーションの確認、中核会社もしくは銀行にオペレーションを集約させるかどうかの方針決定等を行う必要があります。規制対応という点ではデータ集約方式かデータ合算方式かによっても考えるべきポイントに差が出てきますが、コーポレートガバナンスという観点においては話は別という考え方もできるので、グループ各社の単体規制対応をどうするのかという点よりもグループ全体の規制対応を当然優先するかたちを創造することが重要です。そこでまずは規程の位置関係と組織の位置関係から考えていきます。

(i) 各組織の役割

　グループ内の全体統制機能をもつのは当然中核会社と考えられ、その中核会社が流動性リスクに関する基礎データを保有もしくは共有しているはずです。グループ全体のコントロールタワーになりうるには本来流動性規制対策だけの話ではなく、資本規制やレバレッジ規制も含めて統制していることが重要であり、単純な流動性リスクだけの観点では十分とはいえません。したがってコントロールタワーとしては指令系統であるべき立場であって、流動性リスク計測を行っている部署でなければいけないというものではありません。流動性リスク計測に係る情報共有さえしっかりできていればよいとすると、指令系統として機能するべきセクションは、企画部門もしくはリスク管理部門に限定されます。この企画部門ないしはリスク管理部門には、しかるべき情報が必ず入っている必要があります。市場環境であったり、自社（もしくはグループ）クレジット情報であったり、資本調達を含む業務計画と収

益状況が把握できる前提が必要です。こうした状況把握できる情報集約に関しても当該コントロールタワーには必要であり、それが組織判断の材料となります。

　このコントロールタワーに適切な情報を入手させるには、当然各種執行オペレーション担当部門からの情報提供が必要です。また収益関連情報としては主計部門、顧客信用情報関連では審査部門からの情報提供等が必要であり、その意味ではリスク管理部門がコントロールタワーとなりうるのかは考えるべき問題です。ミドルオフィスがグループ全体の組織運営を決定するということに違和感があるほか、執行に対する相互牽制的な発想を考慮しても、コントロールタワーは企画部門としておくことがより現実的でしょう。そして次に、この企画部門がどの会議体において意思決定するのかを考えることに問題が移っていきます。

　一方フロント部門からの各種情報に関しては、企画部門に直接的に入っていくというのは若干無理があります。一義的にはリスク管理全般の話というよりもどのリスクに関する問題なのかということがテーマとなるため、フロント部門とミドル部門というかたちでの情報共有というのが常識的な発想であり、フロント部門から企画部門への情報提供が必要という状況は、逼迫度区分引下げ等が発生した以降になると考えられるでしょう。逼迫度区分引下げは必ずしも市場環境が引き金とは限らず、自社クレジット問題が引き金となる可能性もあるため、変化の原因を考えることも重要です。この変化の要因を事前に十分検討すれば、おのずと意思決定すべき会議体における参加メンバーがどの部署であるべきかという解答が導かれます。参加メンバーとその会議体が決定されれば、必然的に決定権限も決まっていくことになります。

(ⅱ)　指令系統

　中核会社でのコントロールタワーと、意思決定する会議体および決定権限が定まった前提で、次は指令系統について考えていきましょう。グループ内各社の情報共有において一般的に考えられるのは、同じ業務を行う部門同士

の情報共有であり、企画部門同士、市場部門同士、リスク管理部門同士というような情報共有です。グループ内で共有される情報のなかで重要なものに関しては、定期的に開催される各グループ会社内でのALM委員会やリスク管理委員会といった会議体で社内情報共有がなされ、必要に応じて自社としてなんらかの手立てを講じるかどうかを決定します。しかしいったん決定したグループ方針に関する周知徹底に関しては、子会社における自社の事情を超越するものになるため、(明らかに誤った結論であれば話は別ですが)原則としては従う以外に選択肢はありません。そのため、グループ内周知徹底を必要とする内容に関しては、中核会社のコントロールタワーになっている部門と同じ機能をもっている部門が自社内周知徹底させるのが自然でしょう。グループ内での複数ルートよりも自社内で一気に各部門へ広げるほうが間違いは少ないと考えられます。つまり情報を吸い上げる行為は複数ルートがよいのですが、決定事項の連絡は単一ルートとし、各グループ社内において一気に広げる方法であるべきということです。

　グループ内各社の情報をどうやって集約させるかという点と、グループ全体統制のための決定事項をどうやってグループ内各社に周知徹底するかという点で、どちらも同じルートで情報が伝わっていくことがスピード感として効率的といえます。ただしルートが多すぎるのも問題があり、多すぎれば情報が錯綜して緊急時に混乱をきたします。伝言ゲームの世界ですから、意思決定の伝達に関しては何をしても完璧ということはいえません。強いていえば、末端まで情報が浸透した後に、逆ルートで同じ情報がコントロールタワーに伝わるのかどうかを試すということは可能かもしれませんが、おそらくそれはテストプランに盛り込まれることはあっても、規程類に盛り込まれるべき話というほどではないでしょう。しかしながら、執行指示だけでは一方通行であり、執行結果がきちんと戻ってくることではじめて全体が機能する話ですから、各社の執行内容が再度コントロールタワーに戻ってきて、中核会社からの指示を子会社が了解したことを確認するかたちを想定しなければなりません。

(ⅲ) オペレーション

　CFPにおけるコントロールタワーと、開催される会議体メンバーと、情報伝達ルートが決まりましたので、いよいよ緊急時における具体的オペレーションになります。もともと会議体メンバーが確定しているということは、逆に考えると執行可能なオペレーションがみえているという考え方もできます。そもそも緊急時ということであれば、なんらかのストレスが複合的に発生していると考えられるので、可能な執行オペレーションは限定的です。緊急時ということは時間的制約もあるので、業務執行フローに時間がかかるような複雑なかたちは回避すべきです。シンプルな権限によるシンプルなフローが理想です。また、社内全体におけるコンティンジェンシー・プランが存在している場合は、CFPは資金調達面に限定されるので、コンティンジェンシー・プランとの整合性には注意が必要です。そのうえで、具体的に列挙されるオペレーション候補としては以下のようなものになります。

【CFPにおけるオペレーション】
① レポ取引等有担保調達の推進（市場性取引）
② コール取引等無担保調達の推進
③ コミットメントラインからの調達
④ 日銀ロンバート借入れの実施
⑤ 流動性バッファー取崩し（適格流動資産の換金）
⑥ 資産売却（固定性資産の換金）

　中核会社のコントロールタワーは適切な情報収集を行い、上記の内容について具体的執行が必要かどうかを判断し、グループ内各社に向けて執行を指示します。執行が銀行集約型であれば上記内容は基本的に銀行が行い、必要に応じて銀行からグループ内各社への与信として資金を配賦することになり、各社個別型であれば、中核会社のコントロールタワーが各社に対して、個別でどのオペレーションを執行するかの指示をしなければなりません。執行指示に関しては当然より具体的に行う必要があり、調達金額、担保使用の

可否、調達期間、達成時期等を明確にしなければなりません。執行指示の後には当然執行確認を実施する必要があり、不足があればさらに代替手段を検討する必要もあります。グループ内での情報に差が生じないようなかたちで、必ずコントロールタワーに集約させる必要があるでしょう。

　一方、第2章第3節で説明した「健全な流動性リスク管理及びその監督のための諸原則」の原則11に関しては、資金調達という観点で記載されており、資金調達だけでなくLCR等の規制値対応を含めるかどうかの判断もあります。これはリアルタイムで規制値算出ができていれば的確な指示を出すことが可能になりますが、現実的には事後的な把握と考えられるので、いかにして可及的すみやかに達成させるかを考えることになります。実際のところ、当然規制値が達成できないとなると風評リスクを含めて問題発生ととらえられますから、その影響を考慮して規制値対策をCFPに盛り込むこと自体には意味があります。しかし基準日時点前での把握とその対処をCFPに盛り込むのであれば有効ですが、基準日以降に発覚することへの対処ということであれば、最初から当局説明を含めたかたちでの選択の余地がないオペレーションになりますので、CFPに無理に盛り込んでも機能しない場合があります。緊急時を迎えた場合のオペレーションだけでなく、緊急時のなかでも最悪の状況を招かないようにすることもCFPとしては重要なので、有担保調達やコミットメントライン使用等で対処できないことがあれば、必然的に流動性バッファー取崩しや資産売却ということがスムーズに行えるということが理想です。その意味ではあらかじめKPI導入等によるアラームポイントを定めておき、そのアラームポイントに抵触した場合は流動性バッファー取崩しや資産売却を進めるというようなルール化が実際に機能するCFPとなるでしょう。

(ⅳ)　定期的なテストの実施

　定期的なテストの実施に関し、まずは「単体でのテスト実施ではなく、グループ全体によるテスト実施」が有効に機能するうえでの第一歩です。現状の国内金融機関におけるテストでは、そのほとんどが単体ベースでの実施に

なっている一方、規制自体は連結ベースなので、規制対策という観点においては不足しているといえます。たしかに事後的把握による規制対策には有効性が見出しにくいということではありますが、グループ全体として危機を乗り切ることが重要なので、昨今行われてきた調達テストを中核とした内容だけでは不十分です。グループ全体の連絡フローが確立している前提で権限が定められる以上、連絡フローテストは今後盛り込まれるべきであると考えられます。

【例　CFPに関する連絡フローテスト案（各社対応型のケース）】
① グループ中核会社のコントロールタワーによる意思決定
② グループ各社向け情報発信
③ グループ内各社における、中核会社からの指示内容の社内展開
④ 指示内容に基づくオペレーション実施
⑤ 執行部門から社内取りまとめ部門へのオペレーション実施報告
⑥ 各社取りまとめ部門から中核会社への実施報告
⑦ 各社オペレーション内容と指示事項の相違確認

　当然のことながら、執行オペレーションにおける権限が設定されているはずなので、決裁権限者にはすみやかに連絡が入っていて、きちんとオペレーション前に了解が得られることが必要です。テスト実施時に関しては、上記内容をいかにして事前に明らかにしないかが重要で、実施日は「来月中旬のいずれかの日」というような内容や、執行オペレーションの内容を伏せておくような内容であれば、情報伝達の正確性も把握できます。場合によってはグループ各社内での周知徹底に関する事後報告に関しても伝達できた時間をチェックさせる等、だれからだれにいつ伝わったのかを確認するべきです。決裁権限者が不在であるときには当然混乱が生じますので、不在時対応のチェックもCFPの有効性確認では重要です。
　テストプランに関しては、対策執行オペレーションが銀行集約型か各社対応型かによって異なってくるので、各グループ会社は必要に応じて各社対応

用のテストを別途実施することもあるでしょう。こうしたテストプランもグループ内で一度調整を行っておけば、中核会社としても以降何が不足しているのかが把握できるので、資産売却のようなテストは困難であっても、CFPが機能するかどうかに関しては実効性が高まると思われます。

　CFPはグループ全体で対処する部分と自社として対処する部分があるので、その点を整理して改善させていくことが重要です。フローチャートのように図式化された連絡フローをつくっておくことや、他の規程類と重なる部分があるときに備忘録的に記載して管理しておくこともよいでしょう。他の規程類に変更がある度に見直しが必要になる手間はあっても、緊急時にCFPによってすべてが完結します。どちらがよいのかの効率性の問題です。また緊急時において通常時とは異なる権限設定がなされている場合は、CFPにその点を明記しておくことがわかりやすさという点で重要になります。少なくともLCRが本格稼働する2015年までには一度グループ統制という観点で見直しは行っておくべきでしょう。

> 【まとめ　CFPに盛り込まれる内容】
> ①　情報把握に関する、具体的な情報と付属情報の特定（逼迫度区分との整合性が必要）
> ②　情報伝達ルートおよび対策に関する権限の特定（執行に関しては、自社判断よりも中核会社指示が優先することに注意）
> ③　グループ内執行フローに関する特定（具体的な執行内容に関する記述）
> ④　CFPを管轄する部門の特定ならびに見直しに関する権限設定（流動性リスク関連規定との整合性が必要）
> ⑤　テスト実施に関する事項

4　規制対応のためのKPI導入

　資金調達面に関してはCFPにおいて盛り込まれる話ですが、ここでは規制

対策をどのように日常的に行うかという観点で、KPI（Key Performance Indicators）の導入を検討します。バーゼルⅢ流動性規制におけるモニタリング項目にも関連しますが、LCRやNSFRをなるべく簡略化させて達成させる方法を考えるということです。現実的にリアルタイムでLCRやNSFRが把握できるくらいのIT化ができている場合は不要ですが、リアルタイム化されていることはまれだと考えられるため、タイムラグがある分だけ余分に流動性バッファーを保有する必要は出てきます。

(1) LCRに関するKPI検討

LCRの基本構造は、HQLAという分子項目と、Outflow－InflowもしくはOutflow×0.25という分母項目です。このなかで、自助努力がしやすい項目はHQLA積増し（もしくは質的向上）およびInflow増加と考えられます。Outflow減少ができれば直接的にLCRを向上できますが、Outflowの減少は即効性に欠け、中長期的に努力する項目であると思われるため、短期的にOutflowを向上させることはむずかしいと考えるべきです。

さらに、分子項目におけるレベル2資産全体ならびにレベル2Ｂ資産の上限という条件式があり、分母に関しても条件式があるため、絶対条件としてLCRの規制値をクリアするためには以下の比率をチェックすることが第一歩です。

　　レベル１資産／Outflow……(ｱ)

(ｱ)式に関しては、一定期間における蓄積されたデータが必要です。Outflow統制がむずかしい以上、Outflowを固定値化させて所要バッファーを用意するという発想が重要です。このため、一定期間におけるOutflowの最大値が重要になり、もしレベル１資産だけでLCRを達成させる前提であれば、「流動性バッファーの最大所要額はOutflow最大値と同額」ということになります。Outflow最大値と同額のHQLAがあれば、LCR100％以上は約束され、日々モニタリングすることは各基準日時点のOutflow合計値がOutflow最大値を上回らないことのチェックになります。

当然最初からOutflow最大値がわかっているわけではないので、初期段階では「ある基準日時点におけるOutflow合計額×一定の掛け目」という概念が入ってきます。それが1.5倍なのか2.0倍なのかはもちろんわかりませんが、そのかわり初期段階ではLCR100％必達でもありませんし、Inflowがゼロということも現実的ではないので、初期段階では「置き」の世界になることはやむをえません。そこで当面の間は分母項目をOutflow×αとしておきます。ある程度のデータ蓄積ができた段階でαの数値を置き換えていけば分母項目に関しては問題ないかたちになり、IT対策自体もαの入力ができるようにしておけばよいので特に問題にはなりません。2015年のLCRの適用開始までの間に関してはとにかくデータ蓄積は不十分であるので、可能な限り過去にさかのぼってデータ蓄積をすることが理想です。その際LCR算出のための大項目（分子項目の各資産内訳、Outflow、Inflow）だけでもとらえておくことがその後のKPI導入において有効になります。こうしてある程度データ蓄積されれば、過去のOutflow最大値が把握できるので、それ以降はOutflow最大値を超過するOutflow合計額が発生しない限り、分母項目が事実上固定値化されることになります。

　㋐式がKPI導入の第一歩となる背景は、「Outflowは自助努力で改善させることはむずかしいが、HQLAやInflowは自助努力で改善できる余地がある」ということです。簡単にいえば30日超の資金調達をし、その資金がレベル１資産のままであればLCRは改善します。初期段階においてはレベル１資産とOutflow最大値（もしくは一定掛け目を反映したもの）の割合をみていけば、自然体の状態に対する距離感がつかめることになります。ただし、レベル１資産に関しては保有額だけみてもLCR対策としては不十分であり、以下の項目を別途みていく必要があります。

　　　所要担保額の最大値……㋑

　レベル１資産に関しては、日々の業務運営においては担保として使用されている場合を想定しなければなりません。そこで通常業務における所要担保額に関してもヒストリカルデータを集めるということは重要であり、当然㋑

の分が(ア)式のなかで反映される必要があります。

　担保に関しても初期段階からきちんと把握できているかはむずかしいところもあるかもしれませんが、Outflow額よりは距離感がつかみやすいかもしれません。決済関連を司っているバックオフィス部門には肌触りがわかっている可能性があり、特にその担保差入れ状況がどのような取引のために差し入れているものなのかが特定できると分析しやすくなります。

　銀行の場合は中央銀行に差し入れている分やデリバティブ取引に付随する担保契約（CSA）に基づくものもあります。日々の資金決済に使われる分に関して、LCR計測上は分子としてカウントできる部分がありますが、厳密には再担保利用可否等の問題もあるので、どういう経緯で得ているレベル１資産であり、そのレベル１資産は担保利用されているのかどうか、そして使用されている場合はどの取引で使われているものなのか、という内容を把握できていればより完璧なものになります。しかしKPIという観点では必ずしもすべてがわかっている必要はないでしょう。自由に使えないレベル１資産がどれだけあるかが理解されていればLCRの分子項目の予測は可能であり、最大値を追いかけていけば問題ないと考えられます。ただヒストリカルデータに関してある程度ボラティリティーが高いという実感がある場合には、所要担保額の最大値×βのような掛け目を考慮することも（特に初期段階では）有効であると思われます。

　　レベル２A＋レベル２Bの最小値……(ウ)

　　レベル２Bの最小値……(エ)

　データ蓄積に関して、きちんと将来を見据えてLCR達成のための効率化を考える場合は、上記(ウ)(エ)に関しても蓄積しておくと便利です。ご承知のとおり、LCRの分子項目はレベル１資産＋レベル２A資産＋レベル２B資産であることから、レベル１資産の補助項目としてレベル２資産をとらえてみるのが(ウ)および(エ)となります。原則として分母相当額をレベル１資産でまかなうことを目指すのは、国内市場での有担保調達を想定した場合、まともに機能しているのは日本国債によるレポ取引と一部株レポ取引になっているので、

事実上レベル2資産でのレポは考慮しても重大なインパクトはないと考えられるためです。一方、債券取引をイメージするとわかりやすいと思いますが、レベル2資産はなんらかの政策的な意思決定がなされているケースが多く、日本国債では足りない運用利息の拡充や、政策引受けのための保有といった要因が多々あるため、レベル1資産に比べると運営方針が強く反映される部分があります。ディーラーの相場観というよりも組織決定の色彩が強いと考えられることから、変動値としてのボラティリティーは実質的にあまり大きくないと考えられます。このためLCR上においてレベル2資産の重要性が出てくるのは海外拠点であると考えられ、海外拠点（もしくは海外資産や負債）の全体に対する割合に関しては相応の距離感があるでしょうから、KPIにおけるレベル2資産はレベル1資産の補助項目としてとらえるのがよいでしょう。

　㈡と㈢に関してヒストリカルデータがそろえば、その最小値として導入し、㈠式を変形します。それによってレベル1資産の所要額は㈠の段階よりも小さくなります。またレベル2資産に関してはLCR計算上それぞれ掛け目がかかるので、ヒストリカルデータの最小値に対してさらにその掛け目は考慮する必要があります。

　こうして分子項目に関して厳密さを追求するのであれば、同様にInflow（最小値）も考慮することは可能です。LCR対策にはある程度の経験則は必要であり、Inflow（最小値）勘案後の分母項目とすればより実態に近いかたちにはなります。しかしストレス事象発生時において、過剰なInflow積上げ期待やHQLA積上げ期待になってしまうと問題であるため、Inflow（最小値）を考慮するのとOutflow（最大値）に関する掛け目αをどう考慮するかは実質的に同じ効果になります。KPI、つまりは日々の流動性リスク管理上において分母項目をどのように特定するかの話だけなので、「Outflow（最大値）－Inflow（最小値）」であっても、「Outflow（最大値）×α」であってもよいでしょう。

　預金流出率……㈤

(オ)に関しては、LCRというよりも日々の流動性リスク管理強化の色彩が強いかもしれません。しかしながら、もし実態の預金流出率がLCR算出定義よりも大きいということがあれば、流動性リスク管理としてもLCR対策としても大きな問題であり、管理不十分ということができるでしょう。よってもし実態上の預金流出率がLCRの流出率よりも高い場合は、KPIにおいて実態上の流出率を使用せざるをえません。

ただ現実の流動性リスク管理としては、1件1件の預金流出率を追いかけるのも困難です。暫定的なかたちで実施する場合は、預金種目別にどれだけ変動しているのかをみて、残高比較をすることでしょう。当然定期預金から普通預金や当座預金へと振り替わっているようなものも存在するはずなので、実質的な変化としてみていく工夫は必要です。特に預金残高に関しては、ボーナス時期によるキャンペーンのようなこともあるので、季節性や月内の変化にも十分な注意は必要です。平残と末残の両方とらえられれば理想ですが、IT開発による取得可能データ上の制限もあるでしょうから、預金流出関連項目は可能な範囲内でという項目になるでしょう。

なお、実際には流動性リスク管理を行う部門と社内管理会計を司る企画部門とのタイアップが前提ではありますが、コア預金モデルの高度化という観点において、実際の預金流出率のデータがきちんとそろっていることには意味があります。自社独自のコア預金モデルが構築されていれば特に気にする話ではありませんが、営業店が努力する預金獲得や手数料収入は管理会計上の影響が大きいので、管理会計上の手柄の度合いやそもそもの経営方針の影響をきちんと分析したうえで、バーゼル対策と実際のリスク管理に応用していくべきものでしょう。

外貨関連項目……(カ)

通貨別LCR対策がどのように想定されているかにもよりますが、外貨関連に関しては、チェック項目として総負債の5％ヒットという項目は通貨別LCRの開示という点で重要です。しかし現実的な流動性リスク管理においては、通貨別での管理において、そもそも総負債の5％という管理をしている

のか、それとも主要通貨＋その他通貨という管理方法なのか等によってKPIという観点では設定方法が異なります。

　KPIという観点では、通貨別流動性リスク管理上、自社ルールにおける所要バッファーがきちんと達成されていることが重要です。つまりすべての通貨に関してLCRが一定以上であることが目標なのか、その他通貨に関しては主要通貨による保有があれば問題なしとするルールなのか、あるいは円資産があれば問題なしとするルールなのかということを決めておき、その内容に応じて達成させる要件としてKPIを導入すればよいことになり、基本的な概念はこれまで説明した内容を通貨別に行うだけです。すべての通貨に関して実施することは当然業務負担の問題もありますので、外貨流動性リスク管理の水準と強化スケジュールを考慮しながら導入検討を進めていくべき事項でしょう。

　外貨関連情報に関しては、国内基準行であっても今後拡大していく可能性が高いので、ヒストリカルデータを蓄積させておくことは重要です。また外貨関連取引に限った話ではありませんが、中長期的には外貨調達等での有担保化が進んでいく可能性もあるので、無担保／有担保別で管理していくという発想があってもよいかもしれません。

(2)　NSFRに関するKPI検討

　NSFRに関しては、分子項目が「資本＋長期負債」、分母項目が「換金性を考慮した資産合計」であることから、極端にいえば分子項目は「自己資本比率算出における分子項目の統制」、分母項目は「リスクアセット算出時における掛け目をヘアカット率にしたもの」であり、これまでのバーゼルⅡ規制下のリスクコントロールと大差はありません。

　バーゼルⅡ規制下では、資本調達が頻繁に行われるわけではないため、分子項目の不確定要因である損益部分は業務計画反映によって、分子はほぼ固定値扱いとすることができ、分母項目であるリスクアセットを統制することで自己資本比率8％以上が達成されています。NSFRの分子項目には長期負債が加わりますが、長期負債も頻繁に変わりうるものではなく、資金計画の

ようななんらかの意思決定に基づいて変動するのがほとんどなので、バーゼルⅡ時代の分子項目の統制から大きく変わることはありません。分母項目に関しても、内部格付手法であれ標準的手法であれ、これまでリスクアセットを統制できたということであれば、NSFRにおける分母項目は掛け目が変わっただけに等しいので、こちらも統制不可能ということはありません。この点を考慮すると、KPIを導入する場合、基本的な考え方は以下のとおりになります。

・(A) 分子を固定的とみなして、分母を統制する……換金性が低い資産を処分する考え方
・(B) 分母を固定的とみなして、分子を統制する……資本や長期負債をふやす考え方

(A)の方法は、NSFR達成のためには、「換金性が低い資産をなるべく保有しない」という考え方を強くもっていることにあり、バランスシートを大きくしないことが重要です。(B)の方法は、長期負債や資本調達を必要に応じて増加させてもよいという考え方であり、換金性が低い資産の収益性が高いと判断していることが前提になります。リスク管理という観点ではどちらの方法でも大差はなく、データ収集上どちらがやりやすいかというくらいの話でしょう。業務運営上のポリシーとしては、レバレッジ規制が導入されることもあり、「不必要なバランスシート拡大は回避すべき」という点で(A)かもしれませんが、換金性が低い資産を保有している経緯があるはずなので、簡単に処分できるものでもないでしょう。しかもすぐに売却できないような資産であれば、ポリシーだけが立派でも仕方ないので、リスク管理上はどちらのアプローチでも問題ないと思われます。KPI導入に関して具体的に統制する場合は、以下のような項目になります。

・分子項目……長期負債のマチュリティーデータ（資本は資本規制対策で手当）

・分母項目……貸出残高（個人向け、高品質）およびその他資産（社債はリスクアセットで統制）

　長期負債に関してはどのような償還テーブルとなっており、将来の1年超負債残高がどう変化するのかをみていくということです。何も手当しなければ長期負債は年々減少していくので、再調達をするのか、資産を売却するのかの方針決定につなげるものになります。一方貸出残高もどのような貸出先であり、その残高がどう変化するのかが重要なのですが、償還までの期間が1年超となる資産の積上げに関してはそもそもなんらかの決裁を得ているはずなので、予測可能という考え方もできます。こうしたことからどちらのアプローチも統制可能と考えられ、ALM上のマッチングにさえ注意を払っていれば必ずしもNSFRに関するKPIは必要ではないかもしれません。

(3) 各国独自規制対応を含む連結対応

　日本国内ないしは海外拠点がある国で独自規制が導入された場合に関しては、もちろんその規制内容をふまえてKPI導入が必要かどうかを判断しなければなりません。独自規制内容がバーゼル規制内容に準じたものであればKPIに関する掛け目等を考慮すればよいと考えられますが、バーゼル規制とは異なる概念が入ったものということであれば、社内体制や作業負担、IT対応等、あらゆる面で影響が出てきます。

　しかしKPI導入の観点に関しては、単体ベースでの考え方か連結ベースでの考え方かにもよりますが、取りまとめを行う中核会社と該当拠点以外は関係ない話になるので、中核会社がきちんとチェックできるかたちになっていれば（グループ統制という観点では）よいでしょう。グループ全体の取りまとめを行って対外報告を行うということは、逆に考えると各社の算出プロセスを含めた規制値算出とその結果には責任があることになるので、中核会社が該当拠点に対してチェック機能があるミドルオフィス的な役割があると考えるのが妥当です。

　各国独自規制導入対応において、単純なバッファー積増し以外で重要に

なってくるのは、(モニタリング項目に含まれていない)各種シナリオ等に基づく影響度分析結果の報告でしょう。たとえば独自規制としては先進的であるUKFSAによるILAA（Individual Liquidity Adequacy Assessment：個別流動性十分性評価）のなかでは、カウンターパーティーから日中流動性の与信枠を削減される影響度や、外国為替市場の機能低下によってアクセスができない場合の影響度をストレステスト項目として盛り込んでリスク評価をすることが求められており、こうした項目はバーゼル規制のなかでは明記されていません。このため外貨調達に対する外国為替取引（直先スワップ等）の割合をモニタリングすることや、日中流動性枠のカウンターパーティーごとでの使用割合等をモニタリングすることが求められます。上記UKFSAの場合では監督当局ガイダンス等が行われることでその後の対応策の確認作業が行われますが、監督当局とコミュニケートするにも、もともとの平均値や最大値・最小値等がわかっていないと意見交換にもなりません。「ボラティリティーがわからない」では、リスクが大きいのか小さいのか自社ではまったく判断できないということと同義になってしまいますし、それをまた該当拠点だけに任せておく体制だと、グループ全体として致命的な問題なのか、何の対処もいらない軽微な話なのかも判断がつかないことになります。独自規制が導入され、対象国に拠点がある場合には、当該国の監督当局からすれば、本国にある親会社のスタンス等は必ず確認することになるので、中核会社によるチェックは不可欠であると考えられます。

　データ合算方式を採用している場合にKPIをどのように採用するかについては、中核的な銀行に執行オペレーションを集約させる前提において、各グループ会社の単体LCRを算出させ、その単体LCRに数値目標を設定するか、LCRの各項目であるHQLA、Outflow、Inflowにそれぞれ設定するかという考え方が最もシンプルです。LCRであれば最低水準として設定し、各項目別であればHQLAやInflowでは最小値、Outflowでは最大値という考え方になりますが、現実的にOutflowやInflowを統制できるのかという問題は生じますので、その分だけ統制水準としてはむずかしく、かえって混乱する可能性もあるでしょう。たとえばOutflowの最大値を超過する場合の手続（中核会

社への承認申請等）が必要になるようなルールが必要でしょうが、現実問題としてストレスがかかっているときに、いちいちグループ内で面倒な手続を必要としても非効率です。そこで社内ルールとしてどう統制するかの一例とすれば、以下のようなかたちでしょう。

【各グループ各社向けKPI設定（中核銀行を除く）】
・各社単体ベースの最低LCRを設定（恒常的に設定）
・各社単体ベースの最低LCRは逼迫度区分等の環境に応じて変化（中核会社が決定）
・ストレス時の執行オペレーションは、最低LCRを維持している限り、中核会社に対して承認不要
・最低LCRの維持が困難になった場合に中核会社に対して報告のうえ、方針決定

こうしてグループ内各社の最低LCRが設定されれば、中核銀行が維持すべき水準がおのずと決まってきます。中核会社は最低LCR設定においては十分な環境分析と情報収集が必要ですが、最低LCR引上げ決定時から実現までの時間的余裕をもたせることができれば組織運営として機能するでしょう。グループ内の各社は設定された最低LCRをみて、単体ベースでのさまざまなKPIを導入して統制していけば、データ合算方式であっても最低水準の維持の統制は可能であると考えられます。

第 6 章

流動性規制と業務監査

前章にてCFP見直しやKPI導入検討等による、実務運営上の統制面に関して説明しましたが、この章では不正防止という観点と業務効率向上という観点に着目し、監査業務に焦点を当てて社内統制について考えていきます。主たるテーマとしては流動性規制関連項目に着目しますが、バーゼルⅢの流動性規制以外の規制とも共通する部分があるので、特に流動性規制に限定せずに説明していきましょう。

1　金融検査マニュアル

　業務監査という概念でのバーゼルⅢ対応を考える前に、現行の金融検査マニュアル「預金等受入金融機関に係る検査マニュアル（平成25年8月）」を参考にして、監督当局の立場を社内監査部門が代理として行う視点での要点をまとめるところから始めてみましょう。

　金融庁はまず「主要行等向けの総合的な監督指針（平成25年8月）」を公表し、そのなかで流動性リスク管理に関する主な着眼点として以下の項目を掲載しています。

> 【流動性リスク管理における監督指針の主な着眼点】
> (1)　取締役会は、銀行全体の経営方針に沿った戦略目標を定めるに当たり、資金繰りリスクを考慮しているか。また、取締役会は、資金繰りリスクの管理に当たり、例えば、資金繰り管理部門とリスク管理部門を分離するなど、適切なリスク管理を行うため、牽制機能が十分発揮される体制を整備しているか。
> (2)　国際統一基準行においては、取締役会は、バーゼル銀行監督委員会「バーゼルⅢ：流動性リスク計測、基準、モニタリングのための国際的枠組み」（2010年12月）に定められる流動性カバレッジ比率及び安定調達比率について、それぞれ平成27年又は平成30年から適用されることに向けた体制の整備を検討しているか。
> (3)　資金繰り管理部門及びリスク管理部門の管理者は、資金繰りの状況

> をその資金繰りの逼迫度に応じて区分（例えば、平常時、懸念時、危機時等）し、各区分時における管理手法、報告方法、決裁方法等の規定を取締役会等の承認を得た上で整備しているか。
> (4) 資金繰り管理部門は、国内外において即時売却可能あるいは担保として利用可能な資産（国債など）の保有や円投入、円転換等による調達可能時点・金額を常時把握するとともに、各中央銀行、市中金融機関から調達が行えるよう借入枠を設定するなど、危機時を想定した調達手段を確保しているか。
> (5) 主要行等の場合、内外の市場から流動性を調達していることが多いことを踏まえ、特に市場調達環境について注意深くモニタリングするとともに、危機対応態勢を構築しているか。
>
> （出所）「主要行等向けの総合的な監督指針」平成25年8月　金融庁

　上記監督指針において流動性リスク管理は「あくまで資金調達において支障があるかどうか」ということであり、当然のことながら「資金不足対応と規制対応は違う」という発想は前面には出てきません。流動性リスクの定義において、「規制値クリアのためのオペレーションは、業務運営上資金不足対応ほど重要ではない」とまではいいませんが、規制値クリアのことを流動性リスクの一部であるという定義を行っていない以上、「風評リスクを回避するために（監督指針ではなく）金融機関側が自助努力するもの」という位置づけになります。

(1) 金融検査マニュアルでの留意点（経営および流動性リスク管理部門）

　ここからは金融検査マニュアルの具体的な内容に入っていきます。バーゼルⅡ時代においても網羅されている内容もありますが、バーゼルⅡを理解してはじめてバーゼルⅢが理解できる部分もありますので、特に流動性規制や流動性リスク管理に関係する部分について触れていきます。

> 【経営管理：Ⅰ－3－⑦危機管理態勢】
> 　取締役会等は、当該金融機関にとって何が危機であるかを適切に認識し、危機発生時において経営陣による迅速な対応及びリスク軽減措置等の対策を講じるため、平時より当該金融機関の危機管理について適切な態勢整備を行っているか。
> 　例えば、危機管理マニュアル等の策定、業務継続計画（BCP）の策定、危機発生時の情報収集及び発信態勢、風評に関する危機時の対応態勢等の態勢整備が適切に行われているか。

　経営管理項目なので、上記項目は経営者ならびに取締役会がもつべき機能として求められる内容になります。このなかで危機管理マニュアル等の策定が必須ということなので、当然会社の資金繰りという企業運営上避けて通れない重要項目となるCFPに関しても、危機管理マニュアル等との関連性を保ちつつ随時見直しされていくべきものと解釈できます。会社全体のBCPのほうがカバー範囲は広いので、CFPはBCPの関連文書という位置づけになるはずですが、実際には所管する部署が異なっていたりすると、BCPとCFPの関連性が損なわれている可能性があります。万一の際には不都合が生じることも起こりえますから、BCP内容をふまえたCFPの策定という点について注意が必要です。

> 【経営管理：Ⅳ－①会計監査人、弁護士等による内部管理態勢に対する外部監査】
> 　内部管理態勢の有効性等について、年一回以上、会計監査人、弁護士等の外部の専門家による外部監査を受けているか。国際統一基準適用金融機関においては、海外の各拠点ごとに各国の事情に応じた外部監査を受けているか。
> 　また、取締役会又は監査役会は、監査結果を適時に受領しているか。

この項目は社内監査部門の話ではなく外部監査に関する話ですが、重要なのは国際基準行においては「海外の各拠点ごとに各国の事情に応じた外部監査を受けているか」という点です。監査法人との契約内容にもよりますが、外部監査が海外拠点分を監査しているということは、本来は社内監査部門が海外拠点分もチェックするべき項目でもあるということです。つまり「流動性規制に関して対象国の独自規制が導入されている場合には、当該拠点はその規制内容を踏まえたリスク管理が行われていることを確認するべきであり、本国の中核会社でもきちんと認識されていることを確認するべきである」と拡大解釈ができます。要は親子間で整合性がとれていることが重要で、その整合性をもたせる根拠を示す規程類と証跡をみておく必要があります。

【流動性リスク管理態勢の確認検査用チェックリスト：Ⅰ－２－⑦内部監査実施要領及び内部監査計画の策定】
　取締役会等は、内部監査部門に、流動性リスク管理について監査すべき事項を適切に特定させ、内部監査の実施対象となる項目及び実施手順を定めた要領（以下「内部監査実施要領」という。）並びに内部監査計画を策定させた上で承認しているか。
　例えば、以下の項目については、内部監査実施要領又は内部監査計画に明確に記載し、適切な監査を実施する態勢を整備しているか。
・流動性リスク管理態勢の整備状況
・流動性リスク管理方針、流動性リスク管理規程等の遵守状況
・流動性リスク管理システムの適切性
・業務の規模・特性及びリスク・プロファイルに見合った流動性リスク管理プロセスの適切性
・流動性リスク分析・評価方法、仮定等の妥当性
・流動性リスク計量方法（手法、前提条件等）の妥当性（流動性リスクを計量している場合）
・流動性危機管理の有効性

・内部監査及び前回検査における指摘事項に関する改善状況

　個別セクションに対する内容は後述しますが、上記内容は全社的視点でとらえた場合における社内監査部門が確認すべき監査項目そのものになります。このなかで注目すべきは「流動性リスク管理システムの適切性」であり、第4章に関連しますが、流動性規制対策においてどのようなシステム対応をしているのか、データはきちんとそろっているのか、加工が必要な場合に適切な方法で処理されているか、といったようなポイントをきちんとふまえる必要があります。対外提出資料となるものですから、システム上で処理される事項に関しては、そのシステムのなかのプログラム内容や算出結果には一定の責任がありますので、対外的に説得力があるかたちでの開発作業を行う必要があります。

　なお、検査マニュアルである以上仕方のない話ですが、根底にあるのは「実施していることに対して、それが適正であるかどうか」ということなので、今後の進めていくべき事項に関する進捗管理のような内容は監督当局と金融機関との間でのコミュニケートの世界の話になっており、それが最後の項目で次回検査時に確認されるようになっています。つまり監督当局による検査が行われていない間は、内部監査部門（あるいは取締役会等）によるフォローアップ体制をつくっておくことが重要です。

【流動性リスク管理態勢の確認検査用チェックリスト：Ⅱ－1各項目】
① 流動性リスク管理規程の整備
② 流動性リスク管理規程の内容
③ 流動性危機時の対応策（コンティンジェンシー・プラン）の策定
④ 流動性リスク管理部門の管理者及び資金繰り管理部門の管理者による組織体制の整備
⑤ 流動性リスク管理規程及び組織体制の見直し

　Ⅱ－1は「流動性リスク管理部門の管理者及び資金繰り管理部門の管理者

の役割・責任」に関する項目であり、規程類に関して取締役会の承認ならびに組織内の周知徹底といった内容や、流動性リスク管理規程内で盛り込まれるべき内容、統合リスク管理部門への報告を含めた管理者による組織体制の整備等について記述されています。このなかでは流動性リスク管理関連規定に盛り込まれる内容として「流動性危機発生時の金融機関全体での対応策に関する取決め」というものがあり、連結規制対応を意識させた記述もあることが重要です。この連結対応を意識させる記述に関しては、Ⅱ－2－②においても同様です。

【流動性リスク管理態勢の確認検査用チェックリスト：Ⅱ－2－(1)－②　流動性リスクの統合的な管理】
　流動性リスク管理部門は、拠点・通貨毎に流動性リスクを管理するだけではなく、それぞれの流動性リスクを統合して管理しているか。また、当該金融機関の流動性リスクに影響を与える連結対象子会社の資金繰りの状況も把握しているか。

　この内容を額面どおり解釈すれば、中核会社は子会社の流動性リスクを適切に管理するべきであるということだけでなく、前述の統合リスク管理という点でも影響度をみておく必要があると考えるべきでしょう。

【流動性リスク管理態勢の確認検査用チェックリスト：Ⅱ－2－②流動性リスクの評価】
（ⅰ）流動性リスク管理部門は、業務の規模・特性及びリスク・プロファイルに見合った適切な流動性リスクの分析・評価を行っているか。例えば、以下の状況を把握して分析を行うことにより流動性リスクの状況を評価しているか。
　・国内外にて取扱う各国通貨の特性
　・商品毎の市場流動性の状況（市場規模・厚み等）
　・預貸金計画と実績の乖離

> ・全体及び拠点・通貨毎の資金繰り状況
> ・運用・調達の通貨・商品・期間別の構成及び残高
> ・市場性資金調達状況
> ・契約上の受信枠及び与信枠の残高
> ・特定先への調達依存(集中リスク)状況
> ・日銀への調達依存状況
> ・支払準備資産の残高
> ・担保繰り状況　等
> (ii) 流動性リスク管理部門は、資産・負債運営及び自己資本の状況を踏まえた上で、内生的要因及び外生的要因の両面について考慮した複数のシナリオを用いて流動性リスクの分析・評価を行っているか。

　上記内容は流動性規制のモニタリング項目と重なっている部分もあり、集中リスクや支払準備資産残高等は、もちろん定義の違いがあるにせよ、すでにリスク管理部門として当然把握しているものという位置づけになります。その意味では、流動性規制に関して決して目新しい項目ばかりを求めるような内容ではなく、流動性リスク管理の水準がまだ追いついていないから大変であるという認識のほうが正しいという考え方もできるでしょう。

> 【流動性リスク管理態勢の確認検査用チェックリスト：Ⅱ－２－(2)モニタリング】
> ①　流動性リスクのモニタリング
> ②　限度枠の遵守状況等のモニタリング
> ③　資金繰りの逼迫度区分の判定基準の適切性等のモニタリング
> ④　取締役会等への報告
> ⑤　資金繰り管理部門、市場部門等への還元

　現状の国内金融機関における流動性リスク管理の大原則のような項目が並んでおり、第２章で解説した限度枠管理や逼迫度区分といった内容について

記述されています。Ⅱ－2－(3)では限度枠超過時の対応に関する記述や逼迫度区分変更に関する内容も盛り込まれており、加えて流動性危機時における調達手段の確保に関しても記述されています。

　流動性リスク管理部門は、これまで説明した各項目に関する検証等を行い、適切に見直ししていくことが求められています。前章で触れたCFP見直しも金融検査マニュアルに記述されているものであるので、現時点ですでに「やって当然のこと」という位置づけになっているのです。

(2) 金融検査マニュアルでの留意点（主に資金繰り管理部門）

　資金繰り管理部門という観点では、流動性リスク管理部門と裏腹のような部分があり、チェック項目としては執行オペレーション部門であることを意識しながらも、役割の性質上の相違であって、項目としては重複しているのがほとんどです。そのため広範囲にわたっての説明はしませんが、「運用予定額・調達可能額の把握」という点で以下のような記述があります。

【流動性リスク管理態勢の確認検査用チェックリスト：Ⅱ－3－④運用予定額・調達可能額の把握】

　資金繰り管理部門は、営業推進部門等の報告等を踏まえ、運用予定額（ローン・保証等の実行予定額）、調達可能額（インターバンク市場やオープン市場における調達可能額、預金受入・解約見込額等）を把握しているか。運用予定額、調達可能額を的確に把握するため、営業推進部門等から必要な報告・情報を適時に受けているか。なお、運用予定額、調達可能額を把握するに当たっては、以下の項目について考慮しているか。

・オフ・バランス取引

・コミットメント・ライン

・当座貸越契約

・実態に応じた運用期間の把握（例えば、形式的には短期の運用となっているが、実態は長期の運用となっているものなど）

・特定先への調達依存状況（集中リスク）

・日銀への調達依存状況
・資金繰りの逼迫度（例えば、平常時、懸念時、危機時等）
・預金の払戻し等に対する支払準備資産（手許現金、預け金等）

　注意すべきポイントとして、まず「営業推進部門等の報告を踏まえ」という観点は、営業部門の預金獲得等、営業方針や管理会計上の変更等を意識して預金の流出・流入等をきちんと情報共有すべきであるということです。また調達可能額の把握についても、CFP内での定期的なテストでの把握という発想ではなく、日頃からきちんと把握しておくべきであるという印象です。逆にいえば、ストレス事象は突然やってくるということから、恒常的に「ストレス発生時に対応できるのか」を意識した業務運営を行うべきであるということになります。

【流動性リスク管理態勢の確認検査用チェックリスト：Ⅱ－3－⑦流動性危機時の調達手段の確保】
　資金繰り管理部門は、国内外において即時売却可能あるいは担保として利用可能な資産（国債など）の保有残高や円投入、円転換等による調達可能時点・金額を常時把握するとともに、各中央銀行、市中金融機関から調達が行えるよう借入枠を設定するなど、危機時を想定した調達手段を確保しているか。

　当該項目では、LCR上資金流入項目として0％計上となっている市中金融機関からの調達枠に関しても記載されています。LCR上では金融検査マニュアルが規制対策ではなく流動性リスク対策に関することがわかる部分でもあります。現実の資金調達に関する事項として理解すべきです。なお、この項目では外貨流動性に関してもきちんと網羅しておくことが求められます。

【流動性リスク管理態勢の確認検査用チェックリスト：Ⅲ個別の問題点】
1　市場部門、営業推進部門等の役割・責任

① 【市場流動性リスクを勘案した運用】

　　市場部門は、商品毎に市場の規模・厚み及び流動性を勘案した運用を行っているか。例えば、長期運用商品で中途解約が困難な商品に投資する場合には、運用・調達の期間のギャップに伴う各種リスク（信用・市場等）や、通常の資金運用計画ではカバーできない長期の資金計画について勘案しているか。

② 【流動性リスクに影響を与える要因発生時の報告】

　　市場部門、営業推進部門等は、流動性リスクに影響を与え、かつ報告基準を満たす要因が発生した場合、内部規程・業務細則等に基づいて、速やかに流動性リスク管理部門及び資金繰り管理部門に報告しているか。

2　ALM委員会等の役割・責任

① 【流動性戦略等の策定】

（i）資産・負債を総合管理し、運用戦略等の策定・実行に関わる組織としてのALM委員会等は、流動性戦略等の策定に関わっているか。

（ii）ALM委員会等は、流動性戦略、流動性リスク管理方針及び流動性リスク管理規程に基づき、政策投資やオフ・バランスも含めて、資産・負債の運営管理について、関連部門の分析・検討データを有効に利用し、流動性の観点から議論しているか。また、それらの結果等を取締役会に報告しているか。

② 【ALM委員会等の体制】

　　ALM委員会等は、適時適切に資金繰り管理部門、市場部門等での重要情報を受ける体制となっているか。また、重要情報の定義は、内部規程に定義されているか。

　この項目では、運用部門における執行オペレーションが流動性リスク管理に影響を与えることをきちんと認識し、情報共有が必要であることを述べています。ここでは流動性リスク管理に関連する項目として説明していますが、実際には資本規制やレバレッジ規制にも影響はあるので、統合的なリス

ク管理を意識しつつALM運営を図り、ALM委員会がそうした情報共有機能も持ち合わせていると理解できます。

2 LCR本格適用前の段階

　前項では検査マニュアル内容に即してきましたが、規制対応に係る社内体制整備もさることながら、規制値そのものを算出できるようにするためにまずは全精力を注ぐ必要があり、グループ内や社内での議論および基本的な方向性の決定、ITに係る各種使用システムにおけるデータ内容の把握や開発準備といったことが事前準備として担当セクションに負荷がかかってきます。監査を行う立場としては、規制対応の結果がどうであるかという前に、事前準備に必要な項目を把握し、どのような経緯をふまえてどのような方向性を示すことになったのかをきちんと把握する必要があります。

　【規制対応面の監査に関する主な事前確認内容】
　・現状の流動性リスク管理方法（各種リミット管理、ストレステスト内容、通貨別対応等）
　・流動性リスク管理と社内BCPやALM委員会等との関連性の有無
　・資金移動に係る重要情報の伝達ルートおよび稼働の有効性
　・CFPに係る定期テスト実施内容
　・規制対応のためのグループ内調整状況
　・流動性リスク管理に関する高度化検討項目もしくは進行中の項目

　まずは金融検査マニュアルで求められている内容と現実とのギャップがどうなのかを知ることを考えると、主なポイントとしては上記内容になります。たとえばリミット管理に関して、現状はどのようなことがリミット設定されていて、何が設定されていないのか、といったリスク管理の対象範囲の調査というイメージで考えてください。金融検査はリミット管理に関して適切に遵守されていることが求められますが、新たな規制対策を考えなければ

ならないので、何かリミット管理において追加すべきものはないのかを確認していくということです。ですから表面的なものをみていくのではなく、実態がどうなっているのかをきちんと把握し、そのうえで必要なものを考えていくということであり、担当部署に対して評価を下すための指摘を行うという発想ではなく、将来を見据えてよりよいものにするための実態把握です。

　LCRが本格稼働するまでの間についてはIT開発を進める一方で、規制対応と流動性リスク管理高度化という観点でリスク管理は変化していくことになります。このため社内体制面だけでなく規制内容の具体的項目面を含めたあらゆる点で流動的な要素が残っている状況でもあり、監査という観点では、担当セクションが考えている基本的な方向性、スケジュール感、優先順位等をふまえながら、時間的にもマンパワー的にも無理がないスケジュール感になっているのか、リスク管理の内容として対外的に耐えきれる水準なのか、業務計画や資金計画等との関連性はどうか、これまでの流動性リスク管理や執行オペレーション上で首尾一貫性が保たれているか、決裁権限に違和感がないか、グループ内調整はきちんと進んでいるのか等々のチェックを行っていくことになります。要は検査マニュアルに従った業務結果に関するチェックだけではなく、各業務運営の目的とそれを達成させるための方法や進捗確認がポイントとなってくるということであり、それが規制対応のための体制整備であるということです。どうしても担当セクションは担当セクションなりの見方やとらえ方になってしまうので、客観性をもった立場で担当セクションが考える規制対応を評価するという言い方もできるでしょう。

　2014年までではおそらくバーゼル対策の完成形のイメージははっきりせず、担当部署においてはQISの作業負担だけでも大変であり、なかなか次のステップを見通した対応はできない状況にあると考えられます。また、バーゼルⅢの内容をふまえた監査を行う観点における基本テキストはバーゼル銀行監督委員会が公表するプレスリリース等になり、金融検査マニュアルも完全に追いついているかどうかは定かではありません（現段階ではNSFRの完全形が固まっていないので、不確定要素に関しては事後的に盛り込まれる可能性が高いと考えられます）。またバーゼルⅢに関しては当局とのPDCAも意識され

た内容になっているので、リスク管理という点での独自性が認められる部分があります。こうした背景から、まず監督当局が目指す方向性をきちんと理解し、自社が進むべき道がどうあるべきか、ということを担当部署から説明をきちんと受けたうえで、バーゼル銀行監督委員会のプレスリリース等と矛盾がないのか、相違点がある場合はその理由がどのようなものなのか、を考えたうえで納得できる内容かどうかの判断が必要です。社内監査セクションであれ、監査法人であれ、担当部署がきちんと説明できないようでは当然監督当局に対しても説得力はもてません。つまり担当部署が軸足をはっきりさせておくということについて、しかるべき手続を行うことを想定しているのかが重要です。

　バーゼル銀行監督委員会が公表したテキストにおけるモニタリング項目でも多々ポイントとなるような点があり、初期段階では100％対応は無理なので、監査という立場で確認するべき事項は、どういった優先順位をつけているのか、その理由は何か、不足部分をどう認識しているか、対応していく各項目のスケジュールはどうなっているのか、といった点がまずあげられます。そこでイメージをつかむ意味で、外貨流動性リスク管理を題材として考えてみましょう。

【外貨流動性リスク管理に関する確認事項】
・現状の外貨リスク管理方法の確認
・総負債5％の把握方法
・主要通貨、その他通貨の管理上の取扱方法
・（担当部署が必要と考える）不足項目の確認と対応の優先順位

　担当部署としては、仮に外貨流動性に関してほとんどまったく何もできていない状態にあることを想定し、上記内容を順次確認していきます。実際に監査という立場で担当部署に質問していくことを想定した場合、当然のことながら、担当部署からは以下のような返答が出てきます。

〈回答例〉

「外貨流動性リスク管理については、外貨建て負債（預金や借入れ等）に関して期日分散を行う一方、資産とのマッチングをさせるのみです。外貨建て負債に関しては外貨の直接調達のみが計測対象となっており、外国為替取引はカウントしていません」

監査という立場で、この返答に対して単純に問題ありと指摘しても無理があります。担当部署としてはマンパワー不足なのか、必要性を感じてこなかったのか、気づく人もいなかったのか等のこれまでの経緯があります。その理由をきちんと確認したうえで、総負債5％に関する質問を行うことで、問題意識や対応方針を明確にしていくことが重要です。

〈回答例〉

「おそらく外貨建て負債5％以上となるのは、あったとしてもUSDのみです。したがってそれ以外の通貨を含め、外貨全体の資金ギャップがUSD建てでクリアしていれば問題ないと考えられるので、通貨別での管理対象はJPYとUSD（その他通貨のUSD換算分を含む）の二通りにするべきと考えています」

〈追加質問〉

「流動性リスク管理の高度化という観点では、2通貨のみでよいのですか？」

〈回答例〉

「今後外貨資産・負債が引き続き拡大傾向が続けば、将来的には2通貨というかたちではなく、徐々にふやしていく、ないしは全通貨ベースでの管理が必要になると考えています。あくまで現段階ではUSDはどの通貨に対しても代替できると位置づけていることで問題ないという判断です」

こうしたやりとりを最初に行うことで、初期段階における基本的な流動性リスク管理に関する考え方が確認できます。考え方が確認されれば、関連規定と業務運営上の矛盾や問題がないかどうかという通常の監査業務に加え、方向性を加味したかたちで見直しが必要となる関連規定がないかどうかをみ

ていくことになります。担当部署からの返答内容が上記のようなかたちであった場合、LCR計測において外国為替取引を考慮しないわけにはいかないので、外貨流動性リスク管理における外国為替取引の反映をどういうスケジュールで対応するかは議論することになります。

　海外拠点がある場合には、当然外貨流動性リスクには影響があるので、海外拠点との情報連絡方法、計数把握の頻度、対外報告上の問題の有無等を確認し、適正かどうかの判断も必要です。連結規制ということもあり、海外拠点から受領する各種データや報告を含めて対外報告することが前提ですが、これまでの監査の方法では本部と海外拠点とを同時に監査するわけではないという問題があることで、海外拠点の姿勢等がリスク管理部門等の本部向け監査時にはすぐに確認できないという問題があります。初期段階では対応できているものと対応できていないものを特定することが特に重要であるため、きちんと疑問に思える点は確認しないと監査の意味がなくなり、必要に応じて海外拠点の監査内容等を確認しておくべきでしょう。

　バーゼルⅢ流動性規制対策に関しては何度も説明しているとおり、LCRの各項目において正しい数値が入っているということを証明することがきわめて困難です。このため、LCR等を正しいものと信じるためには算出プロセスが重要になります。まるでブラック・ショールズ式でのオプションプレミアム計算が正しく算出されているかどうかを確認するようなものですが、「算出定義と算出するための元データおよびデータ加工方法」に基づき、手作業で対応できているのか、あるいはIT対応として要件定義が正しくなされているのかをチェックする必要があります。第4章でも説明したとおり、LCR対策としてのIT化を実施する場合は、その算出プログラムは対外的に信用力がある内容であることを求められる可能性があります。IT会社からの設計書を受領し、正しく算出されているかどうかの検証作業は重要です。担当部署における担当者レベルがEUCとしてプログラミングしたものを使っている場合は説得力がないので、監督当局における検査には無力となるでしょう。LCRやNSFRはディスクローズされる前提ですから、社内だけではなく対外的な信用を獲得することが必要です。実際のプログラミングに関しては

監査法人のチェック項目になるかもしれませんが、IT開発設計書や使用マニュアルがそろっているか、要件定義において何か矛盾している点はないかを意識しつつ確認していくべきです。

以上をふまえ、LCR本格適用前に対応しきれない事項としては、以下のようなことが考えられます。

【適用直前段階において規制対応が事後になっている可能性があると考えられる事項】
・デリバティブのキャッシュフロー算出におけるIn the money判定
・同じくMoving Window方式での24カ月さかのぼったデータ取得
・担保有価証券の再担保利用可否判断
・マッチド・ブック判定
・外貨流動性リスク管理の通貨別管理（総負債の5％対応のみ実施）
・流動性リスク管理関連規定ならびにCFPの見直し　etc.

こうした対応しきれない事項としては、自社としてどう対処するかの意思決定と対応スケジュールが策定されることになるので、監査という立場においては、対応しきれない内容に関してきちんと開示されているかどうかを確認しなければならないでしょう。

3　流動性規制段階適用の段階

　LCRの本格適用までの間は、規制値算出準備に追われるため、社内における各種規程類の整備やシミュレーション対応等まではなかなか手が回らず、流動性リスク管理に関してもすぐに向上していないと推測されます。このためLCRが本格適用される2015年以降は、規制値算出という観点だけでなく、もともとの流動性リスク管理やCFP対策に比重がシフトし、グループ内ルール等も完成形に近づいた状況にあると考えられます。
　現時点においては、国内金融機関における流動性リスク管理に関しては、

もちろん国際基準行と国内基準行との間での水準格差はあるものの、全体的には特に突出しているというものではなく、初期段階なのか、初期段階から第二段階への途上なのか、くらいの差であると考えられます。

(i) 進捗確認

　まずLCR算出における第二段階としては、本格適用前では対応しきれなかった事項に関して順次対応していくことが社内コンセンサスになっているはずであり、その対応しきれなかった事項がどのようなものであるのかの調査から始まります。対応しきれなかったこと自体が問題というよりは、どのような根拠に基づいて優先順位がつけられているのかが重要です。「外貨建ての資産や負債が円貨に比べてきわめて小さいから外貨対応を遅らせた」「デリバティブ取引に関連するCSAの締結先が少ないので、担保移動額のインパクトが小さいと判断した」等、相対的なインパクトの大きさとその説得材料が注意すべきポイントです。今後のリスク管理の基本的な考え方に結びつく話であるので、対応方針が不明確なものに対しては、初期段階ではあいまいでも許されることもあるかもしれませんが、規制の本格適用が開始されている以上、方針が不明確では問題があります。

　基本方針が重要になってくる理由は、監督当局とのコミュニケーションが重要になってくるためです。英国の流動性規制でも行われているものではありますが、流動性リスク管理に関するPDCAを念頭に置いた監督当局とのコミュニケートによってリスク管理を高度化させていくことになるので、監督当局指示に従っていればよいという従前の国内金融機関と監督当局の関係とは異なります。バーゼルⅢはともにクリアしていく規制と考えるほうがむしろ正解に近いので、そこで自社が目指す方向性があいまいということでは根幹から問題が発生していることになります。

　監査という立場においても、これまではどちらかというとオペレーションにおいて不正が発生しないかのチェックということに重点が置かれていたかもしれませんが、バーゼルⅢが導入された時代においては、問題意識や目的意識のところからしっかりととらえるべきであり、きちんとその問題意識が

経営陣にまで伝わっている必要があります。つまり、報告内容や報告経路が適切なのか、意思決定においてはきちんと関係部署やその担当役員の了解や協力が得られているのか、中核会社とグループ会社という関係において、共有される情報内容は適切かつタイムリーなもので、コンプライアンス上の問題もないような仕組みになっているか、という大きな視点からみていく必要があります。そのうえで監督当局とのコミュニケートにより、解決していくべき問題への対処がどうなっているのか、自社の問題意識と方向性はきちんともっているのかの確認作業に入る心構えが重要です。

一方この段階においては、バーゼルIII全体に関する影響度分析や、各種規程との整合性に関しても徐々に進んでいく段階です。流動性リスク管理に関しては、まずそれまで社内で行われていたリミット管理等の運営内容が徐々にバーゼルIIIやストレステストに集約化されていく可能性があり、流動性リスク管理の新旧比較が必要になってきます。バーゼルIII対策の業務負担は相当重いものになるので、マンパワー面での補充がないと新旧両方のモニタリング作業はできなくなっていく方向性となり、バーゼルIIIのモニタリングルールに近づくかたちで集約されていくことが予想されます。とはいえ、一気に新しいものに移行することも困難なので、数年間にわたって実施していくことでしょうから、バーゼルII時代の市場リスクや信用リスクの進化過程を確認しておくこともよいでしょう。

(ii) 開示内容確認

ただバーゼルIIIはバーゼルIIとは異なり、複合規制として導入されているので、QISに関しても1つの大きなExcelファイルで資本規制や流動性規制、レバレッジ規制の各項目の数値を入力していくイメージでつくられています。ということは、社内体制としても縦割り的な発想だけでは不足が生じることになり、ディスクローズしていく内容である以上、数値上の矛盾は許されません。たとえばTier Iの数値というだけでも、資本規制と流動性規制両方に出てくる項目なので、「資本規制のために算出した数値は100、流動性規制のために算出した数値は90」ということは本来ありえません（この件につ

いては報告提出期限の問題が関係してくるので、場合によっては異なる可能性が出てきます)。つまり「同じデータベースから数値を取得するので、だれが行っても同じ結果になる」という算出プロセスが重要です。これはIT化と同義といえるかもしれませんが、規制値算出セクション(≒コントロールタワー)の監査という点では他の規制との数字の整合性ということも重要なチェック項目であり、この整合性が保たれないことはディスクローズ資料に間違いがあるということなので、対外的信用を失墜させる行為になります。

(ⅲ) 業務運営上の整合性

　これまでリスク管理面に対する監査に比重を置いてきましたが、オペレーション執行部門に対しての影響はあるでしょうか？　現実的な話として考えれば「執行そのものに関して、監査という観点ではほとんど影響なし」になるはずです。もちろんこれには「コントロールタワーからの適切な指示とグループ内の情報伝達ルートの確立」がある前提です。オペレーション執行部門としては、規制の有無にかかわらず、すでに行われている業務と同じことを特別に実施するかどうかだけなので、執行そのものに関しては(緊急時に特別な権限付与があれば別ではあるものの)なんら変更はありません。

　ではオペレーション執行部門に対しては、従前と同じ監査内容でよいかといえば、それもまた正解とはいえません。リスク管理面や業務計画面における変化、たとえば逼迫度区分がどうなっているのかをきちんと認識しているのか、ということを確認する必要があります。逼迫度区分が平常時想定ではなくなった場合にはポジション運営にもなんらかの制約を受けるはずであり、レベル1資産をより多くもつようなルールが確立されている可能性があります。オペレーション執行部門に対して逼迫度区分変更が伝わっていない、あるいは逼迫度区分変更に伴うオペレーション上の制約が認識されていない、ということでは社内統制が行われていないことと同じです。バーゼルⅢは規制値クリアだけの問題ではなく、統制強化が前提となっているので、統制が機能していない組織体制はきわめて問題です。

(iv) 方向性確認

　さらにこの段階においては、監査する立場としても留意しておく点があります。たとえばNSFRが2018年に適用開始となることを考えればわかりますが、規制内容も含めて見直しの可能性がある事項が多々あるということです。もちろん現時点でそのすべてを見据えることはできませんが、少なくとも以下のような点に関しては、リスク管理やディスクローズ面、オペレーション執行面等で影響が出る可能性があるので、たとえ監査をする立場であっても側面調査として情報収集しておく必要はあるでしょう。

【今後の動きに関して注意すべき事項】
・バーゼルⅢに関連する各国裁量部分に関する動向および規制に係る算出基準変更
・決済短縮化（日本国債等）や日中流動性に関する監督当局の動向
・会計基準変更（コンバージェンス、IFRS適用等）
・デリバティブ取引の決済方法変更（上場取引化）
・自社における各種リスク管理の向上（標準的手法から内部格付手法への変更等）

(v) 連結対応

　なお、この段階において、1つ考えるべきポイントがあります。それは「連結規制に対応した連結ベースでの監査体制の構築」を検討するかどうかです。流動性リスク管理という側面で規制対応ならびにCFP等に基づくストレス時対応を規程類によって書面ベースで確認することは容易にできますが、本当にそれがグループ内できちんと連携がとれていて、つじつまがあっているのかを確認するという発想です。中核会社の監査部門が代表して行うのか、グループ内各社の監査部門同士で連携してチェックするのかはどちらでもよいと思いますが、実際のところグループ内各社のCFPを全部同時に見比べるというのはなかなかできるものではなく、一義的には担当部署が責任をもって行うにしても、それを客観的にみる立場は必要でしょう。グループ

内各社の担当部署間で考えている内容と監査部門による客観的な評価が異なっていれば、おそらくCFP等は有効に機能しない部分が出てくることが想定されます。グループ全体統制という意味では、この段階で検討されるべきテーマだと思われます。

4 流動性規制完全適用後

　バーゼルⅢは現状2019年を最終ターゲットとして段階適用が進められています。現段階において2019年以降を見据えることは相当困難ではあるものの、可能な限り想定してみましょう。まず流動性リスク管理という観点では段階適用の段階でなんらかのシミュレーション機能は持ち合わせていると考えられ、業務効率改善にどのように生かされているのかが気になるテーマになります。また、万一リーマン・ショックのような世界中に激震が走るような事件が起こっていればさらになんらかの規制強化が検討されている可能性もあり、前述の留意事項がどうなっているのか次第では、世の中がかなり変わってしまっていることも覚悟しておかなければなりません。現状をふまえて見通せる2019年以降のリスク管理の高度化をいえば、まず思い浮かべられるのが統合リスク管理の高度化でしょう。統合リスク管理そのものは金融機関における業務運営上のリスクを網羅したものであるはずなので、単体ベースのリスク管理だけではなく連結ベースでのリスク管理、さまざまなシナリオに基づくシミュレーション実施による各種インパクトの計測、ALM運営を含めた企業運営上の方向性をふまえたリスク管理体制の構築、といったような内容です。1つのことから波及するさまざまな効果を意識し、しかも過去の検証だけでなく未来を見据えるための検証を行っていく時代になっていくと考えると、変わっていくものもあるなかで、絶対的に変わらないものが意識されるでしょう。そこでバーゼルⅢにおける重要な考え方となる「本業回帰」ということを念頭に置き、金融機関のあるべき姿ということと、この先の世の中の変化についていくビジネスモデルということをイメージしてみましょう。

(i) ビジネスモデルへの影響

　まず「本業回帰」という点では、会社全体の統制という意味において、ALM運営の見直しが重要なテーマの1つになると考えられます。

　バーゼルⅡ適用の時代には市場リスクや信用リスクを中心にリスク管理が高度化しました。そのため市場で行き過ぎた動きがあると、2003年のVaRショックのように、リスク管理の観点よりポジションを手放すような事象も発生するようになりました。適切な業務運営を行うという点で劇的な変化ではありましたが、この間においてリスク管理と同じようなピッチで運用手法が向上したとは考えにくいでしょう。それはもちろん会計基準の問題や市場の成熟度の問題もあるでしょうが、運用部門にありがちな発想としては「日本国債では利回りが低いから社債投資を行う」ような、何か他の市場へシフトすることばかりが先行し、「日本国債で絶対に負けない運用手法の研究」というテーマには向かっていかないことが多いと感じられます。バーゼルⅢの「本業回帰」というのはまさにこの点を指摘していると考えられ、これが運用手法向上になかなか結びつかない原因と考えられます。これは運用部門の調査能力不足なのか、最もシンプルなことが最もむずかしいと考えているのかはわかりませんが、「貸出が伸びないから運用部門に収益目標を再配分する」ということを頻繁に行うのであれば、相応の運用能力があると自己分析してから行うのが当然の行為であり、市場や中央銀行任せのような発想に依存するようでは進化していきません。

　ビジネスモデルにおいても重要な問題があり、現時点では国内基準行であったとしても、本当に今後も国内基準行なのかという点です。残念ながらわが国は人口減少が起こっており、企業も日本から海外へ進出していることを考えると、外貨建て資産や負債が今後ふくらんでいく可能性は十分あり、数年後を見据えたビジネスモデルにリンクした統制を図っていかないと常に時代遅れになってしまいます。バーゼルⅢ流動性規制における重要な概念として自己評価があり、自己評価があってはじめて監督当局とのPDCAが成立するので、後追いにならないようにするためには中期経営計画等による明確なビジョンが必要です。

「本業回帰」において上記のような債券運用に焦点を絞ってみても重要なテーマがクローズアップされます。仮に債券運用に関しては先進国ソブリンだけに限定するというような政策判断をしたとしましょう。日本国債と米国債や欧州債は当然異なる論理で異なる発想の参加者によって成立しており、国際基準行はその他有価証券の評価損益がTier Iにヒットすることを考えれば、これまでの実現損益至上主義から脱却し、評価損益上でも負けないこと、もしくは評価損益上マイナスになっても十分な資本が確保されていることが重要になります。評価損益がTier Iにヒットすることは、天才ディーラーになれといっているのと同じ意味ではありません。天才ディーラーに運命を託すのであればかまいませんが、コーポレートガバナンス上問題になるでしょう。どのように組織決定をし、どのようなオペレーションを行うのかを考えていく必要があるということです。ましてや海外進出して外国債の取扱いをふやすということであれば、海外市場の特性等を十分に分析しているのかから行わないと話にもなりません（債券運用に関する詳細は別途第8章参照）。

　国内基準行では評価損のTier I計上は見送られたため、国内基準行で居続けるのであれば評価損益は（強制評価損にならない限り）問題ないかもしれません。しかし取引先が海外進出していくことで顧客離れが加速される可能性もあります。ビジネスモデルに関しては簡単に答えが出るものではありませんが、時代の変化とともに何か読み取れるものは出てくるはずなので、2019年の段階ではいまよりもその方向性ははっきりしていると考えるべきでしょう。

(ⅱ)　リスクの自己評価と業務監査
　では本題に戻り、監査という観点で何に注意していくかを考えましょう。段階適用時において相応にリスク管理は進化し、導入前段階における課題もほぼ解決していると考えられるので、自己評価という点がまず重要な位置づけになってきます。つまりシミュレーション機能を持ち合わせ、それが業務効率性向上に向けたものになっているのか、適切なKPI導入等により危険信

号を早く察知できる体制になっているのか、他の規制との関連性に十分配慮されたものになっているのか、といった点がポイントになります。第5章でシミュレーション機能とKPIに関して説明しましたが、リスク管理の方向性は基本的に緩むことはないので、ストレステストにおけるリスクシナリオの数がふえ、逼迫度区分の判定におけるチェック項目もより細かくなるなかで、統合リスク管理という概念がどこまで進んでいくのかということになると予想されます。

　しかし統合リスク管理というのは、あくまでシステムを駆使してリスクの度合いを数値化することだけではありません。各種情報共有ならびにその情報に基づいて業務運営に有効活用されているのか、組織自体が有効に機能するようになっているのか、等々、リスク管理部門だけではないポイントが多々あります。こうした点は経営者や担当責任者等の間で相互理解されているのか、という観点もあります。これまでの監査という立場では、組織機能の有効性に関してなかなか力を発揮できないことが多かったと推測されますが、今後は監督当局とのリスク管理上のPDCAが恒常的に話し合われることになるため、アプローチ方法に関しては考えないといけませんが、内部監査という立場であっても統合リスク管理という観点での組織機能の有効性はチェックできる立場になると思われます。リスク管理上のPDCAに関して、問題点を指摘して解決策を模索するだけではなく、実際にその解決策を機能させないといけません。その意味でも将来の監査のあるべき姿は、事前予測等に基づいた対策が機能するのかという点が含まれてくるので、チェック内容の質的変化がもたらされることでしょう。

　流動性リスク管理における自己評価については、自社および自社グループの特性について分析が必要であり、当然弱点を補うことが目的となります。預金は流動性預金が多いのか定期性預金が多いのか、市場性調達残高と預金残高の割合が他の金融機関と比べて高いのか低いのか、資本調達において負債性資本への依存度が高いのか低いのか、等々、一般的な財務分析手法が使えるものだけでもきちんと分析すれば流動性リスクに関しても考えるべき点は多々あるはずです。流動性預金が相対的に高いという場合、まず気になる

点は「自社クレジット悪化時における預金流出」であり、流出率をどう見積もればよいのかというかたちでリスク分析が進むはずです。市場性調達残高が高い場合は、「クレジットラインの維持および拡大」がオペレーション執行部門での重要課題となり、預金利率よりも調達コストが高い分、運用部門においてもより収益を確実にしていかないといけません。負債性資本依存度が高い場合は、さらに高い収益力をつけないと、いつまで経っても資本増強は達成できず、負債性資本のロールオーバーを検討し続けることになります。こうした自社の財務分析や調達構造等をかんがみてストレステストシナリオをつくりあげ、その対応策を講じることで統合リスク管理対策として効果が上がることが期待できます。つまり統合リスク管理における流動性リスク管理が果たすべき役割を考えながら、ストレステスト上必要となる所要バッファー額の増加に歯止めをかける方法を検討することになります。これまでの一般的な監査は、組織横断的ではなく監査対象部門を特定したうえで当該部門の業務内容しかみなかったため、リスク管理部門を対象とした監査を行っている場合には、財務分析的な観点の内容について指摘することは若干的外れになるかもしれません。リスク管理部門というよりは財務企画部門への働きかけになるかもしれませんが、バーゼルⅢ対策という点では留意すべき事項です。監査は特にリスク管理部門に限定される話ではないので、リスク管理能力向上の過程において、新しいシミュレーションモデルがつくられればもちろんその内容を調査する役割が求められますが、バーゼルⅢが完全稼働している2019年以降に関してはコーポレートガバナンス全体に対する項目が中心となるでしょう。組織機能の有効性を調査するうえでは、担当役員レベルの問題意識に関しては当然高くあるべきという監督当局の考え方もあるので、担当役員や部長クラスに対する面談の実施を必ず行い、問題点や解決すべき課題に関して適切な説明ができるのかを確認することも必須となってくるでしょう。監査部門は経営トップからの直轄部署となっているケースが多いので、明確な方針を示していない、現状の問題点が正しく把握されていない、というようなマネジメント層がいれば指摘せざるをえないのがバーゼルⅢ対策だと思います。監査という立場であっても、まるで経営者

のように組織横断的な話をするのはサラリーマンにはきつい内容かもしれませんが、「指摘しないのは悪である」「監督当局から指摘される前に指摘して改善するべきだ」と考えれば、もう一段進んだコーポレートガバナンスが実現できることでしょう。

【完全適用後の監査のポイント】
・各部門への監査時に、当該担当役員や部長クラスに対する面談（課題認識、方向性等）
・各種シミュレーション機能追加時におけるモデル内容の確認と妥当性
・統合リスク管理との整合性確認
・自己評価の実施内容、評価の妥当性確認
・ストレスシナリオ内容の妥当性や策定手順の確認
・ALM運営における各種分析の実施状況

第7章

バーゼルⅢ
その他規制との関連性

バーゼルⅡまでは自己資本比率規制のみに数値達成基準が設けられていましたが、バーゼルⅢでは新たに流動性規制とレバレッジ規制にも数値達成基準が設けられました。それぞれの内容をクリアしようとする場合、どうしても相反する項目が出てくることになり、均衡点の模索が今後必要になってきます。本章では流動性規制と関連規制等との関連性について触れていきます。

1 資本規制

流動性規制との関連性を考える前に、まずバーゼルⅡからバーゼルⅢへの移行における資本規制の内容に関する変更点を考えてみましょう。主たるポイントは以下のとおりです。

【資本規制に関する主な変更項目】
- 資本の質の向上が求められる……普通株等TierⅠのみでの最低水準が明確化
- TierⅡの参入基準変更……Upper/Lowerの概念がなくなり、負債性資本算入ルールも厳格化
- その他有価証券の評価損益……評価益／評価損ともに100％TierⅠ計上（その他包括利益累計額）
- 2つのバッファーの概念あり……資本保全、カウンターシクリカル

資本の質向上という点では、普通株等TierⅠに関する2019年までの段階適用が公表されており、2013年から適用が開始されています。普通株等TierⅠは内部留保と普通株式による資本調達が中核となっており、完成形である2019年においては4.5％を最低水準としています。基本概念としてはゴーイング・コンサーン・キャピタルという位置づけであり、破綻処理における損失吸収ではなく、業務継続中での損失吸収を想定しています。この項目を増強するということは資本調達か収益力アップということになり、資本調達を

行う場合は流動性規制におけるLCRのInflowもしくはNSFRのASFの項目に影響を与えることになります。収益力アップに関しては流動性規制において直接的な影響は出てきませんが、貸出における信用スプレッドの拡大や、有価証券投資におけるデュレーション調整等の問題が出てくるため、流動性バッファーをどのように保有するのかが関連項目としてあげられます。

　TierⅡの参入基準変更に関しては、大前提として経営方針をどう位置づけるかによって流動性規制と大きく関係してきます。特に劣後負債に関しては、ステップアップ条項の有無や劣後性そのもので資本性として認定されるにはより厳格なルールになっています。したがって今後もTierⅡに計上される負債性資本をロールオーバーしていくのかどうかが重要です。特にNSFRに関しては長期負債が分子項目に計上されるので、資本性負債が必要なのかどうかによってシニア長期調達の実施の有無を検討することにもなり、ALM上でも高コスト体質になって収益圧迫にもつながりかねません。一方で資本性が認められない等の理由から既往の劣後負債を返済していくということになると、当然すべてOutflowに計上されていくことと、NFSRのASFが減少するので、問題ない水準をきちんと把握することが必要です。

　その他有価証券の評価損益に関しては、国際基準行と国内基準行の取扱いが大きく異なっており、国際基準行に関しては評価損益がそのままその他包括利益累計額に反映され、TierⅠにヒットすることになります。一方国内基準行に関しては評価損になっても自己資本比率には直接影響を与えないルールが2014年までの暫定ルールから恒久化されたため、その他有価証券の評価損益はコア資本にはヒットしないかたちとなります（2013年3月8日金融庁プレスリリース「「自己資本比率規制（第1の柱）に関する告示の一部改正（案）及び監督指針（案）」に対するパブリックコメントの結果等について」参照）。もともと暫定ルールが適用されていたことから、国内基準におけるその他有価証券の評価損益について特に変更はありませんが、国際基準行に関しては評価損の場合は60％を資本から控除、評価益の場合は45％を上限にTierⅡ計上していたので、評価益であれ評価損であれ、劇的変化になります。このため国際基準行と国内基準行では運用手法に差が生じることは間違いなく、国際

基準行ではよりいっそう評価損を計上しないことに注意を払う必要があります。その他有価証券の評価損益に関しては当然LCRのHQLAに間接的に影響を与えますが、注意すべきはLCRの数値上の問題というよりも細かい部分の質的変化です。LCR上のHQLAは保有資産のデュレーションは直接関係ないので、国際基準行の場合は「資本規制の影響でHQLAのデュレーションが5年から2年に変わる」というような変化が起こりうることになります。

　資本に関するバッファーが設けられることに関しては、従前の8％から上乗せされるかたちになります。資本保全バッファーは2016年以降0.625％ずつ積み増していき2019年の最終形では2.5％となり、最低水準＋資本保全バッファーは10.5％となります。資本バッファーはストレス期における取崩しは可能ですが、2.5％を下回ると内部留保の蓄積が求められる仕組みになっています。一方カウンターシクリカル・バッファーはマクロ経済の過度な信用拡大を防ぐために、バーゼル銀行監督委員会が公表したガイダンスでは、各国における「民間セクターの債務調達／GDP」を算出したうえで、長期トレンドとの乖離を考慮して0～2.5％の間で決定するものです。乖離が小さければ上乗せ幅が0に近づき、乖離が大きければ2.5％に近づくことになります。簡単に考えれば貸出面からみた国内景気動向に近いかもしれませんが、信用供与が進んでいくとこの上乗せが求められることになります。これら2つの資本バッファーに関しては、NSFR向上にはつながりますが、カウンターシクリカル・バッファーの積増しが求められている状況においては相応のOutflowの増大が発生している事態が想定されるため、必ずしも流動性規制の数値規制に対してプラス効果があるとは言い切れません。資本勘定に対応する資産がレベル１資産になっていればよいですが、その他資産になっていると資金効率がよくなるわけではないので、かえって悪化する可能性もあるでしょう。

　こうした資本規制の影響を総合的に考えた場合、資本調達が頻繁に実施可能ではないので、業務計画とその達成度合いが重要です。TierⅡ依存体制から脱却するのかどうか、収益目標をどのように設定し、その収益が順調に積み上げられているのかということは、業務計画やその後のリスク管理委員会

やALM委員会等の会議体にて議論されるべき内容であり、その決定事項や進捗状況が情報共有され、それぞれのインパクトを分析していく作業が必要です。国内基準行に関してはその他有価証券の評価損益問題がクリアされるため、市場運用部門へのプレッシャーは小さくなりますが、国際基準行では「市場環境次第ではHQLAの売却をしないと損失発生になる」ということを考えてしまうので、HQLAの保有方法に関しては十分意見交換し、「価格変動リスクが小さい短期国債等によって所要担保額の大半をカバーする」という運営方針なのか、あるいは「レベル２資産となる有価証券を減らしてレベル１資産へシフトさせたうえでデュレーション維持を目指す」という運営方針とするかといったような、なんらかの社内意思決定は必要でしょう。デュレーション短期化は評価損益のぶれを減らす効果をもたせる手法ですが、レベル２資産からレベル１資産へのシフトは、質的変化によって保有すべき流動性バッファー総額を減らすことと、商品性自体のボラティリティーがレベル１資産のほうが小さいので、結果的には資本規制対策を行いながら流動性規制対策にもなる手法になりえます。後者の方法を選択する場合、デュレーションが相応に長いものをもつことが考えられるため、その他有価証券での運用であっても売買目的有価証券のような運用スタイルに近づくことが予想されます。

2　レバレッジ規制

(1)　レバレッジ規制の概要

　レバレッジ規制については、過度なオンバランス／オフバランス上のレバレッジ積上げによる、ストレス時における資本の毀損や信用収縮を回避すべく、リスクベースの自己資本比率規制の補完的項目として導入決定されました。2015年より開示開始予定であり、2018年より第１の柱への移行を視野に置いています。レバレッジ比率の算出式については、バーゼルⅢベースでのTierⅠを分子、エクスポージャー額を分母とし、現時点では３％を最低要件

としてテストを実施していますが、2017年中に最終的な数値目標水準が確定する予定です（執筆時点では市中コメント期限が2013年9月20日となっていたため未確定な状況であることにご留意ください）。

　2013年6月に公表された内容としては、「会計上の計数（引当や評価調整をネットしたベース、貸付金と預金のネッティングは認めない）」を一般原則としてエクスポージャー額を算出することになりますが、以下の点が主要ポイントとしてあげられます。

【レバレッジ規制エクスポージャー額算出ポイント】
・担保の削減効果……認められない
・デリバティブ取引……カレントエクスポージャー方式による「再構築コスト＋アドオン」
・証券金融取引（SFT（注））……グロスベースでのSFT資産および貸出資産と借入資産の評価差額
・オフバランス項目……原則100％の掛け目適用（一部10％が適用）
（注）　SFT：Securities Financing Transaction

　上記のうち考慮すべき問題の1つ目は、デリバティブ取引に関しての内容です。当初はバーゼルⅡ上のネッティングは認める方向性でしたが、ネッティングに関する点では見直しされ、変動証拠金として現金受入れをしている場合であっても、デリバティブの担保受取分はネッティングせず、グロス認識するという考え方に方針変更されています。またCDSに関してはプロテクションの売りを行っている場合、別途想定元本を加味することになりました。CDSがサブプライム問題やリーマン・ショック発生原因となっていることを考慮されたものと推測されますが、エクスポージャーベースで考えると結局プロテクション売りは全額計上のイメージになるので、デフォルト確率を考慮してプレミアムが計算されていても、為替系や金利系のオプションに比べて相当重くなった感があります。

【CDSを行った場合の取扱いおよびエクスポージャー額】

〈取扱いについて〉
・参照資産へのエクスポージャー額を認識し、実質的な想定元本を計上
・同一の参照銘柄によるプロテクションの買いと売りがある場合は相殺可能
・カウンターパーティー・エクスポージャーは相殺が行われた部分に限定して計上

〈算出例〉
・参照銘柄はどちらもA社（優良債務者）
・自社が銀行Bとの間でプロテクション売り200を実施（CDS①）
・自社が銀行Cとの間でプロテクション買い100を実施（CDS②）
・CDS①および②は、ともに残存期間1年

→CDSに関するエクスポージャー額は（200－100）＋｛(100＋100)×5％｝＝110

⇒プロテクションの売りと買いに係る想定元本の差（200－100）と、CDS①とCDS②の相殺に供する部分に係る優良債務者に適用される掛け目（(100＋100)×5％）を加算

（出所）「バーゼルⅢレバレッジ比率の枠組みに関する市中協議文書の公表について」（2013年7月　金融庁／日本銀行）を参考に筆者作成

　国内景況感がずっと低迷してきたことで、国内金融機関は貸出案件そのものにハングリーな状況だったため、ローンポートフォリオ全体に関する問題はどこかに置かれているような印象があり、本来であれば理想とする1件当りの金額、業種バランス、格付バランス、貸出期間の分散化等、考えるべきことはたくさんあります。国内のように金融機関の合併によってメガバンクとそれ以外の規模の格差が大きくなった状況において、グループ総与信的な発想を考えた場合、「旧財閥系Aと旧財閥系Bのスワップ」ともいうべき貸出債権の移転があっても本来はおかしくありません。しかし残念ながら、CDSを使ってそのローンポートフォリオを是正するという業務運営上きわ

めてまっとうな考え方は、サブプライム問題やリーマン・ショックを経て、成立しないような取決めになってしまった感があります。まるで欧米金融機関が行ってきたことに対する金融機関全体への連帯責任のようですが、これもまた1つのルールとそれに対する意見として理解する以外にありません。

　また、最近問題になっているのはレポ取引等のSFTに関する見直しです。SFTの想定元本については会計上のネッティングを考慮せず、グロスベースでのSFT資産を算出し、カウンターパーティー・エクスポージャーでは貸出資産と借入資産の評価差額（ゼロフロアあり）を算出することになります。このため銀行が日本国債を使ってレポを行うと以下のようになります。

【日本国債によるレポ取引によるエクスポージャー額】
日本国債の額面：100億円
上記国債の時価：100億円（担保差入れ、ヘアカット率2％）
資金調達額：98億円（ヘアカット考慮後）
　旧方式での算出：資金調達分98億円＋担保国債元本100億円＝198億円
　新方式での算出：資金調達分98億円＋担保国債元本100億円＋｛想定元本100億円＋評価差額金2億円（貸出資産の国債100億円－借入資産現金98億円）｝＝300億円

　つまり100億円相当のレポ取引を実施すると、レバレッジ規制上のエクスポージャー額は300億円となり、実態上の取引感覚よりも重い印象が残ります。レポ取引における担保有価証券がどのようなものかを考慮していないため、レベル2資産やその他資産によるレポ取引をカバーすべく決定したルールだとは思いますが、国内市場のように事実上レポ取引が日本国債くらいしか機能しないことを考えると、自国のソブリンリスクもすべてエクスポージャーとして計上する感覚であり、too muchな印象が残ってしまうでしょう。

　かつて国内でも譲渡性預金やコマーシャルペーパーのポジショニングやディーリングが華やかでしたが、その頃のイメージからすれば、仮に実質ゼ

ロ金利政策が終わって再度ディーリングができるような環境になった場合、このレバレッジ規制に対する統制がうまくできるかどうかはかなり疑問です。これはレポ取引を行う部署とレバレッジ規制対応として統制を図ろうとする部による連携と統制能力次第と考えられます。というのは、現先取引やディーリングを行っているディーラーからすれば、自分のポジションによる鞘抜きが使命なので、よさそうな玉があれば仕入れに走り、鞘抜きできれば売りを行います。その時の資金繰り調整が違う部署・違うチームということであれば、当然資金連絡があることになるのですが、短期金融市場で行われる取引は当日スタートもたくさんあるので、結果的にレポとリバース・レポがふくらむ可能性が出てくるということです。レバレッジ規制対策とは、究極的には「同一商品あるいは同一顧客等との往復による不必要な鞘抜き回避」という考え方でもあるので、昔ながらの銀行が本来もつ信用創造機能に関して、結果的には最終資金調整のところにまで規制が波及してしまい、少なくとも短期金融市場の活性化という点ではかなりネガティブな規制になってしまう可能性があります。

オフバランス項目に関しては、無条件で取消可能なコミットメントラインは10％の掛け目適用となっていますが、それ以外は原則100％計上になります。国内市場ではコミットメントフィーの支払の有無がコミットメントかアンコミットメントかの1つの判断材料と考えられるので、解約可能条項が盛り込まれたコミットメントラインであれば10％適用となる可能性はあると思いますが、コミットメントラインに関しては緊急時対策として設定されている場合もあるので、緊急時対策の色彩が強いものは解約可能条項を盛り込むことも困難であると考えられます。

(2) 流動性規制への影響

上記レバレッジ規制内容を見据えると、最も影響が大きいのは有担保資金調達（現先取引を含む）に係る対応です。欧米ではデレバレッジを意識する金融機関もあり、レベル2資産やその他資産による恒常的なレポ等の市場が縮小する可能性があります。資金効率としては本来資金化できる市場がある

ことは有効であるはずですが、現状発表されている内容をみる限りでは、国内市場でもレポ市場が縮小していく可能性があります。わかりやすい例でいえば、調達環境としてなんらかの懸念材料がある状況（軽度の逼迫度区分の懸念時の状態）において、無担保調達から日本国債を使ったレポによる調達に比重をシフトさせたくても、レバレッジ規制の影響でそれが実現できないという事態が想定しうるということです。これはいわば日本国債の売却による資金調達を行うということを意味しており、P/Lが生じることになるので、最終的には資本規制にも影響を与える可能性も出てきます。その意味では、複合規制のあり方をふまえた最終形の確定が待たれますが、レポでの資金調達ではなく資産売却を優先せざるをえない制約を受けるとなると、流動性規制であれ資本規制であれ、かなりの影響を受けることは間違いありません。今後、QIS等によって複合規制の具体的な数値や意見がわかってくると、この点に関しては見直しがなされる可能性はあるでしょう。国内でも各証券会社が単体ベースでバーゼルⅢの各規制値を気にするようになると、業者業務と自社の資金調達に関して根本的に考え直す話になりかねないので、国内市場においてさまざまな影響が出てくるかどうか注意が必要です。

　デリバティブ取引に関しても業務運営上の影響は大きいでしょう。前述のとおり、CDSのプロテクション売りに関して厳しい条件を課すということは、ローンポートフォリオ上の業種バランスの是正やデュレーションの是正をCDSによって行うことはむずかしくなり、ALM運営としては効率を悪くすることにつながります。しかしレバレッジ規制上のデリバティブ取引に関する流動性規制とのつながりで考えていくと、少なくとも不必要なCDSのプロテクション売りは回避され、その分だけ所要担保額の減少可能性や突発性資金需要の発生可能性低下という影響はあると思います。ただ、レポ取引に関する内容の影響度が大きすぎるので、業務運営上の影響度は大きくても、流動性規制への影響という点では、デリバティブ取引に関する内容が与えるインパクトはそれほど大きくないと考えられます。

3 会計基準に関する影響

バーゼルⅡ時代では会計基準との整合性がかなり意識され、ネッティングの概念等が導入されてきましたが、ご承知のとおり国際的な会計基準の統一が宙に浮いたような状況になっており、バーゼルⅢと会計基準の融合に関しては不透明となっています。しかしいまひとつはっきりしない点のなかでも織り込まざるをえない要素もあり、コンバージェンスが進む国内会計基準における会計処理との矛盾が生じないように意識すべきポイントがあります。

国内会計基準では2011年度より「金融商品に関する会計基準」(企業会計基準第10号)および「金融商品の時価等の開示に関する適用指針」(企業会計基準適用指針第19号)が適用され、長期借入れ等を含めた負債項目に関する時価評価の開示が適用されています。この新基準においてはまず「負債の時価評価」という概念があり、長期借入金等を時価算定するようになっています。理解しやすくするために長期借入金を例にしてどのようになるかを考えましょう。

【例1 長期借入金の時価評価の概念】
- 調達金額:100億円
- 調達期間:5年(調達は1年前、残存期間4年)
- 調達金利:2.0%
- 期間4年の再調達コスト:1.7%
  → 負債の時価評価額:100億円×(1.7−2.0)%×4年=▲1億2千万円

「負債の時価評価において、自社のクレジットが悪化したことによって黒字が計上された」という問題をご存じの方も多いと思いますが、上記例でいえば、「自社クレジットが悪化した≒再調達コストが上昇」ということになるので、1.7%ではなく2.3%になったような事象の発生を意味します。会計

基準面では国内の基準においてはP/Lにヒットしないため、国内企業は負債の時価評価で大幅な黒字計上ということはありません。現状の国内基準では第19号に基づくトレーディング勘定を対象とした開示項目となっているため、あくまで開示上の影響のみです。しかし、リーマン・ショック発生前の米国ではこうした事象が発生し、P/Lに影響することが広く問題視されることになっています。

　この負債の時価評価がどのように流動性規制と関係してくるのでしょう？それは緊急時の資金調達に影響を与えるという話ではなく、NSFRの算出基準（場合によってはLCRの算出基準）との相違が発生する可能性があるということです。特に議論が生じない借入内容であればよいのですが、デリバティブ付負債があると、どういう根拠で負債の時価評価をし、どういう根拠で償還を見積もるのかが重要になってくるということです。そこで流動性規制上の考え方と負債時価評価上の考え方を比較してみましょう（図表7－1参照）。

　本来は流動性規制に関しても時価評価ベースの考え方が根底にあるため、期待マチュリティーベースでの償還判定自体は適切な処理（ただし期待マチュ

図表7－1　償還に対する考え方の比較

途中償還条項内容	流動性規制上の概念	会計上の概念
償還オプションは自社（発行体）が保有	In the money判定もしくは償還日	期待マチュリティーベースが原則
償還オプションは投資家が保有もしくは市場価格によるトリガー	In the money判定もしくはNext Callベース	期待マチュリティーベースが原則
補足説明	デリバティブの担保に係るキャッシュフロー計算でIn the money判定という概念あり。流動性リスク計測上、早く償還するとみなすことには管理上問題なしと考えられる。	時価算出であるため、期待マチュリティー以外に概念上成立するものがない。

リティー算出根拠は重要）ではありますが、流動性規制上の負債の償還判定に関してはルールが不明瞭であり、コールオプションを発行体側が保有していれば（デリバティブ部分の終了のみなので）負債そのものは償還日まで継続するという考え方を支持すると、期待マチュリティーよりも償還見通しを先延ばしして評価することが可能になってしまいます。より厳格な見方をするうえで、負債の償還判定において流動性リスクの計測上はすべてNext Callベースで行うことによって会計上の概念と異なることは問題ないと考えられますが、基準日時点での時価評価ベースが原則である以上、会計基準による期待マチュリティーベースでの償還判定が最も矛盾がない方法であり、NSFRの分子計上ではディスクローズの観点からも期待マチュリティーベースを採用するほうが望ましいでしょう。問題は会計処理として期待マチュリティーベースの償還データが四半期ごととなり、流動性規制のディスクローズのタイミングとあわない可能性もあるので、期待マチュリティーベースを採用する場合は作業負荷に関する点の確認も必要になります。

　負債の時価評価に関しては、「バーゼルⅢ：より強靭な銀行および銀行システムのための世界的な規制の枠組み（原題）BaselⅢ: A global regulatory framework for more resilient banks and banking systems」（2011年1月20日全国銀行協会事務局仮訳案）において、以下のように記載されています。

【バーゼルⅢにおける負債時価評価に関する事項】

公正価値評価される金融負債における自らの信用リスクの変化に伴う累積的利益および損失

75　普通株等TierⅠの計算において、銀行自身の信用リスクの変化に起因する負債の公正価値の変動によって生じる未実現損益はすべて除外されなければならない。

　つまり、資本規制におけるその他包括利益項目においては、自社クレジット変化によるその他包括利益へのインパクトは除外対象項目という概念になっており、自社クレジットの悪化によるP/L増加効果による自己資本比率

の向上は認めない姿勢になっています。これはもともとALMマッチング上の概念においては自社クレジットのヘッジは不可能であることから、バーゼルIII資本規制の算出ルールが従来のALMマッチング上の負債の概念に直接的に変化を与えるものではありません。評価をするという点で市場金利変化と自社クレジット悪化部分をどう切り分け、自社クレジットのみ反映しないということができるかどうかの作業上の問題はありますが、自社の調達コストなので市場金利とクレジットスプレッドの把握は可能なはずです。以前よりALM運営が資産側の市場金利変動リスクと負債側の市場金利変動リスクをマッチングさせる方法であるということで、バーゼルIII資本規制においては米国会計基準によって指摘された問題はクリアされているという考え方になっています。

　あらためて、前述の長期借入金の例1に関して、自社クレジットの部分と市場金利部分に分けて考えてみることにしましょう。固定金利調達における自社調達コストに関しては、スワップレート等を参考にすれば逆算できるはずなので、便宜上対LIBORスプレッドをクレジットスプレッドとして考えると以下のようになります。

【例2　長期借入金の時価評価の分離】
・調達金額：100億円
・調達期間：5年（調達は1年前、残存期間4年）
・調達金利：2.0%（LIBOR+1.0%を固定化したもの、LIBOR+1.0%が自社コスト）
・期間4年の再調達コスト：1.7%（LIBOR+0.8%を固定化したもの、LIBOR+0.8%が自社コスト）
　→自社クレジットは1.0%から0.8%へと変化し、▲0.2%
　　市場金利は1.7−2.0−(▲0.2)＝▲0.1%
　⇒市場金利部分の時価評価：100億円×(▲0.1%)×4年＝▲4千万円
　　自社クレジット部分の時価評価：100億円×(▲0.2%)×4年＝▲8千万円

さて、もともと会計基準の世界基準の統一化ということを考える場合、バーゼルⅢと同様、企業の力を同一ルールのもとで比較できるようにすることがコンセプトではありますが、2015年に強制適用という話まで出ていたものの、その後強制適用は先送りされています。2013年6月20日に金融庁が「国際会計基準（IFRS）への対応のあり方に関する当面の方針」を公表していますが、前提条件として現状の国内会計基準が世界的にみても高品質な状況にあるということをふまえつつ、IFRSの任意適用要件の緩和、会社法上と金融商品取引法上の開示内容に関する単体財務諸表開示に係る負担軽減検討等について触れており、現実的な作業負担に関する問題意識があることがわかります。もちろんIFRS導入に関する初期コストの問題や、統一化に関する定義や進捗スケジュールが明確になりきっていないという問題があるのは事実ですが、作業負担以外の業務運営面に関してIFRSを導入した場合の影響を考えてみる価値がありそうです。そこでまず国内銀行のALMを例とした場合、銀行側が意識する国内会計基準ベースでの現時点における大前提は以下のとおりとなっています。

【例　国内銀行におけるALMの大前提】
・調達コストは年率0.2％
・年間所要コストは年率0.5％
→運用側で求められる利回りは年率0.7％（＝0.2＋0.5）以上（事実上の確定利回り）

上記大前提において、まず預金等で調達される資金は、たとえ長期負債であっても中間利払いがあることが一般的であるので、根底の考え方は実払いコスト（会計的には経過利息を勘案）となっています。銀行が負担すべき各種コスト（人件費、システム費等）は必ずしも期内になるとは限りませんが、基本的には実際にかかる費用という概念であることから、運用で得られる収益も（経過利息を勘案後の）実現益であることが求められることになります。もしALMの概念を無視し、運用側は時価会計という発想で「次の瞬間に儲

かっていればよい」と考えて債券売買を行った場合、必要となる年間コスト0.5%（＝0.2%＋0.3%）が確保されるかどうかは終わってみないとわかりません。そこで運用利回り0.5%以上である運用商品と会計処理方法を選択することが意識されます。現行の国内会計制度に関しては、仮に債券運用を想定した場合、購入時に保有区分を指定することによって会計処理方法を選択できるので、適切と思われる保有区分を選択します（現実は運用する部署によってあらかじめ保有区分は特定されます）。単年度決算として考えれば、「その他有価証券」もしくは「満期保有債券」を選択し、1年間もち続ければ（強制評価損が発生しない限り）確定利回りが獲得できます。現行の国内会計基準では、もちろん保有している債券の時価評価を行う必要はありますが、売却しない限りは実現しないので、単年度P/Lには影響を与えないかたちで処理されます。

　このように根底にある発想は「実現損益発生主義的な会計処理」であり、この考え方を長年続けてきているので、経営陣から実務担当者に至るまで理解しやすいのは実現P/Lからのアプローチになります。デリバティブ（特定取引勘定）の普及で俗にいう時価会計に関しても慣れてきていますが、評価損益がP/Lにヒットすることは、フロー中心ではなくストック中心のビジネスモデル上、「負債側も時価評価すればよい」ではなく、「資産側を確定利回りにすればよい」という選択をしているという考え方もできるでしょう。

　実際に実現利益を意識する考え方が根強く残っているのは、日本国債現物／先物オプション市場をみるとわかります。オプションストラテジーにおけるごく一般的なものですが、「（現物／先物＋）コールオプションの売り→カバードコール」と「プットオプションの売り（権利行使されれば現物／先物の買い）→ターゲットバイイング」の取組姿勢です。金融商品に係る実務指針の内容変更が過去行われたことで、いまではプットオプションの売りを避ける運用手法が確立しており、その影響でコールオプションとプットオプションのインプライド・ボラティリティーを比較すると、ヒストリカルにはコールオプションのほうが低くなりがちになっています。つまりコールオプションは売りやすいが、プットオプションは売りにくいという傾向が出てい

るということです。

【日本国債先物オプション取引例】
① カバードコールの場合
・保有している現物（買い）は100円
・ストライクプライス102円のコールオプション売りのプレミアムは1円
・オプション終了時の現物価格は104円
→全体の損益は＋3円
② ターゲットバイイングの場合
・取組み時先物価格は100円
・ストライクプライス98円のプットオプション売りのプレミアムは1円
・オプション終了時の先物価格は96円
→全体の損益は▲1円

　上記例において、昔の会計処理では、オプションプレミアムは権利行使が確定すると実現損益として計上され、権利行使後の簿価はストライクプライスという概念になっていましたが、その後の変更に伴い、オプションプレミアムそのものの時価評価による実現損益を計上することになりました。この変更に伴い、どのような変化が起こるのかをみてみましょう。

【前述の例における損益内容】
① カバードコールの場合
〈変更前〉現物：100円から102円（ストライクプライス）までの＋2円
　　　　　オプション：プレミアム＋1円
　　　　　合計：＋2円＋1円＝＋3円
　　　　　（現物もオプションもなくなり、すべて実現損益）
〈変更後〉現物：100円から104円（終了時現物価格）の＋4円
　　　　　オプション：プレミアム1円＋ストライクプライス102円－
　　　　　現物価格104円の▲1円

合計：＋4円－1円＝＋3円

（現物もオプションもなくなり、すべて実現損益）

② ターゲットバイイングの場合

〈変更前〉オプション：プレミアム＋1円

オプションが終了し、プレミアム1円が実現損益

現物は簿価98円での保有となり、評価損益は▲2円

〈変更後〉オプション：プレミアム＋1円＋現物価格96円－ストライクプライス98円の▲1円

現物は簿価96円となり、評価損益ゼロ

つまり、ALM運営上における債券投資において、上記のような会計処理変更があると、評価損益を気にせず実現損益を気にするということから、特定取引勘定（売買目的有価証券）であればまったく気にしない話であっても、銀行勘定（その他有価証券）では実現損益が読めなくなるという理由から回避するということが過去の例から読み取れます。会計処理変更に伴って運用手法に気をつけるというよりは取引自体をやめてしまう発想であるため、明確な方向性がわからない制度変更に関して、積極的に対処方法を考えるという姿勢をとることはむずかしいと考えられます。

こうした背景があるなかで、IFRS導入がどのような意味があるのかを考えましょう。IFRS9を想定して考えると、その他有価証券における現行の国内会計基準での処理に比べると国内銀行にとっては何とも不都合だと思われる事象が出てきます。

【現行の国内会計基準を前提とした銀行勘定（その他有価証券）における債券投資の役割】

・ALMマッチングを想定したクーポン収入期待
・金利低下時における、キャピタルゲイン確保による収益積上げ
・流動性ストレス発生時における換金性確保

上記3つの要素をうまく融合している内容がIFRS 9ではうまくいきません。IFRS 9では「公正価値」と「償却原価」という概念での資産保有が前提となっており、「公正価値」を想定するとP/Lにヒットするかその他包括利益にヒットするかという道になります。この場合、その他包括利益をいったん選択すれば処分時においてもその他包括利益での計上となります。一方「償却原価」という概念であれば、識別要件としては「契約上のキャッシュフロー回収を目的とする」ことと「特定の日に元本および利息の支払のみキャッシュフローを生じさせる」ということがあり、実効金利法に基づいて償却原価を算出していくことになるため、現行の国内会計基準における満期保有と同じような概念となります。こうした内容をふまえると、「途中売却したら実現損益をP/Lで計上、保有している間は評価損益のP/Lヒットはなし」という国内銀行にとって都合のよい要素がないため、評価損益を常に意識するか、その他包括利益を意識したオペレーションを実施するのか、満期保有的な発想にするのかという運営方針を明確にする必要があります。

　バーゼルⅢにおいては、有価証券の評価損益に関連するその他包括利益項目は自己資本比率を算出するにあたって考慮されるので、自己資本比率算出上においては現行のその他有価証券とほぼ変わらないという考え方もできると思いますが、「収益が不足気味だから債券の売却益を出そう」というような経営方針はうまく機能しません。ですからこれまでの実現損益至上主義しか理解していないと、とてもバーゼルⅢやISRS 9への頭の切替えは困難でしょう。

　金融負債に関しても「公正価値」という概念と「償却原価」という概念があり、マッチングしているものに関してはやはり同じベースで会計処理されないとまったく機能しません。仮に資産側も負債側も全面的に「公正価値」の概念を取り入れるという経営方針にすればALMマッチングという意味ではきちんとマッチングするともいえますが、調達部門も運用部門も慣れ親しんだ会計処理から離れて新しい概念を受け入れられるかといえば、債券のオプション市場の例にみられるように、一種の試合放棄のごとく取扱い自体をやめるという選択をする可能性もあるので、先行的にIFRS 9を導入してい

くということには期待薄だと推測されます。

　なお補足ではありますが、流動性規制上の重要な概念である「処分上の制約がない」という点についても議論があるところです。現状のQISベースにおいてはその他有価証券もすべてHQLAに計上するのが一般的になっていますが、IFRS 9 を想定すると「償却原価」を選択した有価証券において「処分上の制約がない」と言い切れるのかという問題が生じることになり、その意味では売買目的有価証券「処分上制約がないもの」という位置づけになる可能性もあると思われます。

4　決済短縮化等の変更に関する影響

　流動性リスクを説明するにあたって、当然ではありますが決済方法の変更等があった場合には影響度を分析し必要な対処を考えなくてはなりません。そこで簡単にではありますが、国内金融機関を取り巻く環境のなかで２つの点について触れておきましょう。

(1)　日本国債決済短縮化

　日本国債の決済短縮化については、欧米各国の国債決済がT＋1～T＋2で決済されているなか、国内はT＋3となっていたことをふまえ、2010年6月に金融庁も国債決済短縮化に係る取組みの工程表の内容を支援するコメントを出しています。この工程表は金融庁による2010年1月21日付「金融・資本市場に係る制度整備について」の内容に従い、日本国債清算機関（JGBCC）や日本証券業協会等の市場関係者に対して国債取引における決済リスク軽減策の策定を求め、取りまとめられたものです。この工程表に基づき2012年4月23日約定分から、アウトライト取引がT＋2に短縮化され、引き続きT＋1への短縮化に関しても継続検討のかたちになっています。

　そもそもの目的としては、決済リスク量の軽減ということであり、未決済量として考えればT＋3の状況とT＋1の状況では3日分の決済待ちか1日分の決済待ちという違いとして表れるため、単純計算では、毎日同じ量の取

引を行う前提では未決済量は3分の1に軽減されます。この決済待ちの分が減少することが主たる目的ではありますが、もう1つの問題としてフェール対策があげられており、こちらに関しても日本証券業協会が「国債の即時グロス決済に関するガイドライン」の見直しを2010年12月22日に実施、フェールチャージの導入等のフェール発生時の市場慣行の定着化を図っています。

もともと短期金融市場において国債決済T＋2へのシフトより前からコール取引のRTGS化が導入されているだけでなく、外国為替取引やデリバティブ取引等、いわゆるスポット取引（T＋2）決済が一般的であることから、T＋2へのシフトに関しては致命的な問題が発生することもなく、スムーズに移行できたということができるでしょう。そのため具体的に影響が出てくると考えられるのはT＋1化へのシフト時ということになり、業務処理能力面や各種システム対応等も含め、市場参加者全員による創意工夫が必要でしょう。

市場整備や社内業務負担等とは別にして、一般的な決済短縮化に関する流動性リスクという点での影響については、以下のような点があげられます。

【決済短縮化に関する流動性リスク管理上の留意点】
・決済不能時における情報の早期入手(資金手当の必要性および可否判断)
・資金手当必要時における流動性ファシリティ等の代替手段の確保
・日中流動性に係る資金手当手段の確保

決済不能時に関しては、市場全体に及ぶ決済機関におけるシステム障害のようなものなのか、相対取引から波及した相手方の問題なのかによって対処方法が異なる可能性があります。市場全体に及ぶものに関しては通常決済先送り等の市場全体での決定事項がある可能性が高いのですが、相対取引が原因となっているものでは、弾力的な措置が出るにしても時間を要する可能性があるため、その間の資金つなぎが必要となる可能性があります。

バーゼルⅢ流動性規制に関して日中流動性に関する部分が規制内容に直接的な影響を与えていないなか、今後の流動性リスク管理上の改善ポイントと

して日中流動性対策がクローズアップされることはまず間違いありません。実際にバーゼル銀行監督委員会は2012年7月に「日中流動性管理のためのモニタリング指標に関する市中協議文書」を公表しており、日中流動性のモニタリングに関する事項やストレステスト等に関する内容が記載されています。

【日中流動性リスク管理のための、銀行の戦略に含まれるべき業務上の要素】

・銀行は、1日に見込まれる流動性の流出入をグロスベースで測定し、可能であればそれらの資金フローの日中のタイミングを予想し、日中の複数時点においてどの程度の幅のネット資金不足が生じうるかについて見通しを立てることができるべきである。

・銀行は、予想される業務活動及び利用可能資金（預金残高、未使用の日中与信枠及び利用可能な担保）と対比しながら、日中流動性ポジションをモニターすることができるべきである。

・銀行は、日中流動性管理の目標を達成するため、十分な日中資金を調達できるよう取り計らうべきである。

・銀行は、担保として用いうる資産を管理し、日中資金を調達するために必要であれば直ちに使用することができるべきである。

・銀行は、日中流動性管理の目的に沿って流動性アウトフローのタイミングを確実に管理する能力を有するべきである。

・銀行は、日中流動性フローの予期せぬ支障に対応できる体制を整えておくべきである。

(出所)「日中流動性管理のためのモニタリング指標に関する市中協議文書」2012年7月 日本銀行（仮訳）

上記文書に関する詳細な内容は割愛しますが、モニタリング指標案等も盛り込まれており、ストレス内容も4つの観点が記載されています。そのようななか、実際の資金繰りの観点ではどうでしょうか？　コール取引がRTGSで約定1時間後決済が実現しているので、決済不能額が少額であればコール

市場での資金調達で代替可能ではありますが、1,000億円を超えるような金額になってくると必ずしもコールでの資金調達が代替手段になるとは言い切れません。このため担保を余剰気味にしておき日銀ロンバート借入れで最終尻をあわせることは可能ですが、自助努力という点で日中コール取引やファシリティ利用に関しても常に意識しておくことは重要です。なお、資金繰りという観点ではレポによる資金調達も（市場全体がダウンしていない前提では）可能だと思われますが、日を跨ぐ取引に関してはレバレッジ規制の問題もあるので、各調達手法における調達可能額や規制値へのインパクトに関しても事前にチェックしておくべきでしょう。

(2) OTCデリバティブ取引改革

リーマン・ショック時の市場混乱への反省から、OTCデリバティブ取引に関しても決済機関を使ってカウンターパーティーリスクの軽減策が進められています。具体的には金融安定理事会（FSB）が2010年10月25日に「OTCデリバティブ市場改革の実施」という報告書を公表し、2009年9月のピッツバーグ・サミットで示されていたOTCデリバティブ市場改革に関する具体的な方向性を示しました。このOTCデリバティブ取引に関する改革の方向性としては、以下のとおりです。

【FSBが示すOTCデリバティブ取引の方向性】
・2012年末までに、標準化されたOTCデリバティブ取引は取引所もしくは電子取引プラットフォームを通じて取引し、中央清算機関を通じたクリアリングを実施する
・OTCデリバティブ取引に関する内容を取引情報蓄積機関にて蓄積させる
・中央清算機関によるクリアリングが実施されない取引にはより高い資本規制を要求する

デリバティブ取引と一言でいっても、その適用範囲や標準化作業等に関し

ては簡単な話ではありません。俗にいうプレーンバニラに引き直せるものが前提となり、非線形オプションなどの取組みに関しては、社内的には高い資本コストチャージをしたうえで取引実施を執行部署に対して認めるということになります。社内的な資本配賦等の手続を別にすると、現状締結されているCSAに伴う担保移動において、一義的には中央清算機関が絡むことで、担保の動き方が変わりうるということになります。複雑な内容のものは引き続きCSAに基づいて担保の出入れが残り、プレーンバニラだけが中央清算機関を通すので、担保差入れ先が1つふえるようなイメージに近いかもしれません。ただこれに伴ってカウンターパーティーリスクは小さくなるはずなので、全体的なリスク量はおそらく小さくなり、しかしCSAに基づく取引については資本コストが追加的にかかると考えれば、当該制度変更に関する初期投資分を除いた業務運営上のコスト面では軽減されるとは限らないでしょう。

　流動性リスク管理との関連性に関しては、この担保の動きの変化が重要になります。時代の経過とともに中央決済機関を通す商品がふえてくると、当初はCSAでカバーされていないもの（外国為替関連取引等）の存在や、CSAそのものを締結していないことで、導入後数年間は所要担保額が増加する可能性があり、当然LCRにも影響を与えることになります。また移動する頻度も高くなってくる可能性があるので、計数把握に関しては作業負荷がふえてくる覚悟は必要です。ただデリバティブ取引の市場拡大が期待できるかといえば、バーゼルⅢそのものの考え方をふまえると、レバレッジ規制等の影響もあって、複雑な商品への取組みが急速に縮小する可能性もあります。そもそも担保所要額の変化に関しては、たとえば国内市場での各種資金調達における有担保化が進めば必然的に所要担保額もふえてくることになるので、中長期スパンで考えれば、デリバティブ取引の中央決済機関を通すという影響は軽微なものと考えられます。

　いずれのケースにおいても、決済関連での影響度ということなので、主体的に問題意識をもつのは決済関連部門であり、リスク管理部門としては若干距離がある話になりがちです。決済関連部門はこれまでのルールが変更され

ることは、担保移動の日付が変更となっていたり、所要担保額が変更となる可能性があるので、資金や担保の受渡しに関してよりいっそう注意を払うことになり、業務量的にも作業負荷がふえることが予想されます。リスク管理部門としては、流動性リスク管理とオペレーショナルリスク管理の両面でとらえる必要があり、決済ミスが生じたときに適切に対処できるシミュレーションは実施しておくべきでしょう。

第8章

ALM戦略への対応

バーゼルⅢが複合規制として導入されたことで、銀行における業務は「何か事を起こせばなんらかの規制対応上の影響を与える」ということがいえ、特に資金や担保が移動するとなれば流動性規制に直接的に影響を与えるということになっています。そうした複雑な内容であるがゆえに、段階適用されている間にさまざまなシミュレーションを実施し、最終形の2019年を万全の体制で迎えることが理想です。

　本章では流動性規制やその他規制とALM運営との関連性において、留意すべき点や検討すべき点に関していくつかのポイントに絞って説明していきます。

1　コア預金モデルと流動性規制

　金融庁によるコア預金の定義は、「明確な金利改定間隔がなく、預金者の要求によって随時払い出される預金のうち、引き出されることなく長期間金融機関に滞留する預金」となっており、もともとはバーゼルⅡ第２の柱（金融機関の自己管理と監督上の検証）におけるバンキング勘定の金利リスク量の測定に関する事項として記述されています。内容としては、コア預金の定義次第で計算される金利リスク量に関して大きく影響を受けるという問題意識から、コア預金モデルに関する監督上の指針を示しています。

【コア預金モデルに関する記述】
(ア)　①過去５年の最低残高、②過去５年の最大年間流出量※を現残高から差し引いた残高、又は③現残高の50％相当額のうち、最小の額を上限とし、満期は５年以内（平均2.5年）として金融機関が独自に定める
(イ)　金融機関の内部管理上、合理的に預金者行動をモデル化し、コア預金額の認定と期日への振り分けを適切に実施している場合は、その定義に従う
　　※過去５年で一度も預金の大宗において金利上昇が無かった場合は、過去５年を超える直近の金利上昇時の年間流出量

（出所）「バーゼルⅡ 第2の柱（金融機関の自己管理と監督上の検証）の実施方針について」（別紙）2005年11月22日付

　コア預金モデルに関する研究論文等は多々あり、2011年11月に日本銀行金融機構局が「コア預金モデルの特徴と留意点―金利リスク管理そしてALMの高度化について―」というペーパーも出しています。ここでは詳細な各種モデル内容に関する説明は割愛しますが、コア預金モデルに関する留意点と、流動性リスク管理上の影響に関して考察していきます。まずはコア預金モデルの問題点整理です。

　【コア預金モデルの主な問題点】
　① 市場金利の指標となるものを見出しにくい
　② 信用力格差の表現がむずかしい
　③ 営業戦略上の動きによって、預金とそれ以外の商品間での資金シフトが起こる
　④ 各預金や顧客属性に関するデータ整備が不十分
　⑤ 統合リスク管理という観点での、各規制値算出における整合性が不明

（ⅰ）問題点①：市場金利の指標
　この問題は、LIBORやTIBOR、OISといった市場金利を示すものに関しての信憑性および継続性です。ご承知のとおりLIBORでは不正があったということで調査が実施される等、市場金利の信憑性に関しては世界のあちこちで議論され、見直しが図られています。TIBORに関しても不正がなかったかどうかに関して調査は実施され、これまでは特に問題発覚という事態にはなっていませんが、不正という観点での実施なので、銀行間における正しいオファーレートなのかという観点では疑問が残るものになっています。たとえば過去5年間で円LIBORとTIBORに関して両方公示している金融機関のレートを見比べると、ひどい時には国内銀行で円LIBORとTIBORの金利差が20bp程度の開きが認められる（円LIBORのほうがTIBORよりも低い）こ

とがあり、母国市場でのオファー金利のほうが高いということは常識的にありえません。もちろん公示するルール上の問題もあるでしょうが、これでは市場を反映した指標金利ということにはならず、金融機関の事情を反映した金利ということになってしまいますし、レファレンス・バンクとなっている国内銀行にしても、とても社内統制がとれているとは考えにくいでしょう（参考までにですが、2009年から2012年にかけてアットランダムに筆者が調査した時には、ほぼ恒常的に国内銀行でLIBORとTIBORの差が最大20bp以上の開きがあるときに、某大手米系金融機関では最大4bp程度でした）。つまりTIBORについては市場金利というよりもクレジットスプレッドが上乗せされた金利となっていると考えられ、もしこれが貸出金利等に反映されているとすれば、貸出スプレッドの適正水準もゆがんでしまうことになり、内部格付手法で正しい評価がなされているかという疑問も湧いてきます。コア預金モデルの話をしているところなので多くは語りませんが、TIBORを使ったコア預金モデルでは、仮に預金残高の動きと整合性があったとしても、こうした本質面を考慮すると偶然の一致と解釈するべきでしょう。

　一方、OISカーブに関しては、近年ではデリバティブ取引の評価でOISカーブを採用するケースがふえており、時価評価の観点ではOISカーブを使うケースがふえてきています。リスク評価の整合性という観点においては、コア預金モデルでもOISカーブを使用するということには本来問題はありません。しかしながらOISカーブに関しては、過去にさかのぼって調査しようとしても十分なデータをそろえることが困難となるので、高金利時代までさかのぼろうとしてもデータは得られません。上記のとおり、内部モデルが確立していない銀行にとっては(ア)の方式を採用することになりますが、そもそも国内市場で金利上昇といわれても、O/N誘導目標が最後に上昇したのは2007年までさかのぼる必要があり、金利上昇時における預金者行動を客観的に分析することはむずかしい状況にあります。つまりOISカーブだと直近数年間しか使えないので、今後を見据えるにはよいかもしれませんが、コア預金モデルとしてはヒストリカルデータ取得という点で使いづらいと考えられます。LIBORカーブを使用するのかTIBORやOIS等を使用するのかという

ような話は、フォワードレートの算出作業において複数の根拠があるという解釈もできるので、整合性重視のスタンスにするかヒストリカルデータをふまえた検証を重視するのかという方針次第でしょう。

　単純な市場金利の上昇を背景としたコア預金モデルでは、ここ数年の国内市場の動きを反映しきれているかという問題は残ります。とはいえ、何事も問題点を指摘することは簡単でも解決策を見出すことは困難であり、本書でもLCR算出に係る預金の識別がむずかしいということを説明しているので、おそらく万能なコア預金モデルというのは見出せないでしょう（実際にはモデル自体が仮に万能であっても、データ蓄積が十分ではないので、対外説明に耐えうる検証結果を示すことすらむずかしい状況でしょう）。

(ⅱ)　問題点②：信用力格差

　この項目に関しては、預金種目と設定金利の問題があり、定期性預金に関しては多少なりとも自社クレジットの状況を反映した設定金利になっているかもしれませんが、普通預金等ではその差が認められないということです。いつでも引き出せるということがあるために、究極的には翌日でも当日でも引き出せますから、デフォルト確率を織り込むこと自体が困難になるということです。格付変更があった場合の定期性預金の変化ということであれば、過去はともかく今後に関しては使えるデータがそろうかもしれませんが、単純に格付だけではうまく機能しないでしょう。格付機関はサブプライム問題以降、数ノッチ変更が頻繁に起こってしまって、前日までとの整合性がとりにくくなっています。また、実際の預金者行動として考えれば、金融庁による業務改善命令の影響等、風評リスク全般に関して数値化できればよいのですが、これを実現させるのは至難の業でしょう。

(ⅲ)　問題点③：資金シフト

　ここでは、自社のビジネス戦略としてどういう青写真をもっていたかということが重要です。金利上昇の有無にかかわらず、営業戦略的に手数料確保に注力したことで預金から投信販売へと預金者の資金がシフトしたという効

果もあれば、ネットトレードが広く普及したことに伴って預金者自身がネットトレード用として証券会社等へ資金シフトさせたというケースもあるでしょう。そこで、単純に問題点を指摘し、解決策を模索するヒントといえば、1つは内部モデルにおいて本支店レートで検証してみるということはあるでしょう。管理会計の仕組みは営業戦略を色濃く反映するため、営業的要素による預金増減は調査することが可能になるので、それを補正項目として調整するとどうなるかということです。この方法による問題としては、管理会計データを対外的に示すということがよいのかどうかであり、銀行の意図が強く出ているものを客観的にとらえていいのかということと、開示内容として詳細な内容説明を示すとなると銀行内部のデータをさらけ出すような話になるので、使い方には十分配慮する必要があります。

(iv) 問題点④：データ整備

　データ整備に関しては、LCRに関する判定を考えればわかりますが、顧客・商品別といったマトリックスを作成するだけでも現状では相当むずかしいことが想像され、過去にさかのぼって調査することはほとんどできない状況でしょう。名寄せの問題も当然ありますし、LCR上のオペレーショナル預金の定義で考え直す必要性も出てくるので、IT開発するところから考えないといけません。さらに問題点として指摘できるのは、これまで強化してこなかった商品（預金）に注力する場合に、どういう効果が出てくるかはまったく不明であり、予測が困難ということです。取引先の海外進出に伴う海外業務強化の観点からオープン外貨預金の調達に注力しても、流出する場合は何が理由となるのかわからないということです。単純に金利水準だけをみるのではなく、為替水準もみる必要があったり、管理会計上の営業部店の手柄も考慮しないと、流出率を読みとることはできないでしょう。

(v) 問題点⑤：規制値算出の整合性

　これに関しては監督当局とのPDCAにも関係してくる話になります。本来はアウトライヤーの問題から出てきたコア預金モデル導入ではあるため、

バーゼルⅢ流動性規制との整合性や、自社の今後の流動性リスク管理との整合性は考慮されていません。端的にいえば、アウトライヤーのために完成させたモデルを流動性リスク管理全般に波及させ、LCRにおける預金流出額の見積りや自社ストレステスト等に使ってよいのかということに関して、監督当局もモデルの内容を精査のうえ、「問題なければOKを出すのか？」ということです。バーゼルⅢの基本概念と規制値算出ルールの話になってしまいますが、あれだけ詳細な算出ルールを覆すことが本当に可能なのかどうかは不明です。しかし資本規制やレバレッジ規制、その他自社の特性を考えたリスク管理を行うことを目指すなら、もし自社のコア預金モデルのほうが精緻に流出率を見積もっているということであれば、本来精緻なほうを使うべきでしょう。もちろん金融機関側にとっても、もし自社のコア預金モデルに基づいてLCRを算出することを目指すのであれば、それなりの覚悟は必要です。

　LCRの算出作業に伴う各種シミュレーションの実施によって、各金融機関における既往のコア預金モデルを改善できる可能性はあります。採用しているコア預金モデルの問題点を把握している前提で流動性規制との関連性を考えましょう。まずLCRでは安定預金に関して流出率５％適用を前提とし、一部で３％適用の議論があります。仮に監督当局に了解をもらっているコア預金モデルで検証を行い、その流出率がLCR上の見積りとの格差が生じる場合に、どう対処するのかという問題が出てきます。

　データ比較としては、①コア預金モデルによる預金流出、②LCR上の預金流出、③実際に発生した預金流出（事後的検証）の３つを比較し、保守的に対応するのであれば最も悪い結果を採用するということになり、その方法であれば監督当局もOKを出す可能性はあるでしょう。そもそもリスク管理の整合性においては最も自然なかたちです。整合性までを追求する場合は、独自のコア預金モデルが明らかに実際の結果と大きく乖離していると考えられる場合には、モデル修正が必要となる一方、監督当局との議論としては当然継続性（首尾一貫性）が追求されることになるので、明らかにモデルの中身が改善しているのだという点を明確にする必要があります。

　担当部署としての作業ベースで考えれば、逆にQISの作業とIT開発を進め

ていく過程で、コア預金モデルの改良や検証にまで配慮して預金流出に係るデータ蓄積ができることが理想です。LCRに係るディスクローズ内容と必ずしも合致しない部分はありますが、口座別データを集めるという観点ではコア預金モデルに生かせるデータ収集になるはずなので、バーゼルⅡ時代から行っているモデル検証であっても、バーゼルⅢ導入に伴ってあらためて検証し直すにはよい機会だと思われます。

2 預金関連

　コア預金モデルにおける属性に関連する話にもなりますが、バーゼル対策と預金の取扱いについても考察してみましょう。一般的に取り扱う預金としては①決済性預金（当座預金、普通預金）、②大口定期預金（譲渡性預金を含む）、③外貨預金、④仕組預金となっていますが、これまでの国内の預金は通常途中解約しても普通預金利率に引き直すことで元本が保証され、解約不可という概念にはなっていませんでした。今後定期性預金に関して解約不可という概念を入れるのかという問題はありますが、実際には解約不可条項を盛り込む場合、経済合理性としては通常取り扱っている定期性預金よりもさらに高い利率が求められると考えられ、コスト面としてはそれほどメリットが期待できるとは思えません。自由金利が導入されてすでに20余年経過していますが、現実的に自社のクレジットを十分に反映することなく預金金利が決まっている部分があり、解約不可条項を盛り込むことは相応のクレジットリスクを反映せざるをえないと考えられるためです。それは預金とは異なるものの、劣後調達においても条件が厳しくなることで、これまでは格付機関が付与する格付においてシニアと劣後で1ノッチ差というのが通常のケースでしたが、バーゼルⅢの要件では1ノッチよりも拡大するという意見が出ていることと類似した考え方といえるでしょう。

　バーゼルⅢとの関連性に関し、まず決済性資金に関しては、前述の資金流出をどう見積もるかという計測上の観点はあるものの、CMS（キャッシュ・マネジメント・サービス）や法人向け流動性ファシリティ設定等の推進スタ

ンス次第と考えられます。取引先の海外進出が日常茶飯事的に起こってくると上記サービス内容は徐々に外貨用にシフトしていくことにもなり、外貨統制にある程度自信がないと推進にも二の足を踏むことになるでしょう。

　大口定期と譲渡性預金との関係においては、1990年代のようにまだ短期金利でも絶対水準が高かった時代においては、金融機関も譲渡性預金でのディーリング業務も活発に行っていたので、譲渡時の作業負荷に難点があっても、預金者側にも金融機関側にもメリットがありました。ゼロ金利時代の到来によって譲渡通知書の確定日付印コストすら出てこないという問題から、直近では譲渡性預金は「預金保険料がかからない大口定期」的な位置づけになっています。バーゼルⅢでは預金保険によってカバーされるかどうかというのが流出率判定において鍵になっているので、戦略面で譲渡性預金強化を選択する場合があるとすれば、LCR上かなり余裕がある一方で、預金保険料を軽減したいということを考えているケースになります。

　外貨預金に関しては、後述の外貨戦略でも説明しますが、LCRの要件定義での留意事項として「実質円金利なのか、オープンなのか」があり、実質円金利は大口定期となんら変わらないものの、オープン（外貨の直接調達）の場合はさまざまな問題が出てきます。近年は外貨建て資産も多々あるので、ALMマッチング等において今後外貨調達が問題になることは少なく、外貨調達できるのであればそれが望ましいくらいの話でしょう。通貨別LCRのことをふまえても、主要通貨の資金はHQLAになるので、バーゼルⅢ上においてはオープン外貨預金の推進は問題ないというよりもむしろ推進したいと考える事項と考えられます。預金とは異なりますが、海外市場での外債発行に関してもNSFR達成目的という面も含め検討される可能性が高いでしょう。

　仕組預金もかつては取り扱う金融機関もふえましたが、こちらも保護対象からはずれるとの見解が出てきています。途中解約をする場合には、「内包されるデリバティブの評価損益＋再構築コスト」がどうなるのかが関係してくるので、元本保証されないことを考えれば（書面上の中途解約不可ということではなく実態的に）中途解約不可に近いかたちにはなっています。ネットトレード普及によって、個人でも為替変動リスクをとる人はふえていること

をふまえると、仕組預金といっても為替系に関しては、外国為替証拠金取引の発達によって、金融機関が獲得できるオファー・ビッドという点で魅力ある商品設計はむずかしいと考えられます。顧客のオプション売りを内包させる商品性を考えることもできますが、実際に販売して問題ないのかということでは頭を抱えるでしょう。自社のフィービジネス推進に関する管理会計上の影響次第かとは思いますが、LCR算出上保護対象ではないということを重視すると、積極姿勢となるかどうかは疑問ありという印象です。

　各預金を軸にして流動性規制との関連を考えれば上記のとおりですが、流動性規制導入を軸として預金への影響という考え方をすると、どうしてもLCRやNSFRに悪影響を与えない方法を選択しがちになります。流動性規制への影響に関して十分なシミュレーション等を行った結果をふまえてどの預金獲得に注力するかを決定するのであればよいのですが、理論的な部分だけでとらえて「流出率の問題からリテール安定預金を確保することに注力する」と意思決定したとしても、コア預金モデルで金利上昇に関する影響を見極めていなければ、逆に資金流出が予想以上にふくらんで流動性リスクがかえって大きくなったということが起こりかねません。このため流動性規制を軸にして考える場合には、対顧ビジネスに関する基本的な営業方針のような大項目がまずありきであり、方針に従ってシミュレーションを行った結果「HQLAが足りない／Inflowが足りない」ということがみえてくれば対処するという順序で進めるべきでしょう。流動性リスク管理上で重要なのは、「実際の流出率を低くすることで業務の安定性を保ちつつ、規制上では低い流出率であるということをどのように証明し、それを流動性リスク管理上使えるようにするか」ということなので、実際の流出率を低くする意味で給与振込口座の指定を行うような努力は必要ですが、一時的にリテール預金強化を図っても何かきっかけがあればすぐに流出する可能性があるので、中長期的視野での問題解決が必要となるでしょう。

3 国債運用とALM運営

　第6章4で一度触れましたが、流動性規制導入に伴って国債運用はどのような影響を受けて、ALM運営としてはどう対処していくべきなのかを、もう少し細かいところまで掘り下げて考えていきます。

　国際基準行と国内基準行の自己資本比率の算出ルールにおいて、その他有価証券の評価損益の取扱いが異なることはすでに説明しました。国内基準行においてALM運用を担う立場では「評価損に関して新たに留意すべき点はない」ということは「国際基準行では評価損はTier Iにヒットする」ことよりも恵まれた状況にあり、その意味では流動性規制上のHQLA保有戦略とALM運用戦略を融合したかたちでポートフォリオをつくることができるので、会計制度変更がすぐに行われない前提で、担保所要額とHQLAとして必要な資産を把握しておけば、従来とほとんど変わらないスタイルで業務運営を行うことができるはずです。しかし国際基準行においては、十分な資本バッファーが用意されない限り、その他有価証券の評価損を大幅に計上するわけにはいかず、価格変動リスクをどのように統制し、ポートフォリオを組織決定しながら収益を確保していくのかが最大の問題となります。

　現実的に評価損を計上しないということは相場をほぼ100％的中させ、その予想どおりの執行オペレーションを実施することと同じなので、そのようなことを想定すること自体無理があります。天才ディーラーが仮にいるといっても、個人で会社のポートフォリオ全体を任せることはガバナンス上の問題もあり、理屈の上では天才ディーラーが目指すことを全面的に会社の意思決定として受け入れるしかありません。しかしそこまでの天才ディーラーもいるとは思えないので、当然ALM運営においては別のかたちを模索することになります。

　条件式的に考えれば、ALMにおける有価証券運用において変数となるのは、以下のとおりです。

【ALM上の債券運用における、バーゼルⅢ各規制値と関係する重要な変数】
・LCR上でのHQLA
・所要担保額
・資本規制上必要な収益（耐えうる損失額の概念も含む）　etc.

　負債側も考慮すればさらに項目はふえ、レポ調達が関係するとレバレッジ規制にも影響を与えますが、ここではまずは資産側のみに着目して考えます。所要担保額に関しては、デュレーションに応じてヘアカット率を考慮する必要がありますが、HQLAそのもののデュレーションは関係ないので、10年国債であろうが短期国債であろうが、評価損失さえ発生していなければバーゼル規制上において問題となることはありません。

　ALM運用では当然負債のデュレーションを意識したポートフォリオを構築するのが理想ですが、現実的な国債におけるポートフォリオ構築は業務計画対比でデュレーションを調整するという考え方が現実的でしょう。ただ国際基準行においてバーゼルⅢでは評価損益がTier I にヒットするという要件がある以上、これまでの単純なロスカットリミットやVaRリミット等だけでは不足感が残るだけでなく、執行部門とすればもう一段進んだ組織決定を行わないと、評価損が発生した場合の責任の所在があいまいになるでしょう。そこで所有期間利回り的な発想を取り入れた組織決定をし、執行部門に対してオペレーションの実施ゾーンを絞らせるということが１つのアイデアとして浮上します。

　執行部門においては毎日ミーティングで（相場が）上か下かを語り、特に国内債券市場では「みんな買っているから」という相場観無視に近い判断で売買されるケースが散見されるので、これではとても「銀行勘定の債券運用は組織決定している」という建前論とは異なっており、書類上だけ帳尻があっている状況になりがちです。この（相場が）上か下かでは当然組織決定できるわけもなく、いつ実現するのか、いくら実現するのかがはっきりしません。そこで組織決定することを（各営業日の）執行内容ではなく、選択するシナリオの組織決定に変えるということです。たとえば2013年９月現在で

O/N誘導目標金利は0.10％ですが、「0.10％から最初に引き上げられるのは2015年度末で、以降引上げ幅は毎年0.25％」というような、イールドカーブの形状や政策金利見通しに置き換えることです。そうすると組織決定は（毎日の）上か下かよりは判断しやすくなり、期初時点でのイールドカーブと期末時点のイールドカーブをつくることができることになります。相場変動はもちろんありますが、最終的に自社のシナリオに収束するということが前提としてきちんと組織決定されていれば、フォワードレートが実現する前提での期初時点のイールドカーブと期末時点のイールドカーブが描けるので、必然的に買いゾーンと売りゾーン、ニュートラルゾーンを絞り込むことが可能になってきます。

　図表8-1は2013年3月末時点の売買参考統計値を使って、半年後にイールドカーブが不変であったときに評価損益がどう変化するのかを示しています。ここで重要なのは、「イールドカーブ不変前提においては、金利上昇リスクをまったく反映しない」ということであり、まずはフォワード金利実現という発想に切り替えることから始まります。その際に考えなくてはならないのが、図表8-1では示していませんが、「評価損益がイーブンとなる水準≒自己資本比率を悪化させない水準」を理解しておくことであり、現状のオペレーション実施においても1つの指標となっているはずです。

　次に図表8-2のように具体的なALMにおけるシナリオを策定することです。期初に決定したシナリオに基づき、その半年後や1年後においてどういう金利体系になっているかをあらかじめみておくことが重要になります。組織決定するのはあくまでこのシナリオのみであり、執行部門は決定されたシナリオに基づいたイールドカーブと直近のイールドカーブを比較し、どの位置にいるのかを把握し、売買の必要性を判断することになります。当然定期的に行われるALM委員会やリスク管理委員会でも期初に設定したシナリオの変更に関して議論し、変更する場合は新たなシナリオに基づくイールドカーブを作成し、売買ゾーンを検討していくことになります。その結果図表8-3のように、組織決定された明快な売買ゾーンが確定することになり、評価損益ゼロポイントを把握していれば、必然的に売却を選択するようなか

図表8－1 日本国債イールドカーブ（2013年3月末）

JGB Yield curve　　2013/3/31　　　　半年後　イールドカーブ不変

Grid	銘柄	償還	クーポン	単価	利回り	残存期間	理論値	利回り	銘柄修正	評価損益	償却	クーポン	実現損益	合計
1Y	中期国債81(5)	2014/03/20	0.8	100.72	0.054	0.97	100.53	0.054	100.82	▲0.29	▲0.27	0.30	2.64	2.36
1Y3M	中期国債84(5)	2014/06/20	0.7	100.79	0.048	1.22	100.55	0.048	100.78	▲0.23	▲0.23	0.25	2.41	2.18
1Y6M	中期国債86(5)	2014/09/20	0.6	100.82	0.045	1.47	100.67	0.045	100.89	▲0.22	▲0.23	0.25	2.29	2.07
1Y9M	中期国債87(5)	2014/12/20	0.5	100.78	0.045	1.72	100.44	0.045	100.54	▲0.10	▲0.13	0.15	2.27	2.17
2Y	中期国債88(5)	2015/03/20	0.5	100.89	0.045	1.97	100.50	0.045	100.59	▲0.09	▲0.13	0.15	2.25	2.16
2Y3M	中期国債90(5)	2015/06/20	0.3	100.54	0.054	2.22	100.99	0.054	101.20	▲0.21	▲0.22	0.25	2.73	2.52
2Y6M	中期国債92(5)	2015/09/20	0.3	100.59	0.058	2.47	101.09	0.058	101.28	▲0.19	▲0.22	0.25	2.95	2.76
2Y9M	中期国債93(5)	2015/12/20	0.5	101.20	0.058	2.72	100.66	0.058	100.71	▲0.05	▲0.12	0.15	2.93	2.88
3Y	中期国債96(5)	2016/03/20	0.5	101.28	0.068	2.97	100.69	0.068	100.73	▲0.04	▲0.12	0.15	3.43	3.39
3Y3M	中期国債98(5)	2016/06/20	0.3	100.71	0.078	3.22	100.71	0.078	100.76	▲0.05	▲0.11	0.15	3.95	3.90
3Y6M	中期国債100(5)	2016/09/20	0.3	100.73	0.088	3.47	100.39	0.088	100.37	0.02	▲0.06	0.10	4.44	4.45
3Y9M	中期国債102(5)	2016/12/20	0.3	100.76	0.095	3.72	100.39	0.095	100.36	0.03	▲0.05	0.10	4.79	4.82
4Y	中期国債104(5)	2017/03/20	0.2	100.37	0.105	3.97	100.38	0.105	100.36	0.02	▲0.05	0.10	5.28	5.30
4Y3M	中期国債105(5)	2017/06/20	0.2	100.36	0.114	4.22	99.94	0.114	99.88	0.06	0.01	0.05	5.71	5.77
4Y6M	中期国債106(5)	2017/09/20	0.2	100.36	0.119	4.47	99.92	0.119	99.85	0.07	0.01	0.05	5.96	6.03
4Y9M	中期国債108(5)	2017/12/20	0.1	99.88	0.124	4.72	106.46	0.124	107.11	▲0.65	▲0.69	0.75	6.67	6.02
5Y	中期国債109(5)	2018/03/20	0.1	99.85	0.129	4.97	106.77	0.129	107.36	▲0.59	▲0.68	0.75	6.91	6.32
5Y3M	長期国債295	2018/06/20	1.5	107.11	0.130	5.22	106.07	0.130	106.47	▲0.40	▲0.58	0.65	6.94	6.54
5Y6M	長期国債296	2018/09/20	1.5	107.36	0.145	5.47	106.27	0.145	106.65	▲0.38	▲0.57	0.65	7.77	7.39
5Y9M	長期国債298	2018/12/20	1.3	106.47	0.160	5.72	107.03	0.160	107.38	▲0.35	▲0.62	0.70	8.62	8.27
6Y	長期国債299	2019/03/20	1.3	106.65	0.175	5.97	106.65	0.175	106.87	▲0.22	▲0.56	0.65	9.36	9.14
6Y3M	長期国債302	2019/06/20	1.4	107.38	0.199	6.22	106.77	0.199	106.98	▲0.21	▲0.55	0.65	10.67	10.46
6Y3M	長期国債304	2019/09/20	1.3	106.87	0.224	6.47	106.86	0.224	107.05	▲0.19	▲0.53	0.65	12.04	11.85
6Y9M	長期国債305	2019/12/20	1.3	106.98	0.245	6.72	105.60	0.245	105.65	▲0.04	▲0.42	0.55	13.00	12.96
7Y	長期国債307	2020/03/20	1.3	107.05	0.270	6.97	103.63	0.270	103.43	0.20	▲0.26	0.40	14.04	14.24
7Y3M	長期国債309	2020/06/20	1.1	105.69	0.295	7.22	106.40	0.295	106.33	0.07	▲0.44	0.60	15.77	15.84
7Y6M	長期国債311	2020/09/20	0.8	103.43	0.330	7.47	105.62	0.330	105.53	0.09	▲0.38	0.55	17.51	17.59
7Y9M	長期国債312	2020/12/20	1.2	106.33	0.358	7.72	105.58	0.358	105.53	0.05	▲0.36	0.55	18.98	19.02
8Y	長期国債314	2021/03/20	1.1	105.53	0.385	7.97	104.76	0.385	104.66	0.10	▲0.30	0.50	20.23	20.33
8Y3M	長期国債316	2021/06/20	1.1	105.53	0.405	8.22	104.73	0.405	104.59	0.14	▲0.29	0.50	21.28	21.43
8Y6M	長期国債318	2021/09/20	1.0	104.66	0.430	8.47	103.84	0.430	103.63	0.21	▲0.23	0.45	22.41	22.62
8Y9M	長期国債320	2021/12/20	1.0	104.59	0.453	8.72	102.91	0.453	102.66	0.25	▲0.17	0.40	23.39	23.64
9Y	長期国債322	2022/03/20	0.9	103.63	0.478	8.97	102.77	0.478	102.53	0.24	▲0.15	0.40	24.63	24.87
9Y3M	長期国債324	2022/06/20	0.8	102.66	0.498	9.22	102.66	0.498	102.42	0.24	▲0.14	0.40	25.64	25.88
9Y6M	長期国債325	2022/09/20	0.8	102.53	0.519	9.47	100.73	0.519	100.37	0.36	▲0.04	0.30	26.21	26.58
9Y9M	長期国債327	2022/12/20	0.8	102.42	0.538	9.72	102.42	0.538	102.07	0.35	▲0.12	0.40	27.63	27.99
10Y	長期国債328	2023/03/20	0.6	100.37	0.560	9.97	112.66	0.560	113.09	▲0.43	▲0.64	0.95	31.65	31.21
10Y3M	超長期国債62	2023/06/20	0.8	102.07	0.585	10.22	111.72	0.585	112.10	▲0.38	▲0.57	0.90	32.79	32.41
10Y6M	超長期国債64	2023/09/20	1.9	113.09	0.575	10.47	113.09	0.575	113.22	▲0.13	▲0.63	0.95	32.64	32.51
10Y9M	超長期国債66	2023/12/20	1.8	112.10	0.599	10.72		0.599						
11Y	超長期国債67	2024/03/20	1.9	113.22	0.614	10.97		0.614						

（出所）　日本証券業協会による売買参考統計値より、筆者加工

図表8－2　シナリオ作成

	利回り	Forward	O/N誘導目標 シナリオ1	理論値（直近）	理論値（1年後）	O/N誘導目標 シナリオ2	理論値（直近）	理論値（1年後）
2013年3月			0.10			0.10		
2013年9月	0.045		↓	0.100	0.100	↓	0.100	0.100
2014年3月	0.054	0.036		0.100	0.100		0.100	0.100
2014年9月	0.045			0.100	0.100		0.100	0.100
2015年3月	0.045	0.114	0.20	0.100	0.100	0.30	0.100	0.100
2015年9月	0.058		↓	0.117	0.125	↓	0.133	0.150
2016年3月	0.068	0.216	0.35	0.133	0.150	0.50	0.167	0.200
2016年9月	0.088		↓	0.160	0.183	↓	0.208	0.250
2017年3月	0.105	0.225	0.50	0.188	0.217	0.70	0.250	0.300
2017年9月	0.119		↓	0.219	0.252	↓	0.295	0.350
2018年3月	0.129	0.405	0.70	0.250	0.288	1.00	0.340	0.400
2018年9月	0.145		↓	0.288	0.329	↓	0.395	0.460
2019年3月	0.175	0.84	0.90	0.325	0.370	1.30	0.450	0.520
2019年9月	0.224		↓	0.366	0.414	↓	0.511	0.585
2020年3月	0.270	1.19	1.10	0.407	0.458	1.60	0.571	0.650
2020年9月	0.330		↓	0.450	0.504	↓	0.636	0.718
2021年3月	0.385	1.222	1.30	0.494	0.550	1.90	0.700	0.786
2021年9月	0.430		↓	0.539	0.597	↓	0.767	0.855
2022年3月	0.478	1.298	1.50	0.583	0.644	2.20	0.833	0.925
2022年9月	0.519		↓	0.629	0.691	↓	0.902	0.996
2023年3月	0.560	1.154	1.70	0.675	0.739	2.50	0.970	1.067
2023年9月	0.575		↓	0.722		↓	1.040	
2024年3月	0.614			0.768			1.109	

図表8－3　国債売買ゾーンの確定

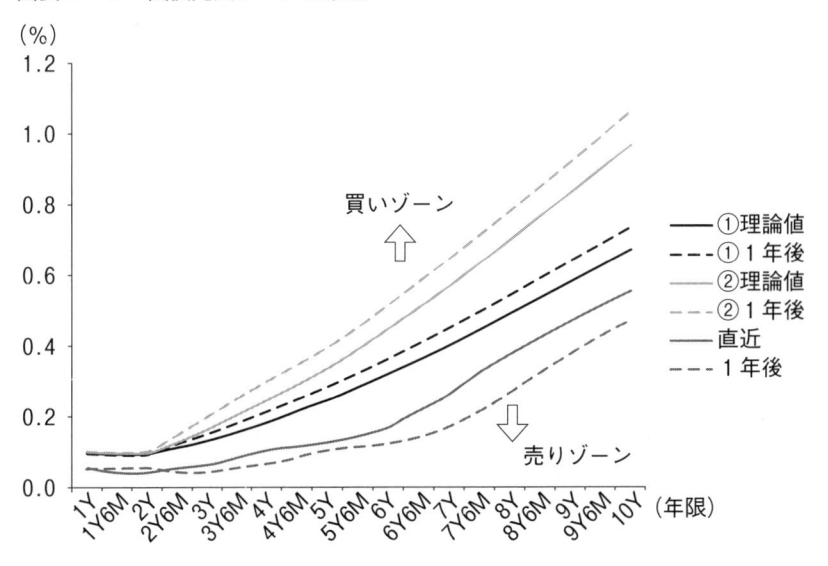

（％）

買いゾーン

売りゾーン

① 理論値
① 1年後
② 理論値
② 1年後
直近
1年後

（年限）

第8章　ALM戦略への対応　239

たちになっていきます。流動性リスク管理上保有しないといけない国債に関しては、量的に確保されれば問題はないので、どのゾーンで保有するかはALM委員会等のシナリオに基づけばよいでしょう。市場金利が売却せざるをえない状況になったとしても、中長期債が流動性規制上の所要額分だけ短期国債に変化するだけです。さらにいえば、極端な話ではありますが、流動性規制上の所要額はすべて最初から最後まで短期国債にしておき、国債先物や国債先物オプションで疑似ポジションを組成して収益確保を目指すこともできるでしょう。

　これはあくまで1つのアイデアです。しかしストレステスト上のリスクシナリオをALM委員会やリスク管理委員会で決定することを考えれば、前述のような政策金利見通し等に基づくイールドカーブ作成は容易なはずであり、評価損益がイーブンになる水準も一緒に描いておけば資本規制対策も万全です。要は業務運営上のメインシナリオを運用面においても考慮するということだけです。あとは定期的に行われるALM委員会やリスク管理委員会等の会議体でシナリオ確認をするだけなので、評価損益に関する業務運営上の運営と責任はクリアになるでしょう。

　組織決定されたシナリオが当たっているかどうかは別として、時価会計ベースでの債券売買を行う発想に近いので、資金配分やバランスシート全体において大きな変更がなければ、HQLAと所要担保額に比べて余裕がある限りは単純な売却は可能ですが、余裕がなければ銘柄入替えのかたちで短期国債と中長期国債の売買を行って残高維持することが流動性規制対策ということになります。2015年からのLCRの段階適用の過程で所要HQLAや所要担保額のイメージは確立されているでしょうから、それぞれの所要額を上回っていれば、テーマは評価損回避に絞られるでしょう。しかもALM運営におけるメインシナリオが決まれば、ALM上のロスカット水準も確定してくるはずなので、多少の評価損が発生した段階においても運用担当者が悩むのではなく組織として悩むかたちになり、その時々できちんと組織上の意思決定が得られるかたちにしていれば、本当の意味で組織決定したALM運用が実現することになります。

4 貸出関連

　ALM運営上で重要な位置を占める貸出業務ですが、近年は住宅ローン競争が激しくなる一方、企業向け一般貸出はなかなか伸びてこない状況が続いてきました。銀行ALMにとっては伝統的な資金運用という位置づけではありますが、パッケージ化して証券化商品として売却することで資金調達も実施するスキームも広く普及し、以前の固定性資産という印象からはかなり変化しています。

　ALMマッチングに関しては、長期固定金利貸出を行う場合、長期固定金利の負債が少ないため、金利スワップを組むことでマッチングさせることがあります（貸出先とのスワップとは限らず、ALM上の取組みを含む）。もともとデュレーションに関しては長短ギャップをとることが通常なので、短期金利に従う預金金利に対して、短期金利を指標とした変動金利ベースの受取り（固定金利の貸出金利をスワップすることで発生）に仕上げれば、問題となるのはクレジット上の問題ということです。

　貸出資産に関してはバーゼルⅡにおけるリスクアセットにかかわる問題であったことから、規制に対する社内統制に関してまったく距離感がないということはないでしょう。もちろん内部格付手法を採用しているか標準的手法を採用しているのかによって内容は異なりますが、根底には「資本コスト＋収益に見合った貸出を行っている限りは問題にはならない」ということがいえます。

　流動性規制との関連性については、まずLCRに対しては、貸出資産は換金性が低いのでHQLAには含まれません。優良な貸出資産を前提にすれば元利金返済はInflowには計上可能ですが、ファシリティ設定による未実行額がOutflowに計上されるため、コミットメントラインに対する戦略がどうなるかという点がポイントになります。一般事業法人（リテールや中小企業を除く）向けファシリティを例にすれば、流動性ラインは未実行額の30％相当額、与信ラインは未実行額の10％がOutflowとして加えられることになりま

す。NSFRに関しては、ある意味ではバーゼルⅡ標準的手法におけるリスクアセット計算における掛け目がヘアカット率に変わったようなものなので、いままでと劇的に違いが出るということは考えにくいでしょう。

　コミットメントラインに関しては、計測上の問題と実際の流動性リスク対策上でギャップがあります。金融機関同士で設定するコミットメントラインに関して、本来設定する目的としては「ストレス時の資金調達対策」として設定するわけですが、与信ラインの規制値計測上は、資金流入はゼロでの見積り、資金流出は未実行額の40％の見積り（流動性ラインの場合は、LCR対象行向けは40％、それ以外は100％）となっています。「ストレス時における金融機関の連鎖倒産を回避すべく、金融機関向けクレジットラインは機能しない」という考え方に基づいたものであり、激しい市場ストレスに関してはそうした考え方も理解できますが、軽微な自社クレジットストレスであれば、現実の資金流入は100％に近い（と考えているから、フィーを払ってライン設定してもらっている）ものでしょう。これが規制上の計測問題だけでなく、検査時の考え方として一般化すると、現実的な緊急時対応はいっそうむずかしくなり、中央銀行依存体質を誘発する可能性があります。また金融機関にとっては、計測上と実態のギャップが大きいものをきちんと統制できるのかという問題がクローズアップされることになり、海外進出していく事業法人等によるコミットメントライン設定ニーズが高まることがあっても、金融機関取引でその分をカバーしにくいと考えると、場合によってはコミットメントラインそのものが縮小していく可能性もあると考えられます。

　一方、貸出資産のなかで国内金融機関が積極姿勢である住宅ローンはどうでしょうか？　バーゼルⅢそのものは資本規制上の分子項目に関する変更に主眼があり、分母項目に関してはバーゼルⅡの継続的進化のようなかたちですが、住宅ローンに関しては抵当権によって完全にカバーされている前提でリスクウェイト35％のままとなっています。自己資本比率算出上では優遇されたかたちになっており、これが積極姿勢の根底にあると思いますが、預金流出に関しても住宅ローン返済口座となっていれば流出の歯止め効果があると考えられるので、流動性対策という観点でも有効であるということです。

特に「抵当権によって完全カバーされている」という点があるので、借換案件よりも新規案件のほうが「ローン残高が担保物件の資産価値を上回らない」という安心感はあるでしょうが、ある程度返済が進んでいる借換案件であれば特に問題になることはないでしょう。住宅ローンに限った話ではないかもしれませんが、証券化商品として切売りしたようなかたちになっている場合には、第3章および第4章で説明したとおり、規制値算出において二重計上にならないかどうかの判定がスムーズにできるようなIT対応が必要になります。

さらに貸出関連で考えるべき問題は、貸出自体のヘッジとしてCDSを利用することと、デリバティブ付貸出に関してでしょう。CDSの利用についてはすでに第7章2で説明しており、単純なヘッジをする側としてプロテクション買いを行うことはよいと思いますが、ローンポートフォリオ是正のためのプロテクションの売りに関する積極的な取組みがとてもむずかしくなりました。そもそも国内のCDS市場は東証一部上場銘柄が中心なのですが、そうした優良銘柄であっても取り組みにくいというのは残念なことです。

ではデリバティブ付貸出はどう考えるのがよいのでしょうか？　もともと貸出にデリバティブをつけたのは収益対策であり、1990年代の不良債権処理にも関係してくる話でもあります。簡単にいってしまえば「毎年計上されるべき資金利鞘部分を一括計上できるようにしたもの」ですが、一括計上するということは、償還を迎えるまでは収益寄与しないということであり、規制対策として考えた場合は「約定した当該年度のみの寄与」であって、翌年度以降は特に何かが変わるものではありません。それよりも規制との関係という点で掘り下げると、まずデリバティブ取引をインターバンク市場でカバーしているのかどうかを考える必要があり、もしCSA締結先とカバー取引を行っていれば、その分担保差入れの可能性が出てきます。ところが貸出案件における管理会計上は、営業部門は当然信用リスクに対応する適正スプレッドは求められても、付随するデリバティブ取引の担保分のコストは見積もられていないでしょう。デリバティブ部門の全体ポジションのなかで吸収して考えることになり、全体として本当にメリットがあるかどうかは疑問です。

多少なりとも資金利鞘の部分を100％デリバティブ収益に転嫁するのではなく、50％あるいは30％分ということであれば、長期貸出を行っても収益寄与が要年度以降も残りますが、この割合が高ければ高いほど目先の収益状況がよくないという考え方もできます。しかもデリバティブ取引が顧客とも締結しているかたちなのか内部取引なのかどうかによって、IFRSへ移行する際には一体処理すべき案件かどうか識別していく必要も出てくるでしょう。区分経理を行っているということで会計方針の影響を受け、デリバティブが付随しているという事実から債権譲渡による資金化も単純ではないとなってくると、よほど収益の一括計上ニーズが高くない限りは、無理に取り組まなくてもよいのではと思われるものだと考えます。ローンに紐付けることよりも、取引先の本源的なヘッジニーズに基づく取引によって収益確保を目指すべきでしょう。

5　外貨戦略

　近年の新規投信設定では外貨建ての商品がふえてきており、個人の外国為替証拠金取引も活発化していることをかんがみると、国内金融機関としても外貨建て資産・負債の拡大やリスク管理の向上はもはや避けて通れない状況にあるといえるでしょう。実際に2010年度末と2012年度末との外貨建て資産の比較をみてみると、三菱UFJフィナンシャル・グループは約12兆円から約19兆円、みずほフィナンシャルグループは約6兆円から約12兆円と、それぞれが約6兆～7兆円の増加となっており（その他有価証券および満期保有債券における外国債券および外国株式の残高合計ベース、ディスクロージャー資料より抜粋、三井住友フィナンシャルグループは内訳非開示）、ALM戦略として重要な位置づけを担うようになっています。

　商社のようにデリバティブを多用する業態では、いち早くデリバティブ取引に係るCSAの導入が進んでおり、しかも金利系や信用系だけではなく為替系に関してもカバーするのが当然という考え方もあったので、その意味では国内金融機関よりも進んだ発想がかねてよりあったといえるかもしれませ

ん。こうした海外展開を前提とした発想をもった国内企業が増加してくると、おのずとそうした企業へのサービスの質的向上を目指すにはグローバルCMSを提供できるような体制構築が必要となってきます。

「グローバル化進行≒外貨建て資産・負債の拡大」ということは、漠然とした発想では当然と思えても、現実的にはそんな簡単な話ではありません。たとえば個人の外貨建て資産への投資であれば、外貨建ての債券や株式へ投資する投信購入であれば外貨建て資産増加であっても、外国為替証拠金取引の拡大は外貨建て資産が増加しているわけではありません。外貨を受け取るわけではないので、円高時にUSDを買って、その後円安になったといっても、差額分が円貨による収益となるだけなので、円高時に買ったUSDを海外旅行に使えるわけではないということです。もっといえば、国内で設定されている外貨建て投信も、大半のケースでは個人に外貨が入るわけではないでしょう。単純に渡した資金が一時的に外貨建て資産になって、戻ってくる時も円資金というスワップ付外貨預金と意味合い的には違いはないといえます。

しかし金融機関の場合は個人の場合とは違います。自ら外貨を調達し、外貨建て運用商品の購入を行います。母国通貨・母国決済というルールがあるので、外貨決済はそれぞれの母国市場が開いている日に行われ、当然時差があることには細心の注意を払う必要があります。「時差がある≒流動性リスク（決済リスク）がある」という単純なものではありません。外貨を取り扱う場合、その母国市場に拠点があるのか、拠点がなければどの拠点がカバーするのか、から始まり、それぞれの国の市場慣行、独自規制、税制等をきちんと理解し、期待できる収益や将来性、必要な人員確保、業務フロー上のオペレーショナルリスクの増大はないか、という点まで影響が及びます。海外拠点向け資金支援に着目しただけでも、国内にある親会社から資金移動する場合、アームスレングス・ルールへの配慮だけでなく、資金移動に関するルールづくりだけでも大変です。送金手続が間に合う時間が何時なのか、送金先口座は何か、国内が夜間や休日になっているときにはどうするか等、確認する項目が多々あります。

一方、外貨に関する管理会計面を含めたビジネスモデル策定においては、外貨調達に関する適切なクレジットリスクの反映という点でさまざまな問題が生じてきます。預金利率ということに関していえば、「外貨におけるクレジットリスクを反映する」という考え方に基づく金利設定方法と、「円資金＋為替コストでの仕上がり」に基づく金利設定方法があります。管理会計上の処理としては「円資金＋為替コスト」という概念で本支店レート設定を行う方法はできますが、海外で調達する場合には「外貨におけるクレジットリスクを反映」する金利設定方法でなければ量的確保はむずかしいでしょう。外貨を直接受け取るオープン外貨預金では自社の外貨調達に関するコスト評価がきちんとできるのかという問題はリスク管理上だけでなく、外貨建て負債の時価評価という会計処理上の問題もありますので、短期の預金であれば何とかなることはあっても、半年ないしは１年を超えてくる負債に関してはまず評価方法を確立させることが求められます。この際に泣きどころとなってくるのは「外貨クレジットカーブに関するデータ不足」という点であり、マチュリティー別・格付別の利回りデータ取得から始めることが必要になりますが、なかなか満足するようなデータ取得はむずかしいでしょう。その意味でも代替的に通貨スワップを使ったかたちで評価することを考えることになりがちですが、将来を含めてそれが適正かといわれれば、海外市場での直接調達比重が高まると同時に否定される可能性が高くなると推測されます。

　こうして考えていくと、真の意味で国際的な業務展開を行っていくうえで、同時に外貨の海外市場での調達や運用が行われ、リスク管理もその前提で発達していることが重要です。社内処理においてみなし的に円資金コストと外貨交換のコストを加えて算出すること自体はよいかもしれませんが、外貨クレジットの評価が不十分ということであれば、本格的な外貨ALM構築もむずかしいのかもしれません。仮に円資金コストと外貨交換のコストを加えるという概念を引き続き使うとしても、今後は無担保部分が減少していくことを考慮すれば、差入れ担保のコストも考慮していく必要も出てきます。しかしそれ以上に、通貨別LCR算出は総負債の５％以上の通貨にはもはや必須項目であり、「モニタリング項目として求められているから」ではなく

「自社のリスク管理上もはや重要な位置を占めているから」という概念をもたないと、外貨戦略自体は付属的な位置づけにしかなりえないでしょう。

1980年代から1990年代にかけて、国内金融機関は外貨建て資産を積み上げましたが、リスクコントロールは十分できていたとはいえないでしょう。その結果手痛い思いをして海外から撤退した国内金融機関も多かった歴史があります。最初から十分すぎるリスク管理水準を求めていたら、いつまで待ってもリスクテイクはできないでしょうが、バーゼルⅠからⅢへと進化してきたリスク管理による統制には相応の意味がありますので、きちんとしたビジネスモデルとリスク管理水準によって最も明暗を分けるのが外貨戦略ということになるでしょう。

巻末資料1　LCR

	LCR			参考パラグラフ
1				
2	A) Stock of high quality liquid assets (HQLA)	A) 適格流動資産（HQLA）		
3	a) Level 1 assets	a) レベル1資産		参考パラグラフ
4		定義	補足説明等	
5				
6	Coins and banknotes	硬貨および紙幣	社内規定等に基づき、店舗やATMにある現金等がどのような位置づけにあるかによって、レベル1資産に含めるかどうかの判断が必要。参考までに、バーゼルII信用リスクに関するQ&Aにおける「現金」とは、「連結貸借対照表上の現金勘定」としており、銀行券や硬貨、外国通貨、金、手形小切手等も含まれる	50(a)
7	Total central bank reserves; of which:	中銀準備預金合計	国内外の中央銀行向け預け金	
8	part of central bank reserves that can be drawn in times of stress	うち、ストレス時に引き出し可能な分	各国準備預金制度に基づいて預け入れている分を差し引いた金額	50(b), footnote 13
9	Check: row 8≤row 7			
10	Securities with a 0% risk weight:	リスクウェイトが0％である市場性証券	バーゼルIIの標準的手法に基づくリスクウェイトで0％となっている市場性証券	50(c)

巻末資料1　LCR　249

11	issued by sovereigns	発行体がソブリンであるもの	50(c)の要件を満たす国債で、日中流動性のために日銀に預け入れているもの、リバースレポで受け取ったもののうち、再担保利用等に制限がないものを含む	50(c)
12	guaranteed by sovereigns	ソブリンによって保証されているもの	50(c)の要件を満たす政府保証債	50(c)
13	issued or guaranteed by central banks	中央銀行による発行もしくは保証しているもの	50(c)の要件を満たす中央銀行発行債もしくは中央銀行の保証があるもの	50(c)
14	issued or guaranteed by PSEs	政府系公的機関（PSE）が発行もしくは保証しているもの	50(c)の要件を満たす、政府系公的機関が発行しているもの（公募地方債で一定の流動性があるものを含む）	50(c)
15	issued or guaranteed by BIS, IMF, ECB and European Community, or MDBs	国際決済銀行、国際通貨基金、欧州中央銀行、欧州共同体、国際開発銀行が発行もしくは保証しているもの	50(c)の要件を満たす、左記発行体であるもの	50(c)
16	For non-0% risk-weighted sovereigns:	リスクウェイトが0％ではないソブリン	バーゼルⅡの標準的手法に基づくリスクウェイトで0％以外となっている市場性証券	
17	sovereign or central bank debt securities issued in domestic currencies by the sovereign or central bank in the country in which the liquidity risk is being taken or in the bank's home country	銀行が流動性リスクをとっている国もしくは銀行の母国において、当該国のソブリンもしくは中央銀行が自国通貨建てで発行する市場性証券	海外に拠点がある国における、当該国の自国通貨建ての国債や中央銀行発行債	50(d)

18	domestic sovereign or central bank debt securities issued in foreign currencies, up to the amount of the bank's stressed net cash outflows in that specific foreign currency stemming from the bank's operations in the jurisdiction where the bank's liquidity risk is being taken	当該国もしくは中央銀行が外貨建てで発行している市場性証券で、銀行が流動性リスクをとっている国における銀行の活動から生じるもの。銀行のストレス下でのネット資金流出の当該外国通貨建て金額を上限とする	海外に拠点がある国における、当該国から見た外国通貨建ての国債や中央銀行発行債で、当該拠点において取引された分。上限額は、当該証券の通貨における行ストレス時ネット資金流出額	50(e)
19	Total stock of Level 1 assets	レベル1資産総額	レベル1資産の総額	49
20	Adjustment to stock of Level 1 assets	レベル1資産総額の調整項目	有担保調達等の影響分の控除	Annex 1
21	Adjusted amount of Level 1 assets	調整後のレベル1資産総額	調整後のレベル1資産総額	Annex 1
22	b) Level 2A assets	b) レベル2A資産		
23				
24	Securities with a 20% risk weight:	リスクウェイトが20%である市場性証券	バーゼルIIの標準的手法に基づくリスクウェイトで20%となっている市場性証券	52(a)
25	issued by sovereigns	発行体がソブリンであるもの	52(a)の要件を満たす国債	52(a)
26	guaranteed by sovereigns	ソブリンによって保証されているもの	52(a)の要件を満たす政府保証債	52(a)
27	issued or guaranteed by central banks	中央銀行による発行もしくは保証しているもの	52(a)の要件を満たす中央銀行発行債もしくは中央銀行の保証があるもの	52(a)

28	issued or guaranteed by PSEs	政府系公的機関 (PSE) が発行もしくは保証しているもの	52(a)の要件を満たす、政府系公的機関が発行しているもの	52(a)
29	issued or guaranteed by MDBs	国際開発銀行が発行もしくは保証しているもの	52(a)の要件を満たす、左記発行体であるもの	52(a)
30	Non-financial corporate bonds, rated AA- or better	AA-格以上の格付を有する、非金融機関が発行している債券	52(b)の要件を満たす社債	52(b)
31	Covered bonds, not self-issued, rated AA- or better	AA-格以上の格付を有する、金融機関（関連会社を含む）自身以外が発行しているカバード・ボンド	52(b)の要件を満たすカバード・ボンド	52(b)
32	Total stock of Level 2A assets	レベル2A資産総額	レベル2A資産の総額	52(a),(b)
33	Adjustment to stock of Level 2A assets	レベル2A資産総額の調整項目	有担保調達等の影響分の控除	Annex 1
34	Adjusted amount of Level 2A assets	調整後のレベル2A資産総額	調整後のレベル2A資産総額	Annex 1
35	c) Level 2B assets	c) レベル2B資産		
36				
37	Residential mortgage-backed securities (RMBS), rated AA or better	AA格以上の格付を有する住宅ローン担保証券	54(a)の要件を満たす住宅ローン担保証券	54(a)
38	Non-financial corporate bonds, rated BBB- to A+	BBB-からA+格の格付を有する、非金融機関が発行する債券	54(b)の要件を満たす社債やコマーシャルペーパー	54(b)
39	Non-financial common equity shares	非金融機関の普通株式	54(c)の要件を満たす普通株式	54(c)
40	Total stock of Level 2B RMBS assets	レベル2B資産のうち住宅ローン担保証券の総額	レベル2B資産のうち、住宅ローン担保証券の分	54(a)

41	Adjustment to stock of Level 2B RMBS assets	上記住宅ローン担保証券の総額に係る調整項目	有担保調達等の影響分の控除	Annex 1
42	Adjusted amount of Level 2B RMBS assets	調整後の住宅ローン担保証券総額	調整後のレベル2B資産のうち、住宅ローン担保証券分	Annex 1
43	Total stock of Level 2B non-RMBS assets	レベル2B資産のうち住宅ローン担保証券以外の総額	レベル2B資産のうち、住宅ローン担保証券以外の分	54(b),(c)
44	Adjustment to stock of Level 2B non-RMBS assets	上記レベル2B資産総額に係る調整	有担保調達等の影響分の控除	Annex 1
45	Adjusted amount of Level 2B non-RMBS assets	調整後の住宅ローン担保証券以外のレベル2B資産	調整後のレベル2B資産のうち、住宅ローン担保証券以外の分	Annex 1
46	Adjusted amount of Level 2B (RMBS and non-RMBS) assets	調整後のレベル2B資産総額	調整後のレベル2B資産総額	Annex 1
47				
48	Adjustment to stock of HQLA due to cap on Level 2B assets	レベル2B算入上限15%に関する調整	分子全体の15%を上限とした調整	47, Annex 1
49	Adjustment to stock of HQLA due to cap on Level 2 assets	レベル2算入上限40%に関する調整	分子全体の40%を上限とした調整	51, Annex 1
50	d) Total stock of HQLA	d) HQLA(適格流動資産)総額	分子項目総額	
51				
52	Total stock of HQLA	HQLA(適格流動資産)総額		
53				
54				
55				

56	Assets held at the entity level, but excluded from the consolidated stock of HQLA	各拠点で保有する資産のうち、連結ベースにおいて除外されるHQLA	各拠点で保有する流動資産のうち、連結ベースの流動資産から控除された資産の合計	36-37, 171-172
57	of which, can be included in the consolidated stock by the time the standard is implemented	うち、規制施行時点までにHQLAに含めることができる予定分	規制施行時点までに適格流動資産として見直しされる分	
58	Check: row 57≦row 56			
59	Assets excluded from the stock of high quality liquid assets due to operational restrictions	オペレーション上の制約によって除外されるHQLA	分類上の要件では適格流動資産となるものの、運用上の制約によって除外される資産の合計	31-34, 38-40
60	of which, can be brought back into the qualifying stock by the time the standard is implemented	うち、規制施行時点までにHQLAに含めることができる予定分	規制施行時点までに適格流動資産として見直しされる分	
61	Check: row 60≦row 59			
62	e) Treatment for jurisdictions with insufficient HQLA	e) HQLAが不十分とみなされる国や地域の取扱い		
63				
64	Panel e) to be filled in in your jurisdiction:	パネルe)にて記載		No
65				
66				

67	オプション1－手数料を伴う適切な中央銀行からのコミット済流動性ファシリティ	Option 1 - Contractual committed liquidity facilities from the relevant central bank
68	オプション2－外貨建てHQLA	Option 2 - Foreign currency HQLA; of which:
69	うち、レベル1資産	Level 1 assets
70	うち、レベル2資産	Level 2 assets
71	オプション3－高いヘアカット率適用によるレベル2資産の追加利用	Option 3 - Additional use of Level 2 assets with a higher haircut
72	上限適用前の代替策（ヘアカット率適用）による総額	Total usage of alternative treatment (post-haircut) before applying the cap
73	適用上限	Cap on usage of alternative treatment
74	適用上限考慮後における代替策（ヘアカット率）による総額	Total usage of alternative treatment (post-haircut) after applying the cap
75	f) 代替策適用後のHQLA総額	f) Total stock of HQLA plus usage of alternative treatment
76		

(Shaded cells in right column: 58 at row 67, 59 at row 68, 62 at row 71)

	Total stock of HQLA plus usage of alternative treatment	代替策適用後のHQLA総額	オプション利用を勘案した後のHQLA総額	
77				
78				
79	B) Net cash outflows	B) ネット資金流出		
80	1) Cash outflows	1) 資金流出		
81	a) Retail deposit run-off	a) リテール預金の流出		
82				
83	Total retail deposits; of which:	リテール預金総額	満期がない、もしくは30日以内に期限を迎えるリテール預金ないしは途中解約可能でかつ解約金が利息を下回る定期預金	
84	Insured deposits; of which:	リテール預金のうち、付保預金	上記預金のうち、付保預金	
85	in transactional accounts; of which:	上記付保預金のうち、日常用いる口座にある分	付保預金のうち、給与振込口座等の日常用いる口座分	75, 78
86	eligible for a 3% run-off rate; of which:	うち、流出率3％を適用する預金	日常用いる口座のうち、預金流出率3％を適用できる分	78
87	are in the reporting bank's home jurisdiction	うち、報告主体の母国にある預金	日常用いる口座のうち、報告主体の母国(日本)にある預金	78
88	are not in the reporting bank's home jurisdiction	うち、報告主体の母国以外にある預金	日常用いる口座のうち、報告主体の母国以外(海外)にある預金	78
89	eligible for a 5% run-off rate; of which:	うち、流出率5％を適用する預金	日常用いる口座のうち、預金流出率5％を適用する分	75
90	are in the reporting bank's home jurisdiction	うち、報告主体の母国にある預金	日常用いる口座のうち、報告主体の母国(日本)にある預金	75

91	are not in the reporting bank's home jurisdiction	うち、報告主体の母国以外にある預金	日常用いる口座のうち、報告主体の母国以外（海外）にある預金	75
92	in non-transactional accounts with established relationships that make deposit withdrawal highly unlikely; of which:	上記付保預金のうち、日常用いる口座ではないものの、引出し可能性がきわめて低く、確立した取引関係をもつ口座にある預金	日常用いる口座以外で、ローン返済等、引出し可能性が低いと考えられる分	75、78
93	eligible for a 3% run-off rate; of which:	うち、流出率3％を適用する預金	日常用いる口座以外で、流出率3％を適用できる分	78
94	are in the reporting bank's home jurisdiction	うち、報告主体の母国にある預金	日常用いる口座以外で、報告主体の母国（日本）にある預金	
95	are not in the reporting bank's home jurisdiction	うち、報告主体の母国以外にある預金	日常用いる口座以外で、報告主体の母国以外（海外）にある預金	
96	eligible for a 5% run-off rate; of which:	うち、流出率5％を適用する預金	日常用いる口座以外で、流出率5％を適用する分	75
97	are in the reporting bank's home jurisdiction	うち、報告主体の母国にある預金	日常用いる口座以外で、報告主体の母国（日本）にある預金	
98	are not in the reporting bank's home jurisdiction	うち、報告主体の母国以外にある預金	日常用いる口座以外で、報告主体の母国以外（海外）にある預金	
99	in non-transactional and non-relationship accounts	上記付保預金のうち、確立した取引関係がない口座にある預金	日常用いる口座以外で、上記のいずれにも属しない分	79
100	Uninsured deposits	リテール預金のうち、非付保預金	リテール預金のうち、非付保預金	79
101	Additional deposit categories with higher run-off rates as specified by supervisor	監督当局によって高い流出率を適用する預金区分	監督当局が指定される、潜在的な安定性が低い預金	79
102	Category 1	カテゴリー1	上記のうち1に属するもの	

#		カテゴリー2	カテゴリー3	上記のうち2に属するもの	上記のうち3に属するもの	
103	Category 2			上記のうち2に属するもの		
104	Category 3				上記のうち3に属するもの	
105	Term deposits (treated as having >30 day remaining maturity); of which:	残存期間が30日超となっている定期預金		リテール預金のうち、残存期間が30日超となっているもの		82-84
106	With a supervisory run-off rate	うち、監督当局が定める流出率を適用するもの		うち、監督当局が流出率を指定するもの		84
107	Without a supervisory run-off rate	うち、監督当局が定めない流出率を適用するもの		うち、監督当局が流出率を指定しないもの		82
108	Total retail deposits run-off	リテール預金の流出額合計		リテール預金の流出額の合計		
109	b) Unsecured wholesale funding run-off		b) 無担保のホールセール調達の流出			
110						
111	Total unsecured wholesale funding	無担保のホールセール調達額合計		30日以内に期限を迎える、自然人以外からの無担保調達のうち、自然人に対する実質担保となっていない調達の合計		85-111
112	Total funding provided by small business customers; of which:	無担保のホールセール調達のうち、中小企業顧客からの調達分		無担保ホールセール調達で、中小企業顧客（非金融機関）からの調達分		89-92
113	Insured deposits; of which:	中小企業顧客からの調達分のうち、付保預金		無担保ホールセール調達で、中小企業顧客（非金融機関）からの調達分のうち、付保預金		89, 75-78
114	in transactional accounts; of which:	付保預金のうち、日常用いる口座にある預金		上記付保預金のうち、日常用いる口座分		89, 75, 78

115	eligible for a 3% run-off rate; of which:	うち、流出率3％を適用する預金	うち、預金流出率3％を適用できる分	89.78
116	are in the reporting bank's home jurisdiction	うち、報告主体の母国にある預金	うち、報告主体の母国（日本）にある預金	89.78
117	are not in the reporting bank's home jurisdiction	うち、報告主体の母国以外にある預金	うち、報告主体の母国以外（海外）にある預金	89.78
118	eligible for a 5% run-off rate; of which:	うち、流出率5％を適用する預金	うち、預金流出率5％を適用できる分	89.75
119	are in the reporting bank's home jurisdiction	うち、報告主体の母国にある預金	うち、報告主体の母国（日本）にある預金	89.75
120	are not in the reporting bank's home jurisdiction	うち、報告主体の母国以外にある預金	うち、報告主体の母国以外（海外）にある預金	89.75
121	in non-transactional accounts with established relationships that make deposit withdrawal highly unlikely; of which:	付保預金のうち、日常用いる口座ではないものの、引出し可能性がきわめて低い、確立した取引関係をもつ口座にある預金	日常用いる口座以外で、ローン返済等、引出し可能性が低いと考えられる分	89.75、78
122	eligible for a 3% run-off rate; of which:	うち、流出率3％を適用する預金	うち、預金流出率3％を適用できる分	89.78
123	are in the reporting bank's home jurisdiction	うち、報告主体の母国にある預金	日常用いる口座以外で、報告主体の母国（日本）にある預金	89.78

124	are not in the reporting bank's home jurisdiction	うち、報告主体の母国以外にある預金	うち、報告主体の日常用いる口座以外で、報告主体の母国以外（海外）にある預金	89.78
125	eligible for a 5% run-off rate; of which:	うち、流出率5％を適用する預金	日常用いる口座以外で、預金流出率5％を適用する分	89.75
126	are in the reporting bank's home jurisdiction	うち、報告主体の母国にある預金	日常用いる口座以外で、報告主体の母国（日本）にある預金	89.75
127	are not in the reporting bank's home jurisdiction	うち、報告主体の母国以外にある預金	日常用いる口座以外で、報告主体の母国以外（海外）にある預金	89.75
128	in non-transactional and non-relationship accounts	付保預金のうち、日常用いる口座ではなく、確立した取引関係がない口座にある預金	日常用いる口座以外で、上記のいずれにも属しない分	89.79
129	Uninsured deposits	中小企業顧客からの調達分のうち、非付保預金	無担保ホールセール調達で、中小企業顧客（非金融機関）からの調達分のうち、非付保預金	89.79
130	Additional deposit categories with higher run-off rates as specified by supervisor	監督当局によって高い流出率を適用する追加的な預金区分	監督当局によって流出率が指定される、潜在的な安定性が低い預金	89.79
131	Category 1	カテゴリー1	上記のうち1に属するもの	
132	Category 2	カテゴリー2	上記のうち2に属するもの	
133	Category 3	カテゴリー3	上記のうち3に属するもの	

134	Term deposits (treated as having >30 day maturity); of which:	残存期間が30日超となっている定期預金	92, 82-84
135	With a supervisory run-off rate	うち、監督当局が定める流出率を適用するもの	92, 84
136	Without supervisory run-off rate	うち、監督当局が定めない流出率を適用するもの	92, 82
137	Total operational deposits; of which:	オペレーショナル預金合計	93-104
138	provided by non-financial corporates	うち、非金融機関からの調達分	93-104
139	insured, with a 3% run-off rate	うち、流出率3%を適用する付保預金	104
140	insured, with a 5% run-off rate	うち、流出率5%を適用する付保預金	104
141	uninsured	うち、非付保預金	93-103
142	provided by sovereigns, central banks, PSEs and MDBs	うち、ソブリン、中央銀行、政府系公的機関、国際開発銀行からの調達分	93-104
143	insured, with a 3% run-off rate	うち、流出率3%を適用する付保預金	104

144	うち、流出率5％を適用する付保預金	上記のうち、預金流出率5％を適用する分	104
145	うち、非付保預金	上記のうち、非付保預金の分	93-103
146	うち、銀行からの調達分	オペレーショナル預金のうち、銀行からの調達分	93-104
147	うち、流出率3％を適用する付保預金	上記のうち、預金流出率3％を適用できる分	104
148	うち、流出率5％を適用する付保預金	上記のうち、預金流出率5％を適用する分	104
149	うち、非付保預金	上記のうち、非付保預金の分	93-103
150	うち、銀行以外の金融機関もしくはその他法人からの調達分	オペレーショナル預金のうち、銀行以外の金融機関およびその関係会社からの調達分	93-104
151	うち、流出率3％を適用する付保預金	上記のうち、預金流出率3％を適用できる分	104
152	うち、流出率5％を適用する付保預金	上記のうち、預金流出率5％を適用する分	104
153	うち、非付保預金	上記のうち、非付保預金の分	93-103
154	非オペレーショナル預金合計	無担保ホールセール調達で、(中小)企業顧客からの調達分を除く〈〉オペレーション上関係が先がないの分	105-109
155	うち、非金融機関からの調達分	非オペレーショナル預金のうち、非金融機関からの分	107-108

144		insured, with a 5% run-off rate	
145		uninsured	
146		provided by banks	
147		insured, with a 3% run-off rate	
148		insured, with a 5% run-off rate	
149		uninsured	
150		provided by other financial institutions and other legal entities	
151		insured, with a 3% run-off rate	
152		insured, with a 5% run-off rate	
153		uninsured	
154		Total non-operational deposits; of which	
155		provided by non-financial corporates; of which:	

#			
156	where entire amount is fully covered by an effective deposit insurance scheme	うち、預金総額が預金保険制度によって全額保護されている分	上記のうち、預金保険制度で全額保護されている分	108
157	where entire amount is not fully covered by an effective deposit insurance scheme	うち、預金総額が預金保険制度によって全額保護されていない分	上記のうち、預金保険制度で全額保護されていない分	107
158	provided by sovereigns, central banks, PSEs and MDBs; of which:	うち、ソブリン、中央銀行、政府系公的機関、国際開発銀行からの調達分	非オペレーショナル預金のうち、左記の左記からの調達分	107-108
159	where entire amount is fully covered by an effective deposit insurance scheme	うち、預金総額が預金保険制度によって全額保護されている分	上記のうち、預金保険制度で全額保護されている分	108
160	where entire amount is not fully covered by an effective deposit insurance scheme	うち、預金総額が預金保険制度によって全額保護されていない分	上記のうち、預金保険制度で全額保護されていない分	107
161	provided by members of the institutional networks of co-operative (or otherwise named) banks	うち、協同組織金融機関からの調達分	非オペレーショナル預金のうち、協同組織金融機関からの調達分	105
162	provided by other banks	うち、協同組織金融機関以外の銀行からの調達分	非オペレーショナル預金のうち、協同組織金融機関以外の銀行からの調達分	109
163	provided by other financial institutions and other legal entities	うち、その他金融機関からの調達分	非オペレーショナル預金のうち、その他金融機関からの調達分	109

164	Unsecured debt issuance	無担保の発行済債券	無担保の発行済債券	110
165	Additional balances required to be installed in central bank reserves	追加的に中央銀行に預け入れる金額	中央銀行預け金不足分	
166	Total unsecured wholesale funding run-off	無担保のホールセール調達の流出合計	無担保のホールセール調達の流出額の合計	
167				
168	Of the non-operational deposits reported above, amounts that could be considered operational in nature but per the Basel III LCR standards have been excluded from receiving operational deposit treatment due to:	オペレーション上の関係がある預金とみなせることができる預金で、テキストの定義によって、オペレーション上の関係を有する預金から除外したもの	形式上はオペレーショナル預金とみなせるものの、判定対象預金がコルレス銀行業務やプライム・ブローカレッジ業務等から生じているものの、そのオペレーション上の業務が提供されていないもの	
169	correspondent banking activity	うち、コルレス口座の残高	上記のうち、コルレス口座の残高	99. footnote 42
170	Check: row 169≦sum of rows 162 and 163			
171	prime brokerage services	うち、プライム・ブローカレッジ業務の残高	上記のうち、プライム・ブローカレッジ業務に係る残高	99. footnote 42
172	Check: row 171≦sum of rows 162 and 163			
173	excess balances in operational accounts that could be withdrawn and would leave enough funds to fulfil the clearing, custody and cash management activities	うち、クリアリング、カストディ、キャッシュマネジメント業務を行うために必要な金額を上回っているために除外する金額	上記のうち、クリアリング、カストディ、キャッシュマネジメント業務における所要額を超過してみることで、流出額としてみなす分	96

174	Check: row 173≤sum of rows 155 to 163		
175	c) Secured funding run-off	c) 有担保調達の流出	
176			
177	Transactions conducted with the bank's domestic central bank; of which:	自国の中央銀行からの有担保調達の総額	114-115
178	Backed by Level 1 assets; of which:	うち、レベル1資産が担保となっているもの	上記のうち、レベル1資産が担保となっている分	114-115
179	Transactions involving eligible liquid assets – see instructions for more detail	適格流動資産に係る取引 – 詳細は指示書参照	114-115
180	Check: row 179≤row 178		
181	Backed by Level 2A assets; of which:	うち、レベル2A資産が担保となっているもの	上記のうち、レベル2A資産が担保となっている分	114-115
182	Transactions involving eligible liquid assets – see instructions for more detail	適格流動資産に係る取引 – 詳細は指示書参照	114-115
183	Check: row 182≤row 181		
184	Backed by Level 2B RMBS assets; of which:	うち、レベル2B資産である住宅ローン担保証券が担保となっているもの	上記のうち、レベル2B（住宅ローン担保証券）資産が担保となっている分	114-115
185	Transactions involving eligible liquid assets – see instructions for more detail	適格流動資産に係る取引 – 詳細は指示書参照	114-115

186	Check: row 185≤row 184		
187	Backed by Level 2B non-RMBS assets; of which:	うち、住宅ローン担保証券以外のレベル２Ｂ資産が担保となっているもの	上記のうち、レベル２Ｂ（住宅ローン担保証券以外）資産が担保となっている分	114-115
188	Transactions involving eligible liquid assets - see instructions for more detail	適格流動資産に係る取引－詳細は指示書参照		114-115
189	Check: row 188≤row 187			
190	Backed by other assets	うち、適格流動資産以外の資産が担保となっているもの	上記のうち、適格流動資産以外が担保となっている分	114-115
191	Transactions not conducted with the bank's domestic central bank and backed by Level 1 assets; of which:	レベル１資産を担保としている、自国の中央銀行以外との取引による有担保調達	レベル１資産が担保となっている、自国中央銀行以外との取引による有担保調達	114-115
192	Transactions involving eligible liquid assets - see instructions for more detail	適格流動資産に係る取引－詳細は指示書参照		114-115
193	Check: row 192≤row 191			
194	Transactions not conducted with the bank's domestic central bank and backed by Level 2A assets; of which:	レベル２Ａ資産を担保としている、自国の中央銀行以外との取引による有担保調達	レベル２Ａ資産が担保となっている、自国中央銀行以外との取引による有担保調達	114-115
195	Transactions involving eligible liquid assets - see instructions for more detail	適格流動資産に係る取引－詳細は指示書参照		114-115
196	Check: row 195≤row 194			

197	Transactions not conducted with the bank's domestic central bank and backed by Level 2B RMBS assets; of which:	レベル2B資産である住宅ローン担保証券を担保としている、自国の中央銀行以外との取引による有担保調達	レベル2B資産(住宅ローン担保証券)が担保となっている、自国中央銀行以外との取引による有担保調達	114-115
198	Transactions involving eligible liquid assets – see instructions for more detail	適格流動資産に係る取引 – 詳細は指示書参照		114-115
199	Check: row 198≤row 197			
200	Transactions not conducted with the bank's domestic central bank and backed by Level 2B non-RMBS assets; of which:	住宅ローン担保証券以外のレベル2B資産を担保としている、自国の中央銀行以外との取引による有担保調達	レベル2B資産(住宅ローン担保証券以外)が担保となっている、自国中央銀行以外との取引による有担保調達	114-115
201	Counterparties are domestic sovereigns, MDBs or domestic PSEs with a 20% risk weight; of which:	うち、自国ソブリン、国際開発銀行、リスクウェイト20%以下が適用される自国の政府系公的機関からの有担保調達	上記のうち、左記取引先からの調達分	114-115
202	Transactions involving eligible liquid assets – see instructions for more detail	適格流動資産に係る取引 – 詳細は指示書参照		114-115
203	Check: row 202≤row 201			
204	Counterparties are not domestic sovereigns, MDBs or domestic PSEs with a 20% risk weight; of which:	うち、その他カウンターパーティーからの有担保調達	上記のうち、その他取引先からの調達分	114-115
205	Transactions involving eligible liquid assets – see instructions for more detail	適格流動資産に係る取引 – 詳細は指示書参照		114-115

206	Check: row 205=row 204		
207	Transactions not conducted with the bank's domestic central bank and backed by other assets (non-HQLA); of which:	自国の中央銀行からの有担保調達を除いた、HQLA以外の資産を担保とした有担保調達のうち、自国の中央銀行からの有担保調達を除いた、その他資産を担保とした有担保調達	114-115
208	Counterparties are domestic sovereigns, MDBs or domestic PSEs with a 20% risk weight	うち、自国ソブリン、国際開発銀行、リスクウェイト20%以下が適用される自国の政府系公的機関からの有担保調達	上記のうち、左記取引先からの調達分	114-115
209	Counterparties are not domestic sovereigns, MDBs or domestic PSEs with a 20% risk weight	うち、その他カウンターパーティーからの有担保調達	上記のうち、その他取引先からの調達分	114-115
210	Total secured wholesale funding run-off	有担保調達の流出総額	有担保調達の資金流出の合計	
211	d) Additional requirements	d) その他の要件		
212				
213	Derivatives cash outflow	デリバティブ取引の資金流出額	デリバティブ取引に関する資金流出額。デリバティブ取引の支払いがすべて適格流動性資産を担保としている場合は（条件付きで）相殺も可能	116, 117
214	Increased liquidity needs related to downgrade triggers in derivatives and other financing transactions	格下げに伴う、デリバティブ取引やその他契約等の流動性需要の増加額	デリバティブ取引および付随するCSA等に関して、3ノッチ格下げがあった場合の追加担保額	118

215	Increased liquidity needs related to the potential for valuation changes on posted collateral securing derivative and other transactions:	デリバティブ取引等で用いている担保の潜在的な価値変動に伴う流動性需要の増加額	119	担保差入れしている資産のうち、レベル1資産以外が使われている分（に追加必要としてレベル1資産の差入れが必要と考えた場合）の20％相当額。デリバティブ取引および所有け差入れ担保額および取引向け差入れ担保額および取引向け差入証拠金等が対象
216	Cash and Level 1 assets	うち、現金担保およびレベル1資産		上記のうち、現金担保およびレベル1資産
217	For other collateral (ie all non-Level 1 collateral)	うち、レベル1資産以外の担保		上記のうち、レベル1資産以外
218	Increased liquidity needs related to excess non-segregated collateral held by the bank that could contractually be called at any time by the counterparty	超過担保としてカウンターパーティーより返還請求される可能性に基づく流動性需要の増加額	120	受入済担保のうち、所要担保額を超過している分として返還請求される分
219	Increased liquidity needs related to contractually required collateral on transactions for which the counterparty has not yet demanded the collateral be posted	契約上追加担保として差入れ義務がある、流動性需要の増加額	121	CSA等に基づき、追加担保差入れを求められる分
220	Increased liquidity needs related to contracts that allow collateral substitution to non-HQLA assets	担保として受け入れているHQLAのうち、同意なしに非HQLAへの入替えが可能な額	122	HQLAから非HQLAに差替え可能な受入済みの担保額
221	Increased liquidity needs related to market valuation changes on derivative or other transactions	デリバティブその他の契約等の時価変動に伴う流動性需要の増加額	123	過去24カ月のMoving Window方式にて算出される30日間の担保正味フローの絶対値ベースでの最大額

222	Loss of funding on ABS and other structured financing instruments issued by the bank, excluding covered bonds	資産担保証券、カバード・ボンド、その他のストラクチャード・ファイナンス商品による調達で期日を迎える分	30日以内に期限を迎えるストラクチャードファイナンス商品による資金調達分	124
223	Loss of funding on ABCP, conduits, SIVs and other such financing activities; of which:	資産担保コマーシャルペーパー、導管体、証券投資ビークル等による調達で期日を迎える分	資産担保コマーシャルペーパーや証券投資ビークル等の調達のうち、リティから資金調達分	125
224	debt maturing≤30 days	うち、満期が30日以内	上記のうち、30日以内に期限到来となるもの	125
225	with embedded options in financing arrangements	うち、付随するオプションに基づき満期を迎えるうるもの	上記のうち、償還オプションに伴い期限を迎えるもの	125
226	other potential loss of such funding	うち、その他取引に基づくもの	上記のうち、満期および償還日を迎えるもの以外で期限を迎えるもの	125
227	Loss of funding on covered bonds issued by the bank	カバード・ボンドで期日を迎えるもの	カバード・ボンドで期日を迎えるもの	124
228	Undrawn committed credit and liquidity facilities to retail and small business customers	リテールもしくは中小企業向け与信ファシリティおよび流動性ファシリティのうち、未実行額	コミット済流動性ファシリティおよび与信ファシリティのうち、未実行となっている分	131(a)
229	Undrawn committed credit facilities to	与信ファシリティの未実行額	与信ファシリティの未実行分	
230	non-financial corporates	うち、非金融機関向け	うち、非金融機関向け	131(b)
231	sovereigns, central banks, PSEs and MDBs	うち、ソブリン、中央銀行、政府系公的機関、国際開発銀行向け	うち、左記に該当する先向け	131(b)

270

232	Undrawn committed liquidity facilities to	流動性ファシリティの未実行額	流動性ファシリティの未実行分。QISでは流動性ファシリティを「30日以内に償還されるCP等のバックアップライン」に限定
233	non-financial corporates	うち、非金融機関向け	うち、非金融機関向け	131(c)
234	sovereigns, central banks, PSEs and MDBs	うち、ソブリン、中央銀行、政府系公的機関、国際開発銀行向け	うち、左記に該当する先向け	131(c)
235	Undrawn committed credit and liquidity facilities provided to banks subject to prudential supervision	健全性監督対象の銀行向け与信ファシリティおよび流動性ファシリティのうち、未実行額	健全性監督対象向けファシリティの未実行分	131(d)
236	Undrawn committed credit facilities provided to other FIs	その他金融機関向け与信ファシリティのうち、未実行額	その他金融機関向け与信ファシリティ未実行分	131(e)
237	Undrawn committed liquidity facilities provided to other FIs	その他金融機関向け流動性ファシリティのうち、未実行額	その他金融機関受け流動性ファシリティ未実行分	131(f)
238	Undrawn committed credit and liquidity facilities to other legal entities	その他法人向け与信ファシリティおよび流動性ファシリティのうち、未実行額	その他法人向けファシリティ未実行分	131(g)
239				
240	Other contractual obligations to extend funds to	その他契約上の義務	本基準のいずれにも該当しない、その他契約上の義務	
241	financial institutions	金融機関向け	うち、金融機関向け	132
242	retail clients	リテール顧客向け	うち、リテール顧客向け	133
243	small business customers	中小企業向け	うち、中小企業向け	133
244	non-financial corporates	金融機関以外の法人向け	うち、金融機関以外の法人向け	133

245	other clients	その他顧客向け	133
246	retail, small business customers, non-financials and other clients	リテール顧客、中小企業、非金融機関、その他顧客向け	
247	Total contractual obligations to extend funds in excess of 50% roll-over assumption	契約上の義務合計額が資金流入額の50%超となっている場合、50%超の部分を計上	うち、その他顧客向け リテール顧客、中小企業、非金融機関、その他顧客向け合計 30日以内に顧客向け貸出が期日を迎える場合、その金額の50%を上回る部分を算出
248			
249			
250	Total additional requirements run-off	その他要件合計	その他要件合計
251			
252	Other contingent funding obligations	その他偶発債務	その他偶発債務
253	Non-contractual obligations related to potential liquidity draws from joint ventures or minority investments in entities	連結対象ではないジョイントベンチャーまたは少数持分保有のエンティティからの偶発的な流動性供給	連結対象外のジョイントベンチャーの少数持分保有によって、流動性供給を求められる可能性を考慮（銀行と監督当局との間で合意された手法に基づいて算出された金額）	137
254	Unconditionally revocable "uncommitted" credit and liquidity facilities	無条件に取消可能なコミットされていない与信・流動性ファシリティ	コミットされておらず、無条件で取消可能なファシリティ	140
255	Trade finance-related obligations (including guarantees and letters of credit)	トレード・ファイナンスに伴う偶発的債務（保証や信用状を含む）	トレード・ファイナンスに伴う義務や保証等の偶発的債務	138, 139

256	Guarantees and letters of credit unrelated to trade finance obligations	トレード・ファイナンス債務とは無関係の保証および信用状	トレード・ファイナンス業務とは直接関係がない偶発的債務	140
257	Non-contractual obligations:	契約によらない債務	契約に基づかない債務	
258	Debt-buy back requests (incl related conduits)	うち、発行済債券の買入れ消却	うち、発行済債券の買入れ消却	140
259	Structured products	うち、仕組商品	うち、仕組商品	140
260	Managed funds	うち、MMF等合同運用型ファンド	うち、合同運用型ファンド	140
261	Other non-contractual obligations	うち、その他契約によらない債務	契約に基づかない債務のうち、いずれにも属さないもの	140
262	Outstanding debt securities with remaining maturity > 30 days	残存期間が30日超となっている発行債券残高	期日が30日超の発行済債券残高。仕組商品となっている負債性証券に関しては償還判定が必要	140
263	Non contractual obligations where customer short positions are covered by other customers' collateral	顧客のショートポジションがそれ以外の顧客の担保によってカバーされている、契約によらない偶発債務	顧客の資産と、担保が非HQLAとなっている他の顧客によるショートポジションのマッチングを行う場合を想定したもの	140
264	Bank outright short positions covered by a collateralised securities financing transaction	自社のショートポジションが有担保の有価証券借入れによってカバーされているもの	自社のショートポジションが有担保の有価証券借入れによってカバーされているもの	147
265	Other contractual cash outflows (including those related to unsecured collateral borrowings and uncovered short positions)	その他契約上の資金流出(無担保の証券借入れや自社のショートポジションでカバーされているものを含む)	無担保の担保借入れ、カバーなしのショートポジション、配当、契約に基づく利払いをカバーするための資金流出等(経費関連は含めず)	141, 147

266	Total run-off on other contingent funding obligations	その他偶発債務による資金流出合計	その他偶発債務による資金流出合計額	
267	e) Total cash outflows	e) 資金流出合計額		
268				
269	Total cash outflows	資金流出合計額		
270	2) Cash inflows	2) 資金流入		
271	a) Secured lending including reverse repo and securities borrowing	a) リバース・レポおよび証券借入を含む証券担保貸出		
272				
273	Reverse repo and other secured lending or securities borrowing transactions maturing≤30 days	30日以内に期限を迎えるリバース・レポや証券貸出取引	30日以内に期限を迎えるリバース・レポや証券貸出取引	145-146
274	Of which collateral is **not re-used** (ie is not rehypothecated) to cover the reporting institution's outright short positions	うち、自社のショートポジションをカバーするために、担保が再利用されないもの	受取担保資産がアウトライト取引のショートポジションをカバーするために30日間固定化されるかたちで再利用されていないもの	145-146
275	Transactions backed by Level 1 assets; of which:	うち、レベル1資産で担保されているもの	うち、受取担保資産がレベル1資産となっているもの。ロールオーバー前提とするため資金流入はないとみなす	145-146
276	Transactions involving eligible liquid assets – see instructions for more detail	適格流動資産に係る取引 – 詳細は指示書参照		145-146
277	Check: row 276≤row 275			

274

278	Transactions backed by Level 2A assets; of which:	うち、レベル2A資産で担保されているもの	うち、受取担保資産がレベル2A資産となっているもの。特定の資産に対するヘアカット相当分が流入	145-146
279	Transactions involving eligible liquid assets – see instructions for more detail	適格流動資産に係る取引－詳細は指示書参照		145-146
280	Check: row 279≤row 278			
281	Transactions backed by Level 2B RMBS assets; of which:	うち、レベル2B資産となる住宅ローン担保証券で担保されているもの	うち、受取担保資産がレベル2B資産（住宅ローン担保証券）となっているもの。特定の資産に対するヘアカット相当分が流入	145-146
282	Transactions involving eligible liquid assets – see instructions for more detail	適格流動資産に係る取引－詳細は指示書参照		145-146
283	Check: row 282≤row 281			
284	Transactions backed by Level 2B non-RMBS assets; of which:	うち、住宅ローン担保証券以外のレベル2B資産で担保されているもの	うち、受取担保資産がレベル2B資産（住宅ローン担保証券以外）となっているもの。特定の資産に対するヘアカット相当分が流入	145-146
285	Transactions involving eligible liquid assets – see instructions for more detail	適格流動資産に係る取引－詳細は指示書参照		145-146
286	Check: row 285≤row 284			
287	Margin lending backed by non-Level 1 or non-Level 2 collateral	うち、非HQLA資産で担保されているマージンレンディング取引	うち、受取資産が非HQLAとなっているマージンレンディング取引で、50％以下の認識	145-146

288	Transactions backed by other collateral	うち、その他資産によって担保されているもの	うち、受取担保資産がその他資産となっているもの。ロールオーバーしない前提となり100%流入扱い	145-146
289	Of which collateral **is re-used** (ie is rehypothecated) in transactions to cover the reporting insitution's outright short positions	うち、自社のショートポジションをカバーするために、担保が再利用されているもの	受取担保資産がアウトライト取引のショート・ポジションをカバーするために30日間固定化されるために再利用されているもの。ロールオーバー前提となっており、マッチした勘定を含む	145-146
290	Transactions backed by Level 1 assets	うち、レベル1資産で担保されているもの	うち、受取担保資産がレベル1資産となっているもの	145-146
291	Transactions backed by Level 2A assets	うち、レベル2A資産で担保されているもの	うち、受取担保資産がレベル2A資産となっているもの	145-146
292	Transactions backed by Level 2B RMBS assets	うち、レベル2B資産となる住宅ローン担保証券で担保されているもの	うち、受取担保資産がレベル2B資産（住宅ローン担保証券）となっているもの	145-146
293	Transactions backed by Level 2B non-RMBS assets	うち、住宅ローン担保証券以外のレベル2B資産で担保されているもの	うち、受取担保資産がレベル2B資産（住宅ローン担保証券以外）となっているもの	145-146
294	Margin lending backed by non-Level 1 or non-Level 2 collateral	うち、非HQLA資産で担保されているマージンレンディング取引	うち、受取資産が非HQLAとなっているマージンレンディング取引	145-146
295	Transactions backed by other collateral	うち、その他資産によって担保されているもの	うち、受取担保資産がその他資産となっているもの	145-146

296	Total inflows on reverse repo and securities borrowing transactions	リバース・レポおよび証券貸出取引の流入合計額	リバース・レポおよび証券担保取引の流入合計額	
297	b) Other inflows by counterparty	b) カウンターパーティーによるその他の資金流入		
298				
299				
300	Contractual inflows due in≤30 days from fully performing loans, not reported in lines 275 to 295, from:	健全な資産からの30日以内の資金流入（275行から295行で報告されるものを除く）	健全な資産からの30日以内の資金流入で、元本返済や金利収入を含む。期日の定めがないローン等の元本償還は30日以内と認識しない	
301	Retail customers	うち、リテール顧客からのもの	うち、リテール顧客からのもの	153
302	Small business customers	うち、中小企業顧客からのもの	うち、中小企業顧客からのもの	153
303	Non-financial corporates	うち、非金融機関からのもの	うち、非金融機関からのもの	154
304	Central banks	うち、中央銀行からのもの	うち、中央銀行からのもの	154
305	Financial institutions, of which	うち、金融機関からのもの	うち、金融機関からのもの	154
306	operational deposits	うち、オペレーショナル預金	金融機関からの流入のうち、オペレーション上の関係がある先に預け入れている預金	156
307	deposits at the centralised institution of an institutional network that receive 25% run-off	うち、協同組織金融機関への預金	金融機関からの流入のうち、協同組織金融機関への預金	157
308	all payments on other loans and deposits due in≤30 days	うち、30日以内に期日を迎える、その他の貸出や預金からの受取り	金融機関からの流入のうち、上記以外のもの	154

309	Other entities	うち、その他法人からのもの	うち、上記以外の法人からのもの	154
310	Total of other inflows by counterparty	カウンターパーティーによるその他の資金流入合計	カウンターパーティーによるその他の資金流入合計	
311	c) Other cash inflows	d) その他資金流入		
312				
313				
314	Other cash inflows	その他資金流入	その他資金流入	
315	Derivatives cash inflow	うち、デリバティブ取引によるもの	うち、デリバティブ取引によるもの	158, 159
316	Contractual inflows from securities maturing≤30 days, not included anywhere above	うち、上記のいずれにもカウントされていない30日以内に期日を迎える証券からの契約上の資金流入	うち、これまでカウントされていない証券等からの資金流入で、譲渡性預金も含む	155
317	Other contractual cash inflows	うち、その他契約上の資金流入	うち、上記以外のもの（別途説明要）	160
318	Total of other cash inflows	その他資金流入合計	その他資金流入合計	
319	d) Total cash inflows	d) 資金流入合計		
320				
321				
322	Total cash inflows before applying the cap	上限勘案前の資金流入合計	上限勘案前の資金流入合計	144
323	Cap on cash inflows	資金流入の上限額	資金流入の上限額	69, 144
324	Total cash inflows after applying the cap.	上限勘案後の資金流入合計	上限勘案後の資金流入合計	69, 144
325				

		c) 担保交換	担保交換（コラテラル・スワップ）	
326	C) Collateral swaps			
327				
328				
329	Collateral swaps maturing≤30 days:	30日以内に期日を迎える担保交換	30日以内に期日を迎える現金以外の担保交換	
330	Of which the borrowed assets are **not re-used** (ie are not re-hypothecated) to cover short positions	うち、ショートポジションをカバーするために担保が再利用されていないもの	うち、ショートポジションをカバーするために担保が再利用されていないもの	
331	Level 1 assets are lent and Level 1 assets are borrowed; of which:	うち、レベル1資産の貸出・レベル1資産の借入れ	貸出サイドと借入れサイドともにHQLAの要件を満たしているもの	48, 113, 146, Annex 1
332	Involving eligible liquid assets – see instructions for more detail	適格流動資産に係る取引－詳細は指示書参照		48, 113, 146, Annex 1
333	Check: row 332≤row 331			
334	Level 1 assets are lent and Level 2A assets are borrowed; of which:	うち、レベル1資産の貸出・レベル2A資産の借入れ	貸出サイドと借入れサイドともにHQLAの要件を満たしているもの	48, 113, 146, Annex 1
335	Involving eligible liquid assets – see instructions for more detail	適格流動資産に係る取引－詳細は指示書参照		48, 113, 146, Annex 1
336	Check: row 335≤row 334			
337	Level 1 assets are lent and Level 2B RMBS assets are borrowed; of which:	うち、レベル1資産の貸出・レベル2B資産となる住宅ローン担保証券の借入れ	貸出サイドと借入れサイドともにHQLAの要件を満たしているもの	48, 113, 146, Annex 1

338	Involving eligible liquid assets – see instructions for more detail	適格流動資産に係る取引 – 詳細は指示書参照		48, 113, 146, Annex 1
339	Check: row 338≤row 337			
340	Level 1 assets are lent and Level 2B non-RMBS assets are borrowed; of which:	うち、レベル1資産の貸出・住宅ローン担保証券以外のレベル2B資産の借入れ	貸出サイドと借入れサイドがともにHQLAの要件を満たしているもの	48, 113, 146, Annex 1
341	Involving eligible liquid assets – see instructions for more detail	適格流動資産に係る取引 – 詳細は指示書参照		48, 113, 146, Annex 1
342	Check: row 341≤row 340			
343	Level 1 assets are lent and other assets are borrowed; of which:	うち、レベル1資産の貸出・その他資産の借入れ	貸出サイドのみがHQLAの要件を満たしているもの	48, 113, 146, Annex 1
344	Involving eligible liquid assets – see instructions for more detail	適格流動資産に係る取引 – 詳細は指示書参照		48, 113, 146, Annex 1
345	Check: row 344≤row 343			
346	Level 2A assets are lent and Level 1 assets are borrowed; of which:	うち、レベル2A資産の貸出・レベル1資産の借入れ	貸出サイドと借入れサイドがともにHQLAの要件を満たしているもの	48, 113, 146, Annex 1
347	Involving eligible liquid assets – see instructions for more detail	適格流動資産に係る取引 – 詳細は指示書参照		48, 113, 146, Annex 1
348	Check: row 347≤row 346			

349	Level 2A assets are lent and Level 2A assets are borrowed; of which:	うち、レベル２Ａ資産の貸出・レベル２Ａ資産の借入れ	貸出サイドと借入れサイドがともにHQLAの要件を満たしているもの	48, 113, 146, Annex 1
350	Involving eligible liquid assets – see instructions for more detail	適格流動資産に係る取引 – 詳細は指示書参照		48, 113, 146, Annex 1
351	Check: row 350≦row 349			
352	Level 2A assets are lent and Level 2B RMBS assets are borrowed; of which:	うち、レベル２Ａ資産の貸出・レベル２Ｂ資産となる住宅ローン担保証券の借入れ	貸出サイドと借入れサイドがともにHQLAの要件を満たしているもの	48, 113, 146, Annex 1
353	Involving eligible liquid assets – see instructions for more detail	適格流動資産に係る取引 – 詳細は指示書参照		48, 113, 146, Annex 1
354	Check: row 353≦row 352			
355	Level 2A assets are lent and Level 2B non-RMBS assets are borrowed; of which:	うち、レベル２Ａ資産の貸出・住宅ローン担保証券以外のレベル２Ｂ資産の借入れ	貸出サイドと借入れサイドがともにHQLAの要件を満たしているもの	48, 113, 146, Annex 1
356	Involving eligible liquid assets – see instructions for more detail	適格流動資産に係る取引 – 詳細は指示書参照		48, 113, 146, Annex 1
357	Check: row 356≦row 355			
358	Level 2A assets are lent and other assets are borrowed; of which:	うち、レベル２Ａ資産の貸出・その他資産の借入れ	貸出サイドのみがHQLAの要件を満たしているもの	48, 113, 146, Annex 1

359	Involving eligible liquid assets – see instructions for more detail	適格流動資産に係る取引－詳細は指示書参照		48, 113, 146, Annex 1
360	Check: row 359≤row 358			
361	Level 2B RMBS assets are lent and Level 1 assets are borrowed; of which:	うち、レベル2B資産となる住宅ローン担保証券の貸出・レベル1資産の借入れ		48, 113, 146, Annex 1
362	Involving eligible liquid assets – see instructions for more detail	適格流動資産に係る取引－詳細は指示書参照	貸出サイドと借入れサイドがともにHQLAの要件を満たしているもの	48, 113, 146, Annex 1
363	Check: row 362≤row 361			
364	Level 2B RMBS assets are lent and Level 2A assets are borrowed; of which:	うち、レベル2B資産となる住宅ローン担保証券の貸出・レベル2A資産の借入れ		48, 113, 146, Annex 1
365	Involving eligible liquid assets – see instructions for more detail	適格流動資産に係る取引－詳細は指示書参照	貸出サイドと借入れサイドがともにHQLAの要件を満たしているもの	48, 113, 146, Annex 1
366	Check: row 365≤row 364			
367	Level 2B RMBS assets are lent and Level 2B assets are borrowed; of which:	うち、レベル2B資産となる住宅ローン担保証券の貸出・レベル2B資産となる住宅ローン担保証券の借入れ		48, 113, 146, Annex 1
368	Involving eligible liquid assets – see instructions for more detail	適格流動資産に係る取引－詳細は指示書参照	貸出サイドと借入れサイドがともにHQLAの要件を満たしているもの	48, 113, 146, Annex 1
369	Check: row 368≤row 367			

370	Level 2B RMBS assets are lent and Level 2B non-RMBS assets are borrowed; of which:	うち、レベル2B資産となる住宅ローン担保証券の貸出・住宅ローン担保証券以外のレベル2B資産の借入れ	貸出サイドと借入れサイドがともにHQLAの要件を満たしているもの	48, 113, 146, Annex 1
371	Involving eligible liquid assets – see instructions for more detail	適格流動資産に係る取引 – 詳細は指示書参照		48, 113, 146, Annex 1
372	Check: row 371≤row 370			
373	Level 2B RMBS assets are lent and other assets are borrowed; of which:	うち、レベル2B資産となる住宅ローン担保証券の貸出・その他資産の借入れ	貸出サイドのみがHQLAの要件を満たしているもの	48, 113, 146, Annex 1
374	Involving eligible liquid assets – see instructions for more detail	適格流動資産に係る取引 – 詳細は指示書参照		48, 113, 146, Annex 1
375	Check: row 374≤row 373			
376	Level 2B non-RMBS assets are lent and Level 1 assets are borrowed; of which:	うち、住宅ローン担保証券以外のレベル2B資産の貸出・レベル1資産の借入れ	貸出サイドと借入れサイドがともにHQLAの要件を満たしているもの	48, 113, 146, Annex 1
377	Involving eligible liquid assets – see instructions for more detail	適格流動資産に係る取引 – 詳細は指示書参照		48, 113, 146, Annex 1
378	Check: row 377≤row 376			
379	Level 2B non-RMBS assets are lent and Level 2A assets are borrowed; of which:	うち、住宅ローン担保証券以外のレベル2B資産の貸出・レベル2A資産の借入れ	貸出サイドと借入れサイドがともにHQLAの要件を満たしているもの	48, 113, 146, Annex 1

380	Involving eligible liquid assets – see instructions for more detail	適格流動資産に係る取引 – 詳細は指示書参照	48, 113, 146, Annex 1
381	Check: row 380≤row 379		
382	Level 2B non-RMBS assets are lent and Level 2B RMBS assets are borrowed; of which:	うち、住宅ローン担保証券以外のレベル2B資産の貸出・住宅ローン担保証券となる住宅ローン担保証券の借入れ	48, 113, 146, Annex 1
383	Involving eligible liquid assets – see instructions for more detail	貸出サイドと借入れサイドがともにHQLAの要件を満たしているもの	48, 113, 146, Annex 1
384	Check: row 383≤row 382	適格流動資産に係る取引 – 詳細は指示書参照	48, 113, 146, Annex 1
385	Level 2B non-RMBS assets are lent and Level 2B non-RMBS assets are borrowed; of which:	うち、住宅ローン担保証券以外のレベル2B資産の貸出・住宅ローン担保証券以外のレベル2B資産の借入れ	48, 113, 146, Annex 1
386	Involving eligible liquid assets – see instructions for more detail	貸出サイドと借入れサイドがともにHQLAの要件を満たしているもの	48, 113, 146, Annex 1
387	Check: row 386≤row 385	適格流動資産に係る取引 – 詳細は指示書参照	48, 113, 146, Annex 1
388	Level 2B non-RMBS assets are lent and other assets are borrowed; of which:	うち、住宅ローン担保証券以外のレベル2B資産の貸出・その他資産の借入れ	48, 113, 146, Annex 1
389	Involving eligible liquid assets – see instructions for more detail	貸出サイドのみがHQLAの要件を満たしているもの	48, 113, 146, Annex 1
		適格流動資産に係る取引 – 詳細は指示書参照	

390	Check: row 389≤row 388		
391	Other assets are lent and Level 1 assets are borrowed; of which:	うち、その他資産の貸出・レベル1資産の借入れ	借入れサイドのみがHQLAの要件を満たしているもの	48, 113, 146, Annex 1
392	Involving eligible liquid assets – see instructions for more detail	適格流動資産に係る取引－詳細は指示書参照		48, 113, 146, Annex 1
393	Check: row 392≤row 391		
394	Other assets are lent and Level 2A assets are borrowed; of which:	うち、その他資産の貸出・レベル2A資産の借入れ	借入れサイドのみがHQLAの要件を満たしているもの	48, 113, 146, Annex 1
395	Involving eligible liquid assets – see instructions for more detail	適格流動資産に係る取引－詳細は指示書参照		48, 113, 146, Annex 1
396	Check: row 395≤row 394		
397	Other assets are lent and Level 2B RMBS assets are borrowed; of which:	うち、その他資産の貸出・レベル2B資産となる住宅ローン担保証券の借入れ	借入れサイドのみがHQLAの要件を満たしているもの	48, 113, 146, Annex 1
398	Involving eligible liquid assets – see instructions for more detail	適格流動資産に係る取引－詳細は指示書参照		48, 113, 146, Annex 1
399	Check: row 398≤row 397		
400	Other assets are lent and Level 2B non-RMBS assets are borrowed; of which:	うち、その他資産の貸出・住宅ローン担保証券以外のレベル2B資産の借入れ	借入れサイドのみがHQLAの要件を満たしているもの	48, 113, 146, Annex 1

	Involving eligible liquid assets – see instructions for more detail	適格流動資産に係る取引－詳細は指示書参照		48, 113, 146, Annex 1
401				
402	Check: row 401≤row 400			
403	Other assets are lent and other assets are borrowed	うち、その他資産の貸出・その他資産の借入れ		48, 113, 146, Annex 1
404	Of which the borrowed assets are re-used (ie are rehypothecated) in transactions to cover short positions	うち、ショートポジションをカバーするために担保が再利用されているもの	貸出サイドと借入れサイドがともにHQLAの要件を満たさないもの。うち、ショートポジションをカバーするために担保が再利用されているもの。ロールオーバー前提であり流出率は0％	
405	Level 1 assets are lent and Level 1 assets are borrowed	うち、レベル1資産の貸出・レベル1資産の借入れ	左記のとおり	48, 113, 146, Annex 1
406	Level 1 assets are lent and Level 2A assets are borrowed	うち、レベル1資産の貸出・レベル2A資産の借入れ	左記のとおり	48, 113, 146, Annex 1
407	Level 1 assets are lent and Level 2B RMBS assets are borrowed	うち、レベル1資産の貸出・レベル2B資産となる住宅ローン担保証券の借入れ	左記のとおり	48, 113, 146, Annex 1
408	Level 1 assets are lent and Level 2B non-RMBS assets are borrowed	うち、レベル1資産の貸出・住宅ローン担保証券以外のレベル2B資産の借入れ	左記のとおり	48, 113, 146, Annex 1
409	Level 1 assets are lent and other assets are borrowed	うち、レベル1資産の貸出・その他資産の借入れ	左記のとおり	48, 113, 146, Annex 1
410	Level 2A assets are lent and Level 1 assets are borrowed	うち、レベル2A資産の貸出・レベル1資産の借入れ	左記のとおり	48, 113, 146, Annex 1

411	Level 2A assets are lent and Level 2A assets are borrowed	うち、レベル2A資産の貸出・レベル2A資産の借入れ	左記のとおり	48, 113, 146, Annex 1
412	Level 2A assets are lent and Level 2B RMBS assets are borrowed	うち、レベル2A資産の貸出・レベル2B資産となる住宅ローン担保証券の借入れ	左記のとおり	48, 113, 146, Annex 1
413	Level 2A assets are lent and Level 2B non-RMBS assets are borrowed	うち、レベル2A資産の貸出・住宅ローン担保証券以外のレベル2B資産の借入れ	左記のとおり	48, 113, 146, Annex 1
414	Level 2A assets are lent and other assets are borrowed	うち、レベル2A資産の貸出・その他資産の借入れ	左記のとおり	48, 113, 146, Annex 1
415	Level 2B RMBS assets are lent and Level 1 assets are borrowed	うち、レベル2B資産となる住宅ローン担保証券の貸出・レベル1資産の借入れ	左記のとおり	48, 113, 146, Annex 1
416	Level 2B RMBS assets are lent and Level 2A assets are borrowed	うち、レベル2B資産となる住宅ローン担保証券の貸出・レベル2A資産の借入れ	左記のとおり	48, 113, 146, Annex 1
417	Level 2B RMBS assets are lent and Level 2B RMBS assets are borrowed	うち、レベル2B資産となる住宅ローン担保証券の貸出・レベル2B資産となる住宅ローン担保証券の借入れ	左記のとおり	48, 113, 146, Annex 1
418	Level 2B RMBS assets are lent and Level 2B non-RMBS assets are borrowed	うち、レベル2B資産となる住宅ローン担保証券の貸出・住宅ローン担保証券以外のレベル2B資産の借入れ	左記のとおり	48, 113, 146, Annex 1

419	Level 2B RMBS assets are lent and other assets are borrowed	うち、レベル2B資産となる住宅ローン担保証券の貸出・その他資産の借入れ	左記のとおり	48, 113, 146, Annex 1
420	Level 2B non-RMBS assets are lent and Level 1 assets are borrowed	うち、住宅ローン担保証券以外のレベル2B資産の貸出・レベル1資産の借入れ	左記のとおり	48, 113, 146, Annex 1
421	Level 2B non-RMBS assets are lent and Level 2A assets are borrowed	うち、住宅ローン担保証券以外のレベル2B資産の貸出・レベル2A資産の借入れ	左記のとおり	48, 113, 146, Annex 1
422	Level 2B non-RMBS assets are lent and Level 2B RMBS assets are borrowed	うち、住宅ローン担保証券以外のレベル2B資産の貸出・レベル2B資産となる住宅ローン担保証券の借入れ	左記のとおり	48, 113, 146, Annex 1
423	Level 2B non-RMBS assets are lent and Level 2B non-RMBS assets are borrowed	うち、住宅ローン担保証券以外のレベル2B資産の貸出・住宅ローン担保証券以外のレベル2B資産の借入れ	左記のとおり	48, 113, 146, Annex 1
424	Level 2B non-RMBS assets are lent and other assets are borrowed	うち、住宅ローン担保証券以外のレベル2B資産の貸出・その他資産の借入れ	左記のとおり	48, 113, 146, Annex 1
425	Other assets are lent and Level 1 assets are borrowed	うち、その他資産の貸出・レベル1資産の借入れ	左記のとおり	48, 113, 146, Annex 1
426	Other assets are lent and Level 2A assets are borrowed	うち、その他資産の貸出・レベル2A資産の借入れ	左記のとおり	48, 113, 146, Annex 1

427	Other assets are lent and Level 2B RMBS assets are borrowed	うち、その他資産の貸出・レベル2B資産となる住宅ローン担保証券の借入れ	左記のとおり	48, 113, 146, Annex 1
428	Other assets are lent and Level 2B non-RMBS assets are borrowed	うち、その他資産の貸出・住宅ローン担保証券以外のレベル2B資産の借入れ	左記のとおり	48, 113, 146, Annex 1
429	Other assets are lent and other assets are borrowed	うち、その他資産の貸出・その他資産の借入れ	左記のとおり	48, 113, 146, Annex 1
430	Total outflows and total inflows from collateral swaps	担保交換による資金流出合計と資金流入合計	担保交換による資金流出合計と資金流入合計	
431				
432				
433	Adjustments to Level 1 assets due to collateral swaps	担保交換によるレベル1資産の調整	調整項目	
434	Adjustments to Level 2A assets due to collateral swaps	担保交換によるレベル2A資産の調整	調整項目	
435	Adjustments to Level 2B RMBS assets due to collateral swaps	担保交換によるレベル2B資産となる住宅ローン担保証券の調整	調整項目	
436	Adjustments to Level 2B non-RMBS assets due to collateral swaps	担保交換による住宅ローン担保証券以外のレベル2B資産の調整	調整項目	
437				
438	D) LCR	D) LCR(流動性カバレッジ比率)		
439				

440	Total stock of high quality liquid assets plus usage of alternative treatment	代替策として認められたものを加えたHQLA合計額	代替策適用後のHQLA総額
441	Net cash outflows	ネット資金流出額	ネット資金流出額
442	LCR	流動性カバレッジ比率	流動性カバレッジ比率
443			

巻末資料2 NSFR

	NSFR		補足説明
1	NSFR		
2	A) Available stable funding	利用可能な安定調達額	
3			
4			
5			
6	Tier 1 and Tier 2 capital (Basel III 2022)	バーゼルIII上のTier IおよびTier II	バーゼルIII完全実施となったベースでの算出。資本から控除された項目に関しては、RSFでは計上されず、186行目にて記載
7	Check: row 6=D51+D52 in the General Info worksheet		
8	Preferred stock not included above	上記に含まれない優先株式	6行目に含まれない優先株式
9	"Stable" (as defined in the LCR) demand and/or term deposits from retail and small business customers	リテール顧客および中小企業顧客からのLCR定義に基づく安定的な要求払預金および定期預金	リテール預金に関してはLCR算出定義に従う。定期預金に関しては、QISでは利息以上の解約金を付されることなく引出し可能であれば、契約上の満期日に関係なく3ヵ月未満で計上
10	Check: row 9=LCR stable retail and small business customer deposits		
11	"Less stable" (as defined in the LCR) demand and/or term deposits from retail and small business customers	リテール顧客および中小企業顧客からのLCR定義に基づく準安定的な要求払預金および定期預金	定期預金の取扱いに関しては9行目と同様
12	Check: row 11≥LCR less stable retail and small business customer deposits		

13	Unsecured and/or subordinated debt securities issued	劣後を含む無担保の発行済債券	劣後負債のうち、6行目にて計上されている分は差引後の残高を計上。リテール顧客向けのみに発行している債券はリテール預金、中小企業向けのみに発行している債券は中小企業向け預金にそれぞれ含める
14	Check: row 13≧LCR unsecured debt issued		
15	Unsecured funding from non-financial corporates	非金融機関からの無担保調達	中小企業を除く非金融機関からの、満期の定めのない預金、および定期預金による調達残高
16	Of which is an operational deposit as defined in the LCR	うち、LCR定義に基づくオペレーショナル預金	オペレーショナル預金の定義はLCR上の定義と同様
17	Check: row 15≧LCR unsecured funding from non-financial corporates		
18	Check: row 16≧LCR operational deposits from non-financial corporates		
19	Check: row 16≦row 15 for each column		
20	Unsecured funding from sovereigns/central banks/PSEs/MDBs	ソブリン、中央銀行、政府系公的機関、国際開発銀行からの無担保調達	ソブリン、中央銀行、政府系公的機関、多国間開発銀行からの満期の定めのない預金および定期預金による無担保調達残高
21	Of which is an operational deposit as defined in the LCR	うち、LCR定義に基づくオペレーショナル預金	オペレーショナル預金の定義はLCR上の定義と同様
22	Check: row 20≧LCR unsecured funding from sovereigns/central banks/PSEs/MDBs		

23	Check: row 21≥LCR operational deposits from sovereigns/central banks/PSEs/MDBs		
24	Check: row 21≤row 20 for each column		
25	Unsecured funding from other legal entities (including financial corporates and financial institutions)	金融機関を含むその他法人からの無担保調達	協同組織金融機関を除く金融機関および法人からの無担保調達残高
26	Of which is an operational deposit as defined in the LCR	うち、LCR定義に基づくオペレーショナル預金額	オペレーショナル預金の定義はLCR上の定義と同様
27	Check: row 25≥LCR unsecured funding from other legal entities		
28	Check: row 26≥LCR operational deposits from other legal entities		
29	Check: row 26≤row 25 for each column		
30	Statutory minimum deposits from members of an institutional network of cooperative banks	協同組織金融機関の系統金融機関からの最低預入額	協同組織金融機関の系統金融機関からの、預託義務に基づく預金残高（最低預入額）（LCR上の定義と同様）
31	Check: row 30≥LCR unsecured funding from members of the institutional networks of cooperative banks		
32	Other deposits from members of an institutional network of cooperative banks	協同組織金融機関の系統金融機関からのその他の預金額	協同組織金融機関の系統金融機関からの、預託義務に基づく預金残高（最低預入額）（LCR上の定義と同様。系統金融機関からの、上記30の行目で計上されていない調達残高
33	Secured borrowings and liabilities (including secured term deposits); of which are from:	有担保調達（有担保預金を含む）	担保付調達残高

34	Retail and small business customers	うち、リテール顧客および中小企業顧客からの調達	リテール顧客および中小企業顧客からの調達
35	Non-financial corporates	うち、非金融機関からの調達	非金融機関からの調達
36	Central banks	うち、中央銀行からの調達	中央銀行からの調達
37	Sovereigns/PSEs/MDBs	うち、ソブリン、政府系公的機関、国際開発銀行からの調達	ソブリン、政府系公的機関、多国間開発銀行からの調達
38	Other legal entities (including financial corporates and financial institutions)	うち、金融機関を含むその他法人顧客からの調達	上記34行目から37行目に含まれない有担保調達
39	Net derivatives payables	デリバティブ取引によるネット支払	デリバティブ取引における、カウンターパーティーごとでの受払ネット後に、支払超となっているカウンターパーティー分の合計値を計上
40	All other liabilities and equity categories not included above	上記に含まれないその他すべての負債および資本	39行目までに計上されていないその他すべての負債および資本
41			
42			
43	B) Required stable funding	要求安定調達額	
44	1) On balance-sheet items	1) オン・バランスシート項目	
45			
46			
47			
48	Coins and banknotes	硬貨および紙幣	担保としての処分上の制約がなく、偶発債務や給与支払い等の支払見込みがない、債務に即時利用可能な硬貨および銀行券

294

49	Short-term unsecured instruments and transactions with outstanding maturities of less than one year, of which are:	1年未満に満期を迎える短期の無担保短期金融商品および金融取引	残存期間が1年未満である、(レベル1資産、レベル2資産、格付A+からA-格までの社債、カバード・ボンド〈を除く〉短期の無担保金融商品や金融取引。中銀預金も含む
50	Unencumbered	うち、処分上の制約のないもの	処分上の制約に関しては本文参照
51	Encumbered	うち、処分上の制約のあるもの	
52	encumbered for periods<3 months	処分上の制約が3カ月未満	
53	encumbered for periods≥3 months to<6 months	処分上の制約が3カ月以上6カ月未満	
54	encumbered for periods≥6 months to<9 months	処分上の制約が6カ月以上9カ月未満	
55	encumbered for periods≥9 months to<1 year	処分上の制約が9カ月以上1年未満	
56	encumbered for periods≥1 year	処分上の制約が1年以上	
57	Check: sum of rows 52 to 56 for each column should equal the corresponding column in row 51		
58	Check: sum of rows 50 to 51 in the<3 month column is greater than or equal to total central bank reserves reported in row 7 on the LCR worksheet		
59	Securities with stated remaining maturities of less than one year with no embedded options that would increase the expected maturity to one year or greater	予想償還期日を1年超にできるオプションを内包していない残存1年未満の有価証券	予想償還期日を1年超にできるオプションを内包していない、(レベル1資産、レベル2A資産、格付A+からA-格までの社債、カバード・ボンド〈を除く〉)有価証券。処分上の制約に関しては本文参照
60	Unencumbered	うち、処分上の制約のないもの	

			リバース・レポ取引とその担保の両方がバランスシートに計上されている場合に計上。リバース・レポ取引が担保付貸出として計上されている有価証券の項目に計上
			処分上の制約に関しては本文参照
61	Encumbered	うち、処分上の制約のあるもの	
62	encumbered for periods<3 months	処分上の制約が3カ月未満	
63	encumbered for periods≥3 months to<6 months	処分上の制約が3カ月以上6カ月未満	
64	encumbered for periods≥6 months to<9 months	処分上の制約が6カ月以上9カ月未満	
65	encumbered for periods≥9 months to<1 year	処分上の制約が9カ月以上1年未満	
66	encumbered for periods≥1 year	処分上の制約が1年以上	
67	Check: sum of rows 62 to 66 for each column should equal the corresponding column in row 61		
68	Securities held where the institution has an offsetting reverse repurchase transaction when the security on each transaction has the same unique identifier (eg ISIN number or CUSIP) and such securities are reported on the balance sheet of the reporting instiutions	レポ取引の有価証券が同じ固有のID (ISDN番号やCUSIP) をもっているとき、金融機関がリバース・レポで保有している有価証券	
69	Unencumbered	うち、処分上の制約のないもの	
70	Encumbered	うち、処分上の制約のあるもの	
71	encumbered for periods<3 months	処分上の制約が3カ月未満	
72	encumbered for periods≥3 months to<6 months	処分上の制約が3カ月以上6カ月未満	
73	encumbered for periods≥6 months to<9 months	処分上の制約が6カ月以上9カ月未満	

74	encumbered for periods≥9 months to<1 year	処分上の制約が9カ月以上1年未満	
75	encumbered for periods≥1 year	処分上の制約が1年以上	
76	Check: sum of rows 71 to 75 for each column should equal the corresponding column in row 70		
77	Loans to financial entities and financial corporates with effective remaining maturities of less than one year that are not renewable	実効残存期間1年未満の金融機関向け貸付で、継続できないもの	1年未満の金融機関向け貸付で、このもしくは貸し手側が取消不能な返済請求権があるもの
78	Unencumbered	うち、処分上の制約のないもの	処分上の制約に関しては本文参照
79	Encumbered	うち、処分上の制約のあるもの	
80	encumbered for periods<3 months	処分上の制約が3カ月未満	
81	encumbered for periods≥3 months to<6 months	処分上の制約が3カ月以上6カ月未満	
82	encumbered for periods≥6 months to<9 months	処分上の制約が6カ月以上9カ月未満	
83	encumbered for periods≥9 months to<1 year	処分上の制約が9カ月以上1年未満	
84	encumbered for periods≥1 year	処分上の制約が1年以上	
85	Check: sum of rows 80 to 84 for each column should equal the corresponding column in row 79		
86	Securities eligible for Level 1 of the LCR stock of liquid assets	LCR定義に基づきレベル1資産となる有価証券	LCR算出定義に基づくレベル1資産として計上される有価証券。QISでは運用上等の理由によってLCR計算上から除外されたものも含む。現金部分や中銀預金等は含まれない。

87	Unencumbered	うち、処分上の制約のないもの	処分上の制約に関しては本文参照
88	Encumbered	うち、処分上の制約のあるもの	
89	encumbered for periods<3 months	処分上の制約が3カ月未満	
90	encumbered for periods≥3 months to<6 months	処分上の制約が3カ月以上6カ月未満	
91	encumbered for periods≥6 months to<9 months	処分上の制約が6カ月以上9カ月未満	
92	encumbered for periods≥9 months to<1 year	処分上の制約が9カ月以上1年未満	
93	encumbered for periods≥1 year	処分上の制約が1年以上	
94	Check: sum of rows 89 to 93 for each column should equal the corresponding column in row 88		
95	Securities eligible for Level 2A of the LCR stock of liquid assets	LCR定義に基づきレベル2A資産となる有価証券	LCR算出定義に基づくレベル2A資産として計上される有価証券。QISでは40％上限等の理由によってLCR計算上から除外されたものも含む。現金部分や中銀預金等は含まれない
96	Unencumbered	うち、処分上の制約のないもの	処分上の制約に関しては本文参照
97	Encumbered	うち、処分上の制約のあるもの	
98	encumbered for periods<3 months	処分上の制約が3カ月未満	
99	encumbered for periods≥3 months to<6 months	処分上の制約が3カ月以上6カ月未満	
100	encumbered for periods≥6 months to<9 months	処分上の制約が6カ月以上9カ月未満	

101	encumbered for periods≥9 months to<1 year	処分上の制約が9カ月以上1年未満	
102	encumbered for periods≥1 year	処分上の制約が1年以上	
103	Check: sum of rows 98 to 102 for each column should equal the corresponding column in row 97		
104	Gold	金	資産として保有している金
105	Unencumbered	うち、処分上の制約のないもの	処分上の制約に関しては本文参照
106	Encumbered	うち、処分上の制約のあるもの	
107	encumbered for periods<3 months	処分上の制約が3カ月未満	
108	encumbered for periods≥3 months to<6 months	処分上の制約が3カ月以上6カ月未満	
109	encumbered for periods≥6 months to<9 months	処分上の制約が6カ月以上9カ月未満	
110	encumbered for periods≥9 months to<1 year	処分上の制約が9カ月以上1年未満	
111	encumbered for periods≥1 year	処分上の制約が1年以上	
112	Check: sum of rows 107 to 111 for each column should equal the corresponding column in row 106		
113	Equities listed on major exchange, not issued by financial institutions	非金融機関が発行している、主要な取引所で上場している株式	QISでは日経平均225とTOPIXでの上場銘柄
114	Unencumbered	うち、処分上の制約のないもの	処分上の制約に関しては本文参照
115	Encumbered	うち、処分上の制約のあるもの	

#		
116	encumbered for periods<3 months	処分上の制約が3カ月未満
117	encumbered for periods≥3 months to<6 months	処分上の制約が3カ月以上6カ月未満
118	encumbered for periods≥6 months to<9 months	処分上の制約が6カ月以上9カ月未満
119	encumbered for periods≥9 months to<1 year	処分上の制約が9カ月以上1年未満
120	encumbered for periods≥1 year	処分上の制約が1年以上
121	Check: sum of rows 116 to 120 for each column should equal the corresponding column in row 115	
122	Corporate bonds, rated A+ to A-	A+格からA-格までの社債 金融機関およびその関連会社が発行するものを除くA+格からA-格の格付を有する社債。ただし、中央銀行の適格担保となり、市場での集中リスクが小さいもの
123	Unencumbered	うち、処分上の制約のないもの
124	Encumbered	うち、処分上の制約のあるもの 処分上の制約に関しては本文参照
125	encumbered for periods<3 months	処分上の制約が3カ月未満
126	encumbered for periods≥3 months to<6 months	処分上の制約が3カ月以上6カ月未満
127	encumbered for periods≥6 months to<9 months	処分上の制約が6カ月以上9カ月未満
128	encumbered for periods≥9 months to<1 year	処分上の制約が9カ月以上1年未満
129	encumbered for periods≥1 year	処分上の制約が1年以上

130	Check: sum of rows 125 to 129 for each column should equal the corresponding column in row 124	
131	Covered bonds, not self issued, rated A+ to A−	A＋格からA−格までのカバード・ボンド（自社発行分を除く）	金融機関およびその関連会社が発行するものを除くA＋格からA−格の格付を有するカバード・ボンド。ただし、中央銀行の適格担保となり、市場での集中リスクが小さいもの
132	Unencumbered	うち、処分上の制約のないもの	処分上の制約に関しては本文参照
133	Encumbered	うち、処分上の制約のあるもの	
134	encumbered for periods<3 months	処分上の制約が3カ月未満	
135	encumbered for periods≥3 months to <6 months	処分上の制約が3カ月以上6カ月未満	
136	encumbered for periods≥6 months to <9 months	処分上の制約が6カ月以上9カ月未満	
137	encumbered for periods≥9 months to <1 year	処分上の制約が9カ月以上1年未満	
138	encumbered for periods≥1 year	処分上の制約が1年以上	
139	Check: sum of rows 134 to 138 for each column should equal the corresponding column in row 133		
140	Loans to non-financial corporate clients, sovereigns, central banks, PSEs and MDBs with a remaining maturity of less than one year	残存1年未満の非金融機関、ソブリン、中央銀行、政府系公的機関、国際開発銀行向け貸出	残存期間が1年未満の非金融機関、ソブリン、中央銀行、政府系公的機関、多国間開発銀行向けの貸出
141	Unencumbered	うち、処分上の制約のないもの	処分上の制約に関しては本文参照
142	Encumbered	うち、処分上の制約のあるもの	

143	encumbered for periods<3 months	処分上の制約が3カ月未満	
144	encumbered for periods≥3 months to<6 months	処分上の制約が3カ月以上6カ月未満	
145	encumbered for periods≥6 months to<9 months	処分上の制約が6カ月以上9カ月未満	
146	encumbered for periods≥9 months to<1 year	処分上の制約が9カ月以上1年未満	
147	encumbered for periods≥1 year	処分上の制約が1年以上	
148	Check: sum of rows 143 to 147 for each column should equal the corresponding column in row 142		
149	Residential mortgages of any maturity that would qualify for the 35% or lower risk weight under the Basel II standardised approach for credit risk	バーゼルⅡの信用リスク標準的手法におけるリスクウェイト35%以下となる担保付住宅ローン	バーゼルⅡの信用リスク標準的手法におけるリスクウェイト35%以下となる担保付住宅ローン
150	Unencumbered	うち、処分上の制約のないもの	処分上の制約に関しては本文参照
151	Encumbered	うち、処分上の制約のあるもの	
152	encumbered for periods<3 months	処分上の制約が3カ月未満	
153	encumbered for periods≥3 months to<6 months	処分上の制約が3カ月以上6カ月未満	
154	encumbered for periods≥6 months to<9 months	処分上の制約が6カ月以上9カ月未満	
155	encumbered for periods≥9 months to<1 year	処分上の制約が9カ月以上1年未満	
156	encumbered for periods≥1 year	処分上の制約が1年以上	

157	Check: sum of rows 152 to 156 for each column should equal the corresponding column in row 151		
158	Loans to retail and small business customers (other than mortgage loans) with a remaining maturity of less than one year that would qualify for the 35% or lower risk weight under the Basel II standardised approach for credit risk	バーゼルⅡの信用リスク標準的手法におけるリスクウェイト35%以下となるリテール顧客もしくは中小企業顧客向け貸出で、担保付不動産ローンを除く(国内ではおそらく存在しない)	バーゼルⅡの信用リスク標準的手法におけるリスクウェイト35%以下となるリテール顧客もしくは中小企業顧客向け貸出
159	Unencumbered	うち、処分上の制約のないもの	処分上の制約に関しては本文参照
160	Encumbered	うち、処分上の制約のあるもの	
161	encumbered for periods <3 months	処分上の制約が3カ月未満	
162	encumbered for periods≥3 months to <6 months	処分上の制約が3カ月以上6カ月未満	
163	encumbered for periods≥6 months to<9 months	処分上の制約が6カ月以上9カ月未満	
164	encumbered for periods≥9 months to <1 year	処分上の制約が9カ月以上1年未満	
165	encumbered for periods ≥1 year	処分上の制約が1年以上	
166	Check: sum of rows 161 to 165 for each column should equal the corresponding column in row 160		

167	Other loans, excluding loans to financial insitutions, with a remaining maturity of one year or greater that would qualify for the 35% or lower risk weight under the Basel II standardised approach for credit risk	バーゼルⅡの信用リスク標準的手法におけるリスクウェイトが35%以下となる、金融機関向けを除く残存1年以上の貸出	金融機関向けを除いた、信用リスク標準的手法上のリスクウェイトが35%以下となる、残存期間1年以上の貸出
168	Unencumbered	うち、処分上の制約のないもの	処分上の制約に関しては本文参照
169	Encumbered	うち、処分上の制約のあるもの	
170	encumbered for periods<3 months	処分上の制約が3カ月未満	
171	encumbered for periods≥3 months to<6 months	処分上の制約が3カ月以上6カ月未満	
172	encumbered for periods≥6 months to<9 months	処分上の制約が6カ月以上9カ月未満	
173	encumbered for periods≥9 months to<1 year	処分上の制約が9カ月以上1年未満	
174	encumbered for periods≥1 year	処分上の制約が1年以上	
175	Check: sum of rows 170 to 174 for each column should equal the corresponding column in row 169		
176	Other loans to retail and small business customers with a remaining maturity of less than one year	リテール顧客もしくは中小企業向け貸出で残存1年未満のもの	リテール顧客もしくはLCR定義上の中小企業顧客向け貸出のうち、残存期間が1年未満となっているもの
177	Unencumbered	うち、処分上の制約のないもの	処分上の制約に関しては本文参照
178	Encumbered	うち、処分上の制約のあるもの	
179	encumbered for periods<3 months	処分上の制約が3カ月未満	

180	encumbered for periods≥3 months to<6 months	処分上の制約が3カ月以上6カ月未満		
181	encumbered for periods≥6 months to<9 months	処分上の制約が6カ月以上9カ月未満		
182	encumbered for periods≥9 months to<1 year	処分上の制約が9カ月以上1年未満		
183	encumbered for periods≥1 year	処分上の制約が1年以上		
184	Check: sum of rows 179 to 183 for each column should equal the corresponding column in row 178			
185	Net derivatives receivables	デリバティブ取引のネット受取額	デリバティブ取引における、カウンターパーティーごとでの受払ネット後に、受取超となっているカウンターパーティー分の合計値を計上	
186	Items deducted from Tier 1 and Tier 2 capital under fully implemented Basel III rules	バーゼルⅢ移行後におけるTier ⅠおよびTier Ⅱ資本から控除される額	バーゼルⅢへの移行期間経過後にカウンターパーティーから控除される分を計上	
187	All other assets not included in the above categories	上記に含まれないその他すべての資産	上記に含まないその他すべての資産を計上	
188	2) Off balance-sheet items	2) オフ・バランスシート項目		
189				
190				
191	Conditionally revocable and irrevocable liquidity facilities	契約上取消可能/取消不可能な流動性ファシリティ	左記のとおり	
192	Conditionally revocable and irrevocable credit facilities	契約上取消可能/取消不可能な与信ファシリティ	左記のとおり	

193	Unconditionally revocable "uncommitted" liquidity facilities	無条件に取消可能なコミットされていない流動性ファシリティ	左記のとおり
194	Unconditionally revocable "uncommitted" credit facilities	無条件に取消可能なコミットされていない与信ファシリティ	左記のとおり
195	Guarantees	保証	左記のとおり
196	Letters of credit	信用状	左記のとおり
197	Other trade finance instruments	その他貿易ファイナンス商品	左記のとおり
198	Non-contractual obligations, such as:	契約によらない債務	
199	Debt-buy back requests (incl related conduits)	自己負債（関連する導管体、証券投資ビークル等を含む）の買戻し	社債買入消却分等を計上
200	Structured products	仕組商品	変動金利型証券や変動金利要求証券のような、顧客がすぐに換金できると期待している仕組商品
201	Managed funds	MMMF	安定した価格維持を目的として市場取引される合同運用型ファンド
202	Other non-contractual obligations	その他契約によらない債務	左記のとおり
203	All other off balance-sheet obligations not included in the above categories	上記に含まれないすべてのオフ・バランスシート項目に該当する債務	左記のとおり
204			
205			
206	C) NSFR	安定調達比率	
207			
208			
209			

210	D) For completion only by the central institutions of networks of cooperative (or otherwise named) banks			
211		協同金融機関ネットワークの中央銀行のみが対象		
212				
213				
214		Tier 1 and Tier 2 capital	バーゼルIII上のTier IおよびTier II 資本	
215		Preferred Stock not included above	上記に含まれない優先株	
216		"Stable" (as defined in the LCR) demand and/or term deposits from retail and small business customers (as defined in the LCR)	リテール顧客および注企業顧客からのLCR定義に基づく安定的な要求払預金および定期預金	6行目から40行目を参照
217		"Less stable" (as defined in the LCR) demand and/or term deposits from retail and small business customers	リテール顧客および注企業顧客からのLCR定義に基づく準安定的な要求払預金および定期預金	
218		Unsecured debt securities issued	無担保債券発行残高	
219		Unsecured funding from non-financial corporates	非金融機関からの無担保調達	
220		Unsecured funding from sovereigns/central banks/PSEs/MDBs	ソブリン、中央銀行、政府系公的機関、国際開発銀行からの無担保調達	
221		Unsecured funding from other legal entities (including financial corporates and financial institutions)	金融機関を含むその他法人からの無担保調達	
222		Statutory minimum deposits from members of an institutional network of cooperative (or otherwise named) banks	協同組織金融機関の系統金融機関からの最低預入額	
223		Other deposits from members of an institutional network of cooperative banks	協同組織金融機関の系統金融機関からのその他預金額	

224	Secured borrowings and liabilities (including secured term deposits); of which are from:	有担保調達（有担保預金を含む）	
225	Retail and small business customers	うち、リテール顧客および中小企業顧客からの調達	
226	Non-financial corporates	うち、非金融機関からの調達	
227	Central banks	うち、中央銀行からの調達	
228	Sovereigns/PSEs/MDBs	うち、ソブリン、政府系公的機関、国際開発銀行からの調達	
229	Other legal entities (including financial corporates and financial institutions)	うち、金融機関を含むその他法人顧客からの調達	
230	Net derivatives payables	デリバティブ取引によるネット支払	
231	All other liabilities and equity categories not included above	上記に含まれない、その他すべての負債および資本	
232	Check: the sum of each of the columns for rows 214 to 231 should equal the corresponding column in row 30		
233			
234	E) Supplementary Information	E) 補足的情報	
235			
236			
237			
238	RMBS eligible for Level 2B of the LCR stock of liquid assets	LCR定義に基づくレベル2B資産に該当する住宅ローン担保証券	左記のとおり
239	Unencumbered	うち、処分上の制約のないもの	処分上の制約に関しては本文参照

240	Encumbered	うち、処分上の制約のあるもの
241	encumbered for periods<3 months	処分上の制約が3カ月未満
242	encumbered for periods≥3 months to<6 months	処分上の制約が3カ月以上6カ月未満
243	encumbered for periods≥6 months to<9 months	処分上の制約が6カ月以上9カ月未満
244	encumbered for periods≥9 months to<1 year	処分上の制約が9カ月以上1年未満
245	encumbered for periods≥1 year	処分上の制約が1年以上
246	Check: sum of rows 241 to 245 for each column should equal the corresponding column in row 240	
247	Corporate debt securities rated BBB- to BBB+, eligible for Level 2B of the LCR stock of liquid assets	LCR定義に基づくレベル2B資産に該当する、BBB－格からBBB＋格の社債
248	Unencumbered	うち、処分上の制約のないもの
249	Encumbered	うち、処分上の制約のあるもの
250	encumbered for periods<3 months	処分上の制約が3カ月未満
251	encumbered for periods≥3 months to<6 months	処分上の制約が3カ月以上6カ月未満
252	encumbered for periods≥6 months to<9 months	処分上の制約が6カ月以上9カ月未満
253	encumbered for periods≥9 months to<1 year	処分上の制約が9カ月以上1年未満
254	encumbered for periods≥1 year	処分上の制約が1年以上

(左記のとおり / 処分上の制約に関しては本文参照)

255	Check: sum of rows 250 to 254 for each column should equal the corresponding column in row 249		
256	Central bank reserves reported in row 49; of which relate to:	49行目に計上されているもののうち、中銀準備預金	左記のとおり
257	Required central bank reserves	うち、中央銀行準備預金所要額	左記のとおり
258	Central bank reserves held in excess of minimum requirements	うち、中央銀行準備預金最低所要額超過分	左記のとおり
259			

事項索引

【A～Z】

- ASF························88
- BCP························33
- CDS························18
- CFP··············25, 32, 153
- CSA···················71, 131
- HQLA（Stock of HQLA）·······50, 119
- IFRS····················9, 213
- ILAA······················169
- Inflow·····················75
- In the money判定···········133
- ISDA························14
- KPI························161
- LCR························48
- Lower TierⅡ················4
- Moving Window方式··········74
- Next Call···············37, 129
- NSFR······················87
- Outflow····················59
- PSE························53
- QIS························44
- RMBS······················57
- RSF························91
- RTGS·······················20
- SFT·······················204
- TierⅠ······················4
- TierⅡ······················4
- UKFSA················41, 169
- Upper TierⅡ················4

【あ】

- アウトライヤー（銀行）·······8, 230
- オペレーショナル預金······64, 125
- オペレーショナルリスク········5

【か】

- 外貨流動性リスク·············39
- 会計カットオフ···········114, 139
- 格付情報···················115
- 環境認識····················27
- 換算為替レート··········108, 115
- 基準日定義·················107
- 期待マチュリティー·······37, 129
- 金融検査マニュアル··········172
- 偶発債務················76, 135
- クリーン・プライス··········118
- 経過利息···················109
- 契約に基づくミスマッチ·······80
- コア預金モデル·············226
- 顧客分類···················109
- 国際基準行···········39, 201, 235
- 国内基準行···········39, 201, 235
- コミットメントライン···75, 135, 241
- コラテラルスワップ···········59
- コンティンジェンシー・ファンディング・プラン
  →CFP

【さ】

- サブプライム問題············14
- 資金ギャップ················26
- 市場リスク··················6
- 資本規制··················200
- 住宅ローン担保証券
  →RMBS
- 償還判定················37, 129
- 証券化商品·············11, 117
- 証券金融取引
  →SFT
- 処分上制約のない資産········51

事項索引　311

所要担保額……………………………162
信用リスク……………………………4
ストレスシナリオ……………………27
ストレステスト………………………25
その他有価証券……………………123,214

【た】
ダーティー・プライス………………118
第1の柱…………………………………3
第2の柱…………………………………7
第3の柱…………………………………8
担保交換………………………………80
担保情報………………………………116
担保付貸出……………………………76
調達先の集中度………………………82
通貨別LCR…………………………82,165
データ合算方式…………………104,139
データ集積方式…………………104,138
統合リスク管理………………………8,192
途中償還条項…………………………68

【な】
内部取引…………………………110,139
日中流動性………………………38,220

【は】
バーゼル銀行監督委員会……………32
バーゼルⅡ………………………………2
バーゼル2.5……………………………11
売買目的有価証券………………123,218
バックテスト……………………………5
逼迫度区分………………………29,190

負債時価評価…………………………36,211
ヘアカット率…………………………32,55
ホールセール調達……………………64

【ま】
マッチド・ブック……………………78,136
満期保有債券……………………123,214
モニタリング項目……………………80
モニタリング指標……………………80

【や】
約定未決済取引…………………108,112
有価証券判定…………………………122
有担保調達……………………………68
要求安定調達額
　　　　→RSF
預金判定………………………………124
与信ファシリティ……………………75,135

【ら】
リーガルマチュリティー………37,129
リーマン・ショック…………………14
リスクアセット………………………2
リスクウェイト………………………4
リテール預金…………………………61
流動性ファシリティ…………75,135
利用可能な安定調達額
　　　　→ASF
レバレッジ規制………………………203
レベル1資産…………………………53
レベル2A資産………………………55
レベル2B資産………………………57

バーゼルⅢ流動性規制が変えるリスク管理

平成26年3月19日　第1刷発行

著　者　浜田　陽二
発行者　倉田　勲
印刷所　奥村印刷株式会社

〒160-8520　東京都新宿区南元町19
発　行　所　一般社団法人 金融財政事情研究会
　　編集部　TEL 03(3355)2251　FAX 03(3357)7416
販　　売　株式会社きんざい
　　販売受付　TEL 03(3358)2891　FAX 03(3358)0037
　　URL http://www.kinzai.jp/

・本書の内容の一部あるいは全部を無断で複写・複製・転訳載すること、および磁気または光記録媒体、コンピュータネットワーク上等へ入力することは、法律で認められた場合を除き、著作者および出版社の権利の侵害となります。
・落丁・乱丁本はお取替えいたします。定価はカバーに表示してあります。

ISBN978-4-322-12429-3